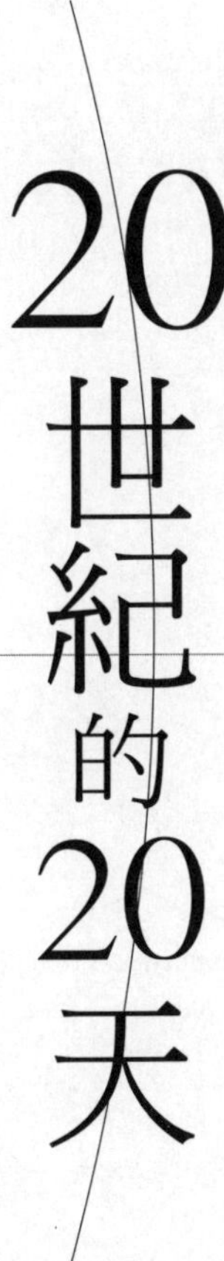

20 Tage im 20. Jahrhundert

Norbert Frei, Klaqus-Dietmar Henke, Hans Woller主編

二十世紀的二十天 10

美國夢：1961 年 1 月 20 日，華盛頓

Der amerikanische Traum: Washington, 20. Januar 1961

作　　　者：羅伯特·約翰遜（Robert D. Johnson）
譯　　　者：趙伯英
責 任 編 輯：蔣作民、鄧立言
發　行　人：陳雨航
出　　　版：麥田出版
台北市信義路二段 251 號 6 樓
電話：(02)2351-7776　傳真：(02)2351-6320
發　　　行：城邦文化事業股份有限公司
台北市信義路二段 213 號 11 樓
電話：(02)2396-5698　傳真：(02)2357-0954
郵撥帳號：18966004　城邦文化事業股份有限公司
網址：www.cite.com.tw　電子郵件：service@cite.com.tw
香港發行所：城邦（香港）出版集團
香港北角英皇道 310 號雲華大廈 4F，504 室
電話：2508-6231　傳真：2578-9337
馬新發行所：城邦（馬新）出版集團
Cite(M) Sdn. Bhd. (458372U)
11, Jalan 30D/146, Desa Tasik, Sungai Besi,
57000 Kuala Lumpur, Malaysia
電話：603-9056 3833　傳真：603-9056 2833
E-Mail: citekl@cite.com.tw
印　　　刷：凌晨企業有限公司
初 版 一 刷：2000 年 7 月 24 日

版權代理：博達著作權代理有限公司

ISBN：957-469-091-1
售價：280 元

Printed in Taiwan

作者簡介

羅伯特·約翰遜（Robert D. Johnson）

曾任教於亞利桑那州立大學、芝加哥大學以及哈佛大學。現任教於麻塞諸塞州威廉城的威廉學院，教授美國史，著述豐富。

目錄

序言

許倬雲

二十世紀內，人類社會產生的變化，甚於前面任何一個時期，其變化速度與幅度，可說史無前例。在二十世紀人類社會顯著走入全球化，每一個地區出現的事物，都會對其他地區有所衝擊。中國人習慣於活在中國人的世界；即使今天住在台灣的人，經常出國，外來的文化進入台灣，勢如排山倒海，我們對世界別處的歷史，其實還只有模糊的印象。麥田的這一套新書，挑選二十個有特定意義的日子作為中心，敘述一百年來的發展趨勢，對於我們瞭解二十世紀的世界，實在大有幫助。

在二十世紀，幾個龐大的帝國覆亡了，君主制度事實上也消失了。奧匈帝國解組，俄羅斯帝國為共產革命顛覆，奧土曼帝國瓦解為分裂的回教世界。中國的最後一個皇朝，為辛亥革命推翻，亘兩千餘年的帝制，從此結束。中國在這一百年來，經歷了三次革命，其中還未包括夭折的「太平天國」革命。在國民黨統治的時代，中國建立了現代國家的體制；在一九四九年以後的大陸，中國發展了動員全國的能力；在一九四九年以後的台灣，民主政治邁出了第一步。在這一百年來，上一個世紀發軔的民主化浪潮，一波又一波，波濤洶湧，捲入世界各處。固然不少地方的民主制度還是缺乏實質，至少也已有了形式。台灣的民主猶在初階，中國大陸的民主更尚未起步。二十一世紀，將見證世界普遍的民主化，中國人必不能自外於這一歷史的趨勢。

十九世紀時，西方帝國主義的侵略活動到達最高峰，亞洲、非洲，與太平洋地區，幾乎都淪爲列強的殖民地。二十世紀內，列強爭奪世界資源與市場，引起兩次大戰，全球人民都直接間接捲入戰爭，而第二次大戰的衝突較之第一次大戰，其波及範圍與影響，更爲廣闊激烈。第一次大戰的戰場，主要在歐洲大陸；第二次大戰中，舊大陸及三大洋，都是戰場，而新大陸的人力與資源，也全數投入戰爭。二十世紀後半期，帝國主義列強與日本人建立的殖民地，紛紛自主，結束了兩百年來東方與西方侵略擴張與造成的奴役。然而，殖民地的獨立，並不意味當地人民從此得到自由解放。各地內在的族群間與階級間的種種矛盾，導致最近半個世紀，後殖民時代國際關係重新洗牌。原來被奴役人群也有內部重整。凡此衝突，方興未艾，澄淸之世，還相當遙遠。中國於第二次大戰後，擺脫了百餘年來「次殖民地」的困境，台灣也由日本帝國主義的桎梏解放，但是國共內戰與兩岸對峙，正反映上述調整與重組的形勢。

在經濟方面，二十世紀內，資本主義經濟體制面對社會主義理想的挑戰，不斷有所修正。終於，在資本主義的西歐與美國，勞資關係調整爲共存而不是對立。藉大量生產、薄利多銷的策略，產品普及，工人收入增加，地位也得到提升。大多數國家也都一步步確立了社會福利制度。資本主義市場經濟的利潤，經由國家公權力的支配及社會各部門的協調，為大部分的社會成員所共享。中產階級成為資本主義經濟的主要成員。同時，社會主義的理想，在蘇聯與中國的共產專政下，不但不能落實，反而出現了國家機器奴役人民的效應，以致這兩個國家都不得不揚棄共產主義，回歸市場經濟。資本主義經濟本以國家為主體，在國際市場競爭。然而第二次大戰以後，國家經濟體卻走向國際化、多國企業與跨國分工，逐漸將全世界的各個經濟體編織為一個龐大的網絡。經濟全球化的後果，削弱了國家主權的意識，加強了區域合作與國際互依的需求。正因有了國際化的經濟網絡，歐洲列國才一步一步由民族主權國家，不斷提升其互相依存的關係，最後發展為歐盟的組合。

在科學方面，二十世紀的物理學走出了牛頓力學的宇宙觀，愛因斯坦的相對論與海森堡的測不準原理，開啓了另一境界的宇宙觀。從這一新的物理學基礎，竟也發展了極大毀滅性的熱核子武器。然而，這一終極武器的存在，卻又嚇阻了第三次世界大戰的發生——人類的命運，竟走出如此弔詭的軌跡！這一物理學，也讓人類的足跡踏上月球，使人類第一次躍離地球的大氣層。數十年前，綠色革命雖然提高了農業生產，可是使用化學殺蟲劑與化肥也導致生態失衡的嚴重後果。同樣的，人類大量使用各種化學產品，提供無數人類價廉物美的消費品，普遍提高人類日常生活的品質；然而，化學物品大量轉為不易清理的垃圾，既是資源的浪費，也污染了生態環境。人類無節制的燃燒木材、煤礦，以及石化原料，既使有限資源越用越少，也污染了人類自己的生活空間。最後，人類在生物基因方面的研究，進入了生命奧祕的禁地。將來，這一新開的智識領域，當有更多的發現。我們從魔盒中釋放的新事物，究竟是天使？抑是妖魔？我們還不能預測！

二十世紀內，人類交換信息的能力，有飛躍的進展。人類發明文字已有數千年；有了文字，人類信息的傳遞，能夠超越空間與時間的限制。進一步，人類發明了印刷術，於是信息傳遞有了「量」的擴張。二十世紀內，由電話、電影、電視，將信息傳遞的速度、品質、眞實性，及廣泛性，都逐步提升。但是，電腦的出現，帶來了史無前例的資訊革命，這一革命還在進行中！以目前的影響來說，資訊革命對於人類知識的累積與傳遞，滋生與管理，都已有巨大的衝擊。在可見的未來，人工智能學的發展，將使人類的智能，不再有生理的限制。那時，人類究竟離上帝更近一步？抑是離撒旦更近一步？我們也不易預測。

上一個世紀，各地的人類各自繼承了自己的文化傳統。幾個主要文化圈，彼此雖有接觸，也曾有過文化的交流，終究有各自的地盤。各地的人類社會都有其價值觀念，社會成員都遵循一定的行爲規範。二十世紀內，各地人民接觸頻繁，信息傳遞迅速，無遠弗屆。文化圈的邊緣不再固定。尤其是各地的大都市，均呈現文化多元的現象。幾個主要文化系統的價值觀念必須同時並存，各地人民也因此在多元的文化環境，有了對比與抉擇，也有了無所適從的困惑。二十世紀後半期，所謂「後現代」的思潮，事實上是對於過去單一文化獨佔的省思。所謂「解構」，應是重新再建設的起步工作。這一努力，是由單一走向多元，由獨尊走向共存，由下面翻動上層，……最後人類建構爲一個多元而自由的共同文化系統。然而，這一工作能否成功，仍有待我們的共同努力。人類能不能重建積極的普世文化，還是走向消極虛無？或走向庸俗空洞？我們也無法預測。

二十世紀是一個變化迅速的時代，在這個世紀將終時，我們的確有駐足瞻顧的必要。在中國，民族主義是巨大能量的泉源，也對心智自由有所限制。在台灣，追逐官感快樂已呈現生活的庸俗化，而建構本地主體性的努力，也不無可能成爲自囿的盲點，遮蔽了廣闊的視野。此時此地，麥田翻譯「二十世紀的二十天」，的確是有意義的工作。

一九九九年十一月十一日

序於南港

在八十一年前，這一個日期是第一次世界大戰的終戰日，曾爲許多國家訂爲和平日，以爲世界從此不再有戰爭！然而，六十八年前的九月十八日，又一次全球性的大屠殺，竟在中國揭開了序幕。五十四年前的八月六日，原子彈的蕈狀雲在廣島升起，其毀滅性卻從此嚇阻了另一次世界大戰。

二十世紀的二十天 ⑩

20 Tage im 20. Jahrhundert

1961. 1. 20 華盛頓
美國夢

Washington, 20. Januar 1961:
Der amerikanische Traum

作者：Robert D. Johnson (羅伯特・約翰遜)
譯者：趙伯英

一九六一年一月二十日，約翰·甘迺迪就職，成爲美國第三十五任總統。其父約瑟夫·甘迺迪是一位成功的商人，並且是民主黨的金融家；進入政府工作之後，先是擔任證券和兌換委員會的主席，而後任美國駐英大使。他對自己和家庭都有強烈的抱負，爲兒子們的教育不惜代價。約翰是這個家庭裡的二兒子，在名門學校裡受教育之後被送進哈佛大學。約翰大學畢業後加入海軍，在第二次大戰中作爲傑出軍人脫穎而出。他利用這一地位以及家族的社會關係和金錢，在一九四六年國會議員選舉中獲勝，進入衆議院。在衆議院裡，他以強硬的對外政策觀點、翩翩風度及積極參與社會活動的個人風格而備受矚目。在國內事務方面，他避免同自由派建立密切關係；在經濟政策以及民主黨應如何對付約瑟夫·麥卡錫迫害共黨分子的策略等問題上，他都採取溫和甚至保守的姿態。儘管他的國會經歷相當有限，麻薩諸塞州選民還是在一九五二年把他選爲參議員，當時他險勝了現任的亨利·洛奇。在參議院裡，他很快就引起了全國的注意，這與其說是由於他在立法舞臺上所取得的成就，不如說是由於他個人生活中的一些事件，例如他與賈桂琳·布維爾的婚姻，或者他的《勇者的畫像》獲得普立茲獎。無論如何，甘迺迪在黨內的政治地位迅速上升。一九五六年，他尋求副總統候選人的提名。通過向全國民衆展示其超凡的魅力，他在四年後成爲爭取總統候選人提名的重要競爭者。經過成功的競選活動，他首先獲得總統候選人提名的殊榮，然後在秋天贏得了大選的勝利，成爲通過選舉而就任的最年輕的美國總統。

甘迺迪是在經歷了美國史上得票數最接近的一次總統選舉之後就職的。共和黨的艾森豪在之前的八年擔任總統，此時共和黨提名副總統理查·尼克森作爲旗手。尼克森以其黨派偏見和反共立場而著名，是民主黨厭惡的人物。儘管尼克森第一次得到總統候選人提名時只有四十七歲，但是他有豐富的外交政策經驗；在國家安全問題成爲選民最關心的焦點時，這爲他提供了很大的優勢。共和黨的相對團結與民主黨內爭取提名的競爭局面形成鮮明的對照。在一系列黨內預選中，甘迺迪先擊敗同爲參議員的休伯特·韓福瑞，消除了人們對其當選可能性的懷疑——這一勝利與其說是由於他任內的立法成就，不如說是由於他的天主教背景。然後，他乘勢在民主黨全國代表大會上擊敗一九五二年和一九五六年的總統候選人艾德萊·史蒂文森的挑戰，再擊敗參議院多數黨領袖萊恩頓·詹森的挑戰。最後，甘迺迪認識到擴大黨內基礎的需要，便按照其政治實用主義的先例，挑選詹森作爲他的競選夥伴。

一九六〇年競選活動的特徵就是兩位總統候選人在許多方面很相似。甘迺迪和尼克森都曾在第二次世界大戰中服役，都是作爲年輕的退伍軍人進入政界。在內外事務方面，兩個人都強烈地表達了反共觀點。兩個人都以政治雄心著名，都是由衆議員而迅速成爲參議員。兩個人都迴避他們黨內的理論派：尼克森是盡力迴避共和黨右翼，

華盛頓，一九六一年一月二十日

而甘迺迪則是迴避民主黨自由派。在對外事務上，甘迺迪主張增加防務開支，許諾更有力地進行冷戰，實行遏制蘇聯擴張主義的政策，而那種政策曾是戰後兩位總統——民主黨的杜魯門和共和黨的艾森豪的國家安全政策的基礎。但是尼克森的國際事務信譽是穩固的，以其作爲副總統的聲譽，使甘迺迪難以表明自己是更熱情的冷戰鬥士。在國內事務方面，甘迺迪許諾要使國家重新活躍起來，抨擊艾森豪缺乏進取的領導，但是並沒有具體說明他的經濟政策與共和黨的政策有多大區別。尼克森此時也聲稱促進經濟成長將是他的國內政策基石，從而模糊了與民主黨對手的差別。評論家們爲兩位總統候選人之間的趨同感到驚奇。哥倫比亞廣播公司的埃里克·塞韋里德把兩人描寫爲「整容過的政客」的代表，是「衣冠楚楚，溫文儒雅……經過全面包裝的產品」。專欄作家理查·羅維爾準確地指出，甘迺迪和尼克森如何「越來越傾向於從彼此的政綱中借鑒，採用對方的承諾」。這種相似性既表明戰後經濟規劃的收縮，又表明冷戰趨向於將兩黨主流的國際觀念融合起來的情況。

政策上的雷同使得選戰策略決定了大選結果。在這方面，甘迺迪因挑選詹森作爲競選夥伴而略勝一籌。他的第二個重大勝利出現在兩位候選人的第一次電視辯論中。他操縱這種新興媒體的高超能力證明電視的出現正在美國政治生活中發揮改變形象的作用。第三，這位民主黨候選人成功地處理了宗教問題，巧妙地暗示造成新教徒反對他作爲總統候選人的是偏執而非政策上的分歧，同時又利用宗教自豪感來獲得天主教選民的有力支持。許多天主教選民曾在一九五二年和一九五六年支持艾森豪。在競選活動的後期，甘迺迪取得了最後的戰略勝利。民權領袖金恩博士被逮捕之後，他特地打電話給金恩的妻子表示同情。然而尼克森對此事件卻無所反應，在企圖獲得南方的選票時，尼克森盡力淡化他在美國主要民權組織——全國有色人種協進會中的成員身分。這位共和黨人的賭博未得報償，而非洲裔美國人的選票卻決定性地轉向了甘迺迪。這一結果對於種族在美國政治中的作用具有重要的長期影響。競選活動的激烈造成了戰後時期最高的投票率，登記的選民中有百分之六十四參加了投票。甘迺迪獲得百分之四十九點七的選民票，尼克森得到百分之四十九點六，但在選舉團中則是三百零三票對二百一十九票，甘迺迪獲得了實質上的勝利。然而與此同時，勝利者並未能爲其他選舉提供多大幫助：民主黨實際上在國會議員大選中失利了。

個人的、政治的和意識形態的情況都使這位新總統以國際事務爲中心。甘迺迪試圖爲新的十年確立基調：在國外，美國將更有力地對抗蘇聯；在國內，將引入一種變革精神。總統就職日——一九六一年一月二十日——成爲這種努力的開端。那天，天寒地凍，狂風大作；前一天夜裡下了八英寸厚的雪，溫度低到只有華氏二十二度。總統利用他的就職演說宣布，「薪火已經傳到新一代美國人的手裡」——大蕭條時期和二次大戰期間成年的一代美國人，即願意「爲保證自由的存在和勝利付出任何代價、承擔任何重負、忍受任何苦難、支持任何朋友、反對任何敵人」的男人和女人。甘迺迪不但向美國的西歐傳統盟友伸出了雙手，而且向他擔心可能爲共產主義吸引的第三世界和拉丁美洲國家伸出了雙手。關於後一類國家，他宣稱他的政府希望監督那個半球的「和平的革命」，但是承諾使用軍事力量讓「其他的每一個大國家都知道這個半球打算繼續做自己家的主人」。強硬路線的反共辭藻和更靈活對待冷戰的暗示混合在一起，貫穿於甘迺迪下面的演說中。總統重申保證支持聯合國的外交努力（艾森豪幾乎是繞過這個組織），敦促蘇聯同美國一起重新開始「尋求和平」，要求冷戰的雙方「絕不要害怕談判」。然而，他同時又表明「只有在我們的武器毫無疑問地充足時，我們才能毫無疑問地保證它們將絕不會被使用」，重申他希望增加防務開支，以便不以美國的軍事弱點「誘惑」蘇聯。甘迺迪在結束演說時說，他盼望一個「強者公正、弱者安全、和平得以維護的新世界」。他沒有低估尋求和平的困難：他這一代人將需要「承擔長期的黎明前鬥爭的責任」，扮演世界歷史上幾乎沒有賦予其他各代人的角色——「在自由處於最大危險的時刻捍衛自由」。但是，在其演說最著名的段落裡，總統宣稱，通過每個公民自問「你能爲你的國家做什麼」而不是「你的國家能爲你做什麼」，美國人就能夠通過共同的犧牲實現這一目標。

甘迺迪演說中最突出的特點之一是幾乎完全沒有提及國內問題。這反映了他個人的意識形態和風格傾向。甘迺迪命令其講話的主要撰稿人狄奥多·索倫森要寫出一個集中於國際事務的簡明文件；他甚至考慮完全排除國內問題的可能性。總統的民權事務新顧問之一哈里斯·沃福德，震驚地發現演講的初稿沒有提及民權問題，而這個問題對新政府來說顯然是最緊迫的國內問題。然而在強烈地勸說甘迺迪之後，沃福德所能得到的最大修改意見是總統同意在講話的一個句子裡插入「國內」這個字眼，而這句話是政府不願「允許這個國家一直努力維護的和我們今天在國內和在世界各地努力維護的那些人權遭受破壞」。從這種意義上說，總統的演說象徵了國際事件對於總統職位日益增長的重要性，這是冷戰加劇的必然結果。第二次世界大戰後憲法解釋的變化，改變了與總司令條款相關的職責，從嚴格地集中於軍事活動的作用變爲授權總統採取單邊行動來增進國家利益。核武的出現似乎證明了擴大總統權力的合理性；而且到六〇年代時，在同蘇聯的鬥爭中，總統已成爲美國在國際上的象徵。

冷戰對於美國政治和文化的影響遠不只是擴大了總統的職責。一般說來，在政策制定者和公衆的眼裡，戰後時期的對外政策和國內政策結合在一起了。一九五〇年，美國政府採納國家安全委員會第六十八號文件（稱爲NSC68）作爲官方政策，以對付世界各地的共產主義威脅爲名，將防務開支增加了三倍。然而這種政策變化產生了意料之外的結果，至少由於注入了大量聯邦開支，造成從阿拉斯加沿太平洋海岸到華盛頓和加利福尼亞，經亞利桑那、德克薩斯和佛羅里達等州及至南方的經濟繁榮。這種事態發展使一些觀察家感到憂慮，其中尤爲著名的是艾森豪總統。他利用告別演說告誡人們提防工業—軍事共同體利用其政治影響干預國家安全決策。在意識形態方面，冷戰對美國生活產生了同樣令人注目的影響。冷戰促成了一場強大的右翼運動，通過威斯康辛州參議員約瑟夫·麥卡錫的反共運動最充分地表現出來。此時，在左翼方面，冷戰刺激了所謂國家自由主義信念的發展：自由派減少了對經濟改革的關注，在國內強調保護個人權利和自由，以此作爲美國民主區別於蘇聯共產主義的一種方面，並且擁護一種激烈反共的外交政策。

這種將自由主義界定爲實行積極國際規劃的趨勢在甘迺迪政府時期達到了高潮。實際上，新總統在競選中許諾「使國家重新活躍起來」，就暗示了對外政策領域裡的改革將遠遠超過國內事務方面的改革。甘迺迪增加了防務開支，從而爲對付蘇聯的挑戰提供了更大的靈活性。他發起了拉丁美洲進步聯盟計畫，要求美國支持一場和平革命，以便減少更激進方案的吸引力。南越的親美政府面對著共產黨領導的叛亂，因此甘迺迪希望應用自由社會學家的「民族建設」理論來處理越南的事務。在甘迺迪之前，改革派早就利用對外政策事務來加強其意識形態的感召力。威爾遜總統曾在一九一〇年代嘗試了這一手法，吸引對國聯的支持，安撫因其政府在第一次世界大戰時期的國內政策而疏遠的改革派。威爾遜的左翼競爭對手，即以和平進步派聞名的集團，模仿了這種策略，在二〇年代提出了反帝國主義的政見。但是在甘迺迪之前的半個世紀裡，自由派擬定了他們關於國際事務的建議，作爲以經濟改革建議爲中心的更全面規劃的一個組成部分。然而到了六〇年代，自由主義規劃在經濟問題上縮小了範圍，以致甘迺迪順利的任命了一位共和黨投資銀行家——道格拉斯·狄龍擔任其內閣中最重要的經濟職位——財政部長。

改革派中經濟觀點不斷減弱成爲本世紀裡的一個穩定模式。如果不全面地認識這個問題，就無法理解甘迺迪及其繼任人詹森做出的決定。本世紀以平民黨提出的激進改革方案爲開端。平民黨人的農村基礎支持他們要求聯邦政府進行干預的主張，反對日益主導美國經濟生活的商業資本主義結構。但是平民黨始終未能吸引大多數選民，並且隨即發現其觀點被民主黨削弱和吸收。下一代改革派，即在進步時代採取積極行動的那些人，沒有遭遇平民黨所面對的政治困難，而是努力將他們的意識形態轉化爲具體的政策。雖然進步派在一九一三～一九二一年威爾遜總統任期裡取得了優勢地位，但是他們或者被迫要做出妥協（如總統淡化他在一九一二年競選時做出的反壟斷的許諾，支持弱勢的聯邦管理機構監督美國企業），或者發現他們所得到的政治支持被削弱（如第一次世界大戰後選民中反國家經濟統制的情緒高漲）。到下一代改革派——三〇年代新政時期的改革派——掌權時，經濟事務的政策選擇範圍進一步縮小。即便如此，羅斯福總統的政府也沒有提出一致的經濟規劃，而政府裡的自由派同第二次世界大戰期間湧入政府機構的大企業領導人的合作，進一步減弱了改革派支持經濟體制全面改革的熱情。甘迺迪加快了這個長達一世紀的進程，以強調利用政府促進經濟成長取代曾作爲經濟改革傳統中重要內容的反托拉斯觀念。那種哲學提倡公共機構和主要經濟利益集團之間進行密切合作；其最重要的政策體現就在於大量削減工商稅，以便刺激更大的生產率。

有兩種事態發展伴隨著並且促進了這種衰退的經濟規劃。第一個是聯邦行政機構的發展，產生了雖非故意卻是連貫一致的結果，即從政府舞臺上消除了有爭議的經濟問題（六〇年代以後，也消除了有爭議的社會問題），因此縮小了使兩個主要政黨對立的政策選擇範圍。這一進程開始於威爾遜一九一四年的妥協，當時總統淡化了加強國家反托拉斯法的計畫，而支持建立一個管理機構——聯邦貿易委員會，監督壟斷企業在美國經濟生活中的作用。法蘭克林·羅斯福建立了全國勞工關係委員會，試圖在有組織的勞工和企業之間建立一定程度的穩定關係，從而爲後來的行動提供了類似的先例。第二次世界大戰後，由於突然出現國家安全問題，民主黨日益支持這種做法。

國家安全問題減弱了全體民衆中尤其是共和黨中傳統的反國家經濟統制的情緒。一九六〇～一九七五年間建立了一些聯邦行政機構，處理性別歧視和種族歧視造成的經濟後果以及環境保護、選舉改革等問題。

同時，第二次世界大戰後的歲月裡，自由主義規劃重新定向，日益關注與民權相關的問題。此時出現了強大的社會運動，例如致力於公民權利、婦女平等權利和環境保護的運動，爲這種事態發展提供了政治基礎，而冷戰的爆發促使自由派人士把注意力集中在美國不同於蘇聯極權主義的方面。（這種探求也加強了人們不願向經濟領域中的自由企業制度挑戰的趨勢）。此外，尤其是一九五三年厄爾·華倫擔任首席法官之後，最高法院開始利用其裁決迫使政治家考慮本來可以避免的具爭議性的社會文化問題。到六〇年代，自由主義以及與之相連的對美國夢的追求，開始被解釋爲支持擴大公民的權利和自由，而不是提出全面經濟改革的建議。

作爲總統，約翰·甘迺迪必須處理這些事態發展的複雜後果。同樣重要的是，他的任期及此後詹森的任期，加強了與戰後政治和文化相關的大多數主要模式。甘迺迪政府因此而成爲理解戰後美國的關鍵。但是，如果要充分理解甘迺迪從就職演說到擔任總統後政策的轉變，就必須進一步回溯到本世紀初期，因爲戰後經濟和政治發展的基本結構在那時便已大致確立。

〔第一章 進步主義的先例〕

一九〇一年九月，即甘迺迪就任總統之前近六十年，一個叫里昂·喬格西的無政府主義者暗殺了總統威廉·麥金利。那一事件使一個完全不同類型的人物——狄奧多·羅斯福——進入了總統辦公室。新總統和約翰·甘迺迪之間有許多驚人的相似之處。狄奧多·羅斯福於一八五八年出生在紐約市的一個名門世家，比他的前任小十六歲。通過勤奮的體格訓練，羅斯福改變了孩童時期體弱多病的狀況，養成了戶外運動的愛好，並且在成年以後繼續保持了那種愛好。同時，他表現出對歷史和時事的廣泛興趣。他進入哈佛大學接受教育，曾就一八一二年戰爭的海戰等問題寫了十本書。和許多上層階級的美國人不同，羅斯福選擇從政，並且在美西戰爭中取得了極大的成就。當時，他辭去海軍助理部長的職務，組織了一支志願軍，把那些志願者稱爲「粗獷騎士」，然後帶領那支隊伍參加了在古巴的戰鬥。羅斯福吸引有利宣傳的能力超過了他作爲軍事領導人的才能，但是無論如何，他參與戰爭的行動使他贏得了全國的注意。他利用那種知名度參加一八九八年紐約州州長競選，並且順利成功。在擔任州長的兩年裡，他支持政府採取積極行動，建議增加針對大企業的稅收和管理規則，從而使他與麥金利共和主義的自由放任原則區別開來。一九〇〇年，他被提名爲副總統候選人，這在某種程度上是因爲共和黨領導人相信他會擴大麥金利對改革派的吸引力，另外也是因爲保守派希望把他從美國最大州的州長職位上趕下去。然而由於麥金利遭暗殺，羅斯福便依法繼任爲總統。

羅斯福就任總統，鼓舞和激勵了主張變革的基層力量，使國家政治生活中的新一代掌握了權力（就像六十年後甘迺迪就任總統後的情況），迎來了被稱爲進步時代的時期。羅斯福具有把握時代精神的能力，而且具有自我宣傳的才能，因此贏得了亞伯拉罕·林肯以來沒有一個總統能夠達到的個人聲望。在一九〇四年大選中，羅斯福獲得百分之五十八的選票——這是到那時爲止總統候選人得到的最高得票率——從而再次當選爲總統。他將辭令轉化爲實際政策創議的能力相當有限，這是他和甘迺迪共有的特徵。而且也和甘迺迪一樣，羅斯福的重要性與其說是因爲他的具體成就，不如說是因爲他所樹立的形象以及他所激發的智識和政治氣候。新總統把對外事務放在施政的中心地位，並且通過擴大權力，爲改革者嚮往的那種國家領導建立了一個模式。這位強權政治的堅定支持者和強大軍隊的鬥士，也以推動仲裁和獲得諾貝爾和平獎而著名。在國內事務方面，羅斯福爲國家精神的喪失而痛心，敦促他的同胞接受更多理想主義的方針，但是在其總統任期的關鍵時期，他本人又因黨內保守力量的挑戰而退卻。總統爲確立聯邦政府監督經濟生活的方針奠定了基礎，同時又證明遠不像他的後繼者那樣願意推動一個全面的立法議程，或者執行已經通過的改良主義法規。最後，羅斯福體現了那個時代的政治，或許從整體上證明了進步主義意識形態的矛盾性。

廣義地說，進步時代體現了一種嘗試，要處理美國生活中三個相互關聯但又各自不同的變化。在經濟方面，公司已經成爲企業組織的主要方法，這一發展狀況使一些主要工業，如石油和鋼鐵，處於少數大公司的控制之下。另外，在十九世紀後期，中西部農業地區由於惡劣氣候和金融風波而受害，另一種可能選擇的經濟崩潰了。十九世紀後期的許多技術進步，例如國家鐵路里程的迅速增加（從一八六〇年的三萬五千英里增加到世紀之交的二十五萬英里），電話、電報和快速印刷機的發展，雜誌的大量發行，連鎖店和郵購的興起，都對美國的個人主義傳統進一步提出了挑戰，由此產生了更具全國性的經濟和文化結構。在當時的高技術產業方面，美國以領先世界著稱，但是由於變革速度迅猛，這種進步也引起了一種不安定感，尤其是對於一個幅員遼闊但以前只是名義上相連接的國家來說更是如此。

這些經濟發展加劇了在世紀之交時所出現的一系列人口統計上的變化。一八六〇～一九〇〇年間，美國城市人口的增加速度是總人口增加速度的兩倍以上。城市吸引了大量移民：一八八〇～一九二〇年間，有九百多萬人——或者說美國一八八〇年人口的四分之一——移居美國。在各種族的人們中，新移民與早期移民的不同之處在於東歐人和南歐人大大超過了來自西歐和北歐的人。市政府無力處理人口成長所造成的諸多問題，日益落入政治機器的控制之下，例如紐約市的坦慕尼廳民主黨組織。那些政黨組織為移民提供一個社會經濟安全服務，以換取移民在選舉中的支持。政治活動已經成為一種職業。

對於政治機器的出現，中產階級選民感到恐懼。一些人主張限制移民，「限制移民同盟」等團體建議對那些被視為不受歡迎的民族實行低配額制或者完全禁止移民。中產階級中的另一些人認爲，削弱政治機器不需要採取那麼激烈的措施。例如，紐約市和其他大城市的「脫離共和黨的獨立分子」提供許多建議，主張推動建立更加超黨派、更有效率的市政府，希望打擊政治機器統治賴以生存的腐敗。那些獨立分子是一些中產階級和上中產階級的共和黨人，他們在一八八四年總統選舉中發揮了決定性作用。當時，他們決定放棄共和黨選定的詹姆斯·布雷恩，因爲他受到從事腐敗行動的指控。他們轉而支持格羅佛·克里夫蘭。

由那些獨立分子所發起的廉潔政府運動，反映了十九世紀經濟和人口變化影響政治的一個方面。一八九三年的大恐慌之後，二者之間的聯繫變得更加顯著。雖然內戰以來曾發生過幾次那樣的金融恐慌，但是在一八九三年，美國日漸惡化的經濟使金融危機的影響蔓延到全國各地，造成一次嚴重的經濟衰退。在六個月裡，八千多家企業破產，一百多萬工人失業，突然造成一場勞工騷動的浪潮以及聯邦政府的對抗反應。雖然聯邦政府鎭壓普爾曼罷工的事件是一個特例，但是聯邦政府站在企業界一邊，則不足爲奇。實際上，鍍金時代以激烈競爭的政黨結構爲特徵，但是各政黨沒有表現出多少意識形態差別，很少處理緊迫的重要經濟問題，所主持的聯邦政府在結構上幾乎都非常軟弱。那種制度更多地反映了把政治視爲近似於一個社會事件的觀念。在某種程度上是由於這種格局，鍍金時代出現了一系列弱勢的總統直轄政府機構和強大的立法機構，衆議院議長常常是國家政府中最有權勢的人物，而政府在大多數人的日常生活中只是發揮了有限的作用。在整個鍍金時代，平均預算只有大約三億美元，主要用於支付退伍軍人補助金，支付軍費（主要是支付在美國西部同印地安人作戰的費用），以及資助美國郵政等事業。

主要是由於克里夫蘭政府對於經濟危機無動於衷，那種狀況在一八九二～一八九六年間發生了變化。克里夫蘭聲稱，只要政府不採取動搖對金本位制的信心的行動，那場金融恐慌將會像以前出現的危機一樣自行調整。對於日益強大的農業改革派群體來說，這種政綱是不可接受的。他們集結在平民黨的旗幟下，要求使白銀成為貨幣（從而增加流通貨幣，改善債務人的地位）；要求建立國家的「二級國庫」，增強聯邦政府對國家金融系統的控制；要求進行政治改革，例如直接選舉聯邦參議員，以削弱富人的政治勢力。（由於在參議員中富人占大多數，參議院被稱為「百萬富翁俱樂部」。甚至在鍍金時代，參議院也是以最敵視改革的政府部門而著稱。）平民黨還為其經濟要求增加了文化內容，希望消除被工業化造成的技術和社會變化所拋棄的那些人的苦難。這種社會保守觀念最終將造成平民主義意識形態的分裂，但是在十九世紀九〇年代，平民黨運動的文化議程和經濟議程還是相互補充的，都試圖消除國家下層階級和農民所懷有的無力感。平民黨在一八九二年推出以前的聯邦將軍詹姆斯•韋弗作為總統候選人。韋弗吸引了百分之八的選民票，贏得了二十二張選舉人票。平民黨在州和地方選舉中也取得了一些成就，至少迫使兩個主要政黨更加認眞去面對政治改革和社會改革問題。

最後，平民黨內出現派別分化，加上民主黨吸收了平民黨的一些主張，因此使平民黨上臺掌權的趨勢受挫。然而民主黨在吸收平民黨的主張時，其本身所處理的一些實質性問題，也相應地轉向了左翼，引起了一場黨派重新組合，結果使共和黨在此後三十年的大部分時間裡都是多數黨。內布拉斯加州的前國會議員威廉·布萊恩，在這一進程中起了關鍵作用。在一八九六年的民主黨全國代表大會上，布萊恩極力否定克里夫蘭的經濟綱領。這位內布拉斯加州民主黨人發表的演說，成為美國歷史上最激烈的政治演講之一。在回應經濟精英實行金本位的要求時，他對那些人說：「你們不能把這個荊冠強加在勞工的頭上；你們不能把人類釘在黃金的十字架上。」這個演說以其宗教色彩和熱烈語調打動了與會代表的心弦。代表們不但開始採納鑄造銀幣以增加流通貨幣這一政策要點，而且選擇三十六歲的布萊恩作為民主黨的旗手。與此同時，共和黨明確界定了該黨反對布萊恩經濟政策的立場，提名俄亥俄州州長威廉·麥金利為總統候選人。麥金利曾擔任國會議員，起草了一八九〇年的關稅法案。該法案以他的名字命名，表明了他堅決捍衛該黨在整個鍍金時代都堅持的支持企業利益集團的立場。秋季競選的舞臺就這樣確定了。在競選中，這些政黨表明了意識形態兩極化的立場，這是內戰前以來的任何選舉中都未曾出現的情況。最後，麥金利取得了雖然微弱但是決定性的勝利：他得到百分之五十一的選民票，而布萊恩得到百分之四十七。此外，麥金利的勝利也擴展到其他公職人員的選舉：共和黨一舉控制了參衆兩院。這也是鍍金時代的選舉中未曾出現過的情況。

具有諷刺意味的是，針對議題的政治活動的重要性不斷增強，開始了政黨重要性日漸衰退的進程。在技術層面上，大多數採用了無記名選票形式，其特點是政府印製的選票上列出所有符合參選條件的政黨候選人，因此使選民更容易分散選票，而使各政黨更難保證選民支持該黨的路線。同時，十九世紀九〇年代出現了廉價報紙。那些獨立報紙維持生存的財務基礎不在於政黨的經濟支持，而是取決於由發行量和登載廣告所獲得的收入。這些變化有助於減少大多數選民對政黨的忠誠和積極參與政治活動的程度。在一八七六～一八九六年間的選舉中，選民的投票率平均爲百分之七十八；在一九〇〇年選舉中，投票率開始下降，百分之七十三的選民參加投票；一九〇四年和一九〇八年，投票率繼續下降爲百分之六十六；到一九一二年，則進一步下降到百分之五十八。此外，那些依然積極的選民開始超越政黨結構來影響政治的發展。他們聯合爲利益集團，爲了特定的立法到國會去遊說，推動選舉易於接受他們觀點的候選人，動員獨立於政黨而同情他們立場的選民。投票率的下降和利益集團的興起促進了更加關注議題的政治發展趨勢，這一點將成爲進步時代的政治乃至整個二十世紀的主要特徵之一。

隨著這些國內變化，美國作爲一個一流大國出現在國際舞臺上。就經濟和政治事務而言，這種發展的跡象長久以來已經很明顯：十九世紀四〇年代以來，美國逐漸在加勒比海地區取得支配地位，而一八六一～一八六九年間擔任國務卿的威廉·西沃德則勾畫了更加雄心勃勃的擴張主義計畫。然而在整個鍍金時代，參議院裡意識形態上混亂但政治上有力的反擴張主義聯盟，阻止了推行這一擴張計畫的嘗試。但是在十九世紀九〇年代，這個反擴張主義的聯盟崩潰了，麥金利的當選使政治和意識形態的形勢都變得有利於帝國主義外交政策。一八九七年，總統批准了對夏威夷的呑併，並且加快了海軍建設，使美國海軍在二十年的時間裡從世界第十三位上升到第三位。次年，麥金利得到國會壓倒多數的批准，對西班牙宣戰。美西戰爭以美國的壓倒性勝利而結束，使美國確立為一個擁有屬地的共和國。美國政府開始了對古巴為期三年的占領；《普拉特修正案》結束了美國的軍事占領，但確立了美國對這個島行使保護權。另外，《巴黎條約》規定由美國控制西班牙在波多黎各的殖民地和菲律賓群島，從而增強了美國在加勒比海地區和東亞政治中的存在，儘管要到菲律賓游擊隊抵抗美國占領軍的戰爭失敗之後，美國才確立了在菲律賓的統治地位。

因此在世紀之交，美國在政治上、經濟上和國際上完成了巨大的地位轉變。只有南方似乎在抑制這些變化，顯示出那個地區與美國其他地區之間政治經濟發展的巨大差距。南方經濟在內戰期間和重建時期以棉花為基礎；對於南方經濟的衰落，那裡的經濟政治精英產生了分歧。新興的企業家認為，答案是仿效北方。但是，「新南方」的領導人，如實業家亨利·布拉狄，所建議的政策並沒有引起經濟持續成長，因此使該地區內戰前的種植園主重新確立了他們的勢力。隨著奴隸制被取締，南方統治精英找到了維持對非洲裔美國人進行控制的其他方式，他們利用對法律機構的控制，同時監督實行以佃耕和分成爲基礎的經濟制度。那種制度讓黑人經營小農場，承受沈重的抵押負擔，在資金方面依賴統治精英。到一八九〇年，南方百分之七十五~百分之九十的農民處於長期的債務負擔中。諷刺的是，那種狀況卻使南方成爲平民黨運動的溫床。但是南方的保守派也進行反擊，重新提出種族問題，使之成爲南方政治生活中的主要因素。從一八九〇年開始，南方各州頒布法律，禁止黑人參加選舉，規定種族之間實行社會隔離。那一進程在一八九五年後加快了。最高法院在一八九六年對普萊西控告弗格森一案的判決中，批准了在南方實行設施「隔離但平等」的制度，因此認可了歧視黑人的政策。「種族隔離」制度的長期社會影響是深遠的，但是其最直接的影響是在政治領域裡。非洲裔美國人曾是南方共和黨的中堅力量，但是法規實際上排除了他們作爲一支政治力量的地位。投票條件的大量限制使南方百分之九十九的黑人選民（以及百分之四十四的白人選民，主要是農村的窮人）失去了選舉權。黑人沒有政治權力，也就缺少進行抵抗的社會手段。每年發生的近二百起私刑事件，非常可怕地表明了白人控制南方社會結構的程度。

另外，黑人領導人也沒有採取一致的立場來反對種族隔離，兩位最著名的非洲裔美國人就持有不同的立場和觀點。布克·華盛頓以前是奴隸，後來成爲阿拉巴馬州塔斯吉基學院院長。他號召本種族的成員不要強調政治和社會平等問題，而要關注自己經濟狀況的改善。華盛頓認爲經濟生活可以同那個地區的社會規劃分開，但是他忽略了種族隔離制和作物扣押制阻礙黑人改善自身處境的情況，也低估了白人敵視黑人努力改善社會和經濟地位的程度。華盛頓的觀點遭到威廉·杜波伊斯的強烈抵制。杜波伊斯是第一位獲得哈佛大學博士學位（社會學）的非洲裔美國人。他認爲，這個國家的非洲裔美國人需要受過教育的精英分子來領導。華盛頓假定黑人在犧牲其政治權利時也能夠保持其經濟福利，杜波伊斯則對他的觀點持懷疑態度。長遠地說來，杜波伊斯在觀念交鋒中占居上風。但是在世紀之交，在大多數美國黑人集中的南方，杜波伊斯實際上沒有追隨者。美國各地的白人政治精英把華盛頓而不是杜波伊斯視爲美國黑人的代言人。

狄奧多·羅斯福走向總統職位時，其前任遇刺身亡這一事件使他認識到他所承接的國家的不穩定狀態。根本性改革及其引起的對抗行動成爲時代的主題。大企業的出現和農業的衰落造成了經濟的迅速增長，但這是贏家和輸家之間存在巨大差距的經濟。在社會方面，種族和移民問題顯示出美國的盎格魯撒克遜人大多數所感到的憂慮不安，並且表明了他們試圖利用政府來維護其地位的程度。在國際方面，美國成爲一個大國，向國家領導人提出了許多新問題。在過去的四分之一個世紀裡居主導地位的政治制度，即政黨勢力強大和選民大量參與的制度，開始崩潰。所有這些問題本質上似乎都是全國性的。各種思想意識的活動家日益轉向國家政府來解決這些問題。

但是在羅斯福的第一個任期裡，其首要任務與其說是處理這些棘手的問題，不如說是鞏固其政治地位，以免一九〇四年大選時共和黨保守派用一個意識形態方面更合意的人物來反對再次提名他爲總統候選人。因此，新總統設法加強他與共和黨國會領導人的個人關係和政治聯繫，儘管與新總統相比，那些人在大多數問題上顯然堅持更加保守的觀點。具有諷刺意味的是，羅斯福最有希望加強其地位的機會是在國際事務方面，而非國內事務領域裡。實際上，在尋求與本黨保守派領導人的共同立場時，羅斯福會發現對外政策將是一個更有希望的主要領域。

羅斯福任職初期的兩個事件表明了他利用對外事務達到雙重目的的傾向：既要達到一個國際目的——使美國成爲世界上的重要國家，又要適應其國內的需要。第一個事件發生在一九〇二年，當時因委內瑞拉政府拒絕償付外債而引起糾紛，英國、德國和義大利採取聯合行動，轟炸委內瑞拉沿海城市，因此成爲十九世紀六〇年代以來歐洲對加勒比海地區最嚴重的軍事威脅。羅斯福採取單邊行動，警告柏林如不停止軍事行動，美國將與之開戰；同時向英國人表明了他的決心。英國人立即改變了行動方針；德國人處於孤立的地位，於是同時將此事提交國際法院仲裁。由於委內瑞拉與巴拿馬地峽毗鄰，而羅斯福希望在巴拿馬地峽修建一條由美國控制的運河，因此他對發生在委內瑞拉的軍事行動特別在意。在羅斯福的任期裡，最著名的加勒比海事件是他通過談判與哥倫比亞達成一項協議，結果發現哥倫比亞領導人何塞·馬羅金又試圖得到更有利的財政條款。他的變卦引發一系列複雜的事態發展：巴拿馬爆發了叛亂，美國派遣海軍陸戰隊登陸，阻止哥倫比亞軍隊重新控制巴拿馬。美國的行動保證了巴拿馬的獨立，此後兩國迅速達成《海約翰—比諾—瓦里亞條約》，即《美國和巴拿馬共和國關於建造連接大西洋和太平洋的通航運河條約》。這個條約使羅斯福得到了他想要的一切條件：十英里寬的巴拿馬運河區的九十九年租借期，支付巴拿馬極少的租金，以及美國認爲運河受到另一大國威脅時對巴拿馬進行干預的權利。儘管羅斯福在委內瑞拉和巴拿馬採取的行動具有挑釁的性質，一位歷史學家將其稱爲「不情願的帝國主義分子」，但羅斯福也確實花費了其任期內的許多時間來尋求替代干預的方案，使美國能夠確立在加勒比海地區的霸權而又不使用武力。在二十世紀的開端，羅斯福開始了一個利用國際問題來擴大總統權力的進程；在他離任以後，那一進程仍然長期持續下去。

在國內事務方面，羅斯福認識到他與共和黨國會領導人的意識形態分歧，於是也像他在國際舞臺上的行動一樣，集中力量實施不需要立法機構批准的方案。具有諷刺意味的是，這種規劃成爲以後幾十年裡一系列革命性變革的第一步，使華盛頓的權力平衡從國會轉向了總統。與後來發生的情況相比，羅斯福的行動是相當溫和的。例如，他在一九〇二年插手干預一場煤礦工人罷工，在白宮召集勞資雙方進行談判。這一行動是他希望全面擴大聯邦政府迄今在經濟方面微不足道的作用的一部分。在這方面，他最顯著的成就包括一九〇三年成立商業與勞工部和一九〇五年成立林業局——第一個致力於資源保護的政府機構。同樣重要的是，總統說服伊萊休·魯特、吉福德·平肖、奧利佛·霍姆斯等許多著名人物進入政府機構，從而增進了行政部門既有的決策能力。最後，羅斯福努力把總統職位變爲他所說的國家「第一論壇」，利用那一職位來強調緊迫的政治和社會主題。

國民中識字率日益提高（一九〇〇～一九二〇年間中學畢業生的數量增加了兩倍），爲總統提供了可以依賴的消息靈通的選民。另外，出現了全國性的報刊，從大量發行的報紙到專門從事政治、社會評論的新型全國性周刊，例如《麥克盧爾》和《天下事務》，這有助於明確表達國民要求改革的情緒。二十世紀的第一個十年裡，報刊登載了範圍廣泛的調查報告，旨在揭露美國工業、政治和文化領域裡的弊端。羅斯福擔心，那些報告利用公衆的嚴重憂慮並爲推行根本性改革而對政府施加太大壓力，因此他一度指責那些全國性雜誌的報導是「揭露醜聞」。但是那些雜誌的活動有助於鼓勵進步主義後來許多成就所依賴的基層群衆基礎。總統抨擊「醜聞揭發者」，在某種程度上是由於他認爲許多揭發者希望進行更激進的經濟改革，超過了他所認爲的明智改革的程度。實際上，羅斯福本人的思想體系似乎沒有對經濟現狀構成眞正的威脅。

然而，羅斯福的第一任期顯著地改變了總統職位的特徵和國家政治的趨向。同時，在基層、城市和州等各個層次，正在發生根本性的思想意識轉化。在羅斯福任期的大部分時間裡，州和地方改革派的各種議程清楚地表明了進步主義意識形態的多樣化。威斯康辛州州長羅伯·拉福萊特是一位引起相當爭議的人物。拉福萊特於一九〇〇年當選爲州長，其綱領是減少鐵路業及其同盟者對國家政治、經濟生活的影響。儘管威斯康辛州以「改革試驗室」著稱，其他州也出現了類似的改革活動浪潮。加利福尼亞州的海勒姆·約翰遜及其盟友發起了一場轟轟烈烈的運動，反對州鐵路和公用事業利益集團；那個州的進步派成功地利用了創制權和公民投票程序，由此贏得全國的關注。在愛荷華州，艾伯特·卡明斯提出了他的「愛荷華思想」，要把州和聯邦的行動結合起來，盡量縮小大財團的勢力。在密西西比州，「白人首領」詹姆斯·瓦達曼推行一項改革計畫，其經濟改革內容的全面性足以和任何一州的計畫相比。但是瓦達曼不僅通過推動他的經濟計畫，而且通過惡毒的種族主義咒罵，鞏固了他在貧苦白人中的基礎，因此證明了南方獨特的政治狀況。改革派也以他們在大城市裡的活動而名聲卓著。他們反對私有的公共事業集團和運輸業利益集團，努力通過採用委員會或市政經理的管理形式來消除日常事務管理中的政治影響。

由於進步主義在起源及其獲得的支持方面具有地區、意識形態和階級基礎的廣泛性，因此也就具有以前的改革運動，例如平民黨運動，所沒有的意識形態多樣化。總的說來，進步改革派吸收了三方面的思想觀念來構造其議程，與其說關心意識形態的一致性，不如說關心取得實際成果。反壟斷的積極活動是那些規劃中最重要的內容。改革派擔心公司的發展在經濟和道義方面的影響，因此尋求維持經濟繁榮和保持國家道義及政治文化之間的平衡，儘管在有關政府應在多大程度上拆散大型經濟集團的問題上，他們之間存在地域上和思想路線上的分歧。雖然反壟斷的動力通常支配進步派在經濟問題上的立場，但是他們的社會活動圍繞著促進一個更加凝聚的社會，維護城市化興起和移民浪潮之後的中產階級價值觀。與經濟事務方面的情況一樣，進步派在處理社會問題上從來沒有達到一致，儘管他們都同意政府需要發揮更大作用，以促進可以籠統地稱爲「公民利益」的事業。這種思想傾向表現爲他們同情工業化的受害者，尤其是婦女和兒童，也反映在他們強烈主張更加關注全體社會成員都關心的保護國家自然資源等問題上。最後，進步派吸收了那個時期出現的一系列新觀念，即效率、合理化和社會工程等科學概念，以改變美國人構想公共政策的方式。那一體系依賴於一種信念：對於國家的社會和經濟問題，專家能夠設計出非政治性的解決辦法。

歷史學家巴里·卡爾把進步主義稱爲十九世紀的最後一場改革運動，也是二十世紀的第一場改革運動。但是改革活動家所使用的策略是相當新式的策略。從這種意義上說，他們爲以後年代裡社會運動和國家政治之間的相互作用建立了一個模式。進步運動有廣泛的基層活躍分子基礎，有知識精英的深入參與，逐步轉向國家政府來解決他們關心的問題，並且在這一進程中使新問題進入國家政治辯論的範圍。但是，要把進步派的規劃轉化爲實際政策，需要有利的政治氣候，並且需要與願意推行進步主義思想觀念的領導人建立密切的關係。對於進步運動來說，這方面的關鍵人物是狄奧多·羅斯福和伍德羅·威爾遜。與二十世紀出現的其他社會運動一樣，進步主義規劃的控制權一旦轉到華盛頓，在事務的先後次序和意識形態方面都會發生微妙但是重大的變化。

可是在二十世紀的第一個十年裡，這一進程尚未完全展開，與進步主義相關的各種態度的複雜混合造成了許多不那麼明確關注政治生活的基層改革運動。其中的一個運動是努力消除貧困。基於反壟斷原則的各種進步主義傾向、提高社會福利的願望以及對中產階級地位的關切，都有助於解釋人們爲什麼更關心被麥金利時期的產業合併及隨後的經濟繁榮所遺忘的那些人的苦難。這種關切的一個例子是貧民區住房改革運動，把反貧困運動規劃與中產階級對城市移民勢力日益增長的關切結合在一起。簡·亞當斯等人成立了芝加哥的「赫爾之家」，既使窮人美國化（因此而達到更大程度的社會凝聚），又改善那些人的日常生活。他們的活動受到全國的關注。亞當斯式的婦女也在那個時代的其他一些重要社會運動中發揮了突出的作用，其中最明確的政治運動是爭取婦女選舉權運動。然而儘管這一運動獲得許多人的認同，特別是得到共和黨支持，但還是拖延到了一九二〇年，因爲其基本理論基礎——婦女理應享有同男人一樣的權利——對於那個時代是太激進了。實際上，只有通過接受一種觀點，即賦予婦女選舉權會提高婦女作爲母親和撫養人的傳統作用，爭取選舉權運動的積極分子才能融入進步時代的許多相關的運動，例如取締賣淫的運動、禁止童工的運動和改革派通過貧民區住房改革運動改善城市移民命運的活動。爭取婦女選舉權的支持者得到禁酒運動積極分子熱烈的支持，因為那些人相信「品行端正」的女性會支持禁酒的提案。

在爭取婦女選舉權運動試圖通過賦予婦女政治權利以改善其命運的時候，非洲裔美國人和白人自由派一起嘗試恢復美國黑人社會最近被剝奪的那些權利。一九〇九年，杜波伊斯聯合了一批白人改革者（其理論淵源可以追溯到廢除黑奴制運動），發起建立了「全國有色人種協進會」。這個新組織主要是通過聯邦法院的決定，努力為黑人爭取平等的政治權利。到一九一〇年中期，「全國有色人種協進會」在這種活動中取得了一些初步的重要勝利。該組織關注的另一主要方面是公開抗議活動，希望喚起美國白人多數的良知，從而建立支持民權的基層聯盟。布克·華盛頓於一九一五年去世之後，「全國有色人種協進會」成為美國黑人中最強大的組織。但是在一些重要方面，其議程是有局限性的：它更關注有關平等權利的政治問題，而不那麼強調種族隔離在美國貧窮黑人中造成的經濟和社會後果。

在支持婦女選舉權和民權等事業的進步派中，有許多人在二十世紀初期逐漸增強的另一個社會改革運動中也採取了鮮明的立場：尋求和平。和平運動是那個時代較保守的改革活動之一，那些出席莫洪克湖國際法會議的律師們的議程反映了和平的要求。國際法會議開始於一八九五年，是國際法律師的年會；那些人主張英國和美國簽署一個全面仲裁條約。同樣重要的是，和平運動的發展從另一方面證實了進步主義的出現如何促使美國在國際舞臺上發揮更加積極的作用。隨著時間的推移，二者之間的聯繫會變得更加密切。例如，國際法的精神與進步主義強調利用技術性的和非政治的方法來解決政治問題是一致的，與改革活動家強調賦予公衆輿論對政治事務更大的發言權也是一致的。但是進步主義衝力的活躍性也導向了其他方向。例如，對於一些支持帝國主義的人來說，進步主義的改革思想是有道理的；正如支持繼續統治菲律賓的人證明，美國改造了自己的社會，也能夠改造別國的社會。另一方面，國內改革和對外政策改革之間的持續聯繫能夠把要求美國帶頭重新確定國際秩序、擺脫傳統權力政治的觀念融入進步主義的思想體系。這種立場最終是和伍德羅·威爾遜相關聯的。改革的情緒甚至使一些進步派敦促美國政府公開抵制歐洲殖民主義，以美國作爲國際反帝國主義聯盟的首領。然而在各個方面，進步主義的出現似乎都增強了對更加積極的對外政策的支持。

但是，那些分歧的全部含義一時還不會顯示出來。在羅斯福的任期內，大多數謀求和平的積極分子作爲基層進步派的典型，對羅斯福持肯定的態度。同時，在羅斯福的第一任期裡，他和改革派往往在不同的層面上採取行動。但是在羅斯福贏得連任後，進步主義的基層政治成分開始不斷湧現。羅斯福雄心勃勃地推行自然資源保護觀念，提供了總統和基層運動之間上下配合的一個事例；這或許是一個重要事件，其出現依賴於羅斯福的個人行動。雖然有關自然資源保護的思想本身可以追溯到十九世紀，但是這種觀念要到進步時代才興旺發展起來。作爲反對企業過度使用資源的一種反應，反壟斷主義者支持加強政府控制國家自然資源的要求。由於環境問題上醜聞的揭露，由於約翰·繆爾等人的著作，支持環境保護的提案也得到公衆的支持。繆爾是「山脊俱樂部」的創始人，主張爲了自然環境本身而要進行保護。自然資源保護論更多地反映了羅斯福的思想觀念，也吸引了吉福德·平肖等人，因爲這種觀念爲政府採取行動促進更有效利用國家資源提供了一個途徑。一九〇五年，羅斯福任命平肖擔任美國林業局第一任局長，儘管平肖管理和利用國家資源的願望和繆爾等人保持自然環境的目標之間存在深刻的差異。不過，平肖的觀點還是遭到對國家捲入經濟的前景感到擔心的那些人的反對。平肖計畫劃出一千七百萬英畝森林作爲國家保護區，禁止採伐。當共和黨控制的國會抵制平肖的計畫時，總統在國會的抵制措施生效之前支持了他的林業局長的計畫。羅斯福的這一行動是他最積極地利用總統權力的一個例子，表明了總統與進步事業的聯盟如何促使他在第一個任期裡採取與本黨的國會領導人更加對立的立場。

一九〇六年，《純淨食品和藥物法》和《肉類檢驗法》獲得通過，進一步表明了基層進步派的活動如何促使總統採取更具雄心的國家規劃。揭露醜聞的雜誌《天下事務》發表厄普頓·辛克萊描寫芝加哥屠宰場缺乏品質管制的文章後，有關食品衛生的問題首次引起全國的關注。羅斯福的反應是要求新成立的聯邦政府機構——食品和藥物管理局負責在藥品上市之前進行檢驗和批准。《肉類檢驗法》也授權農業部實施肉食檢驗和標記的聯邦計畫。食品和藥物管理局和林業局的成立都表明了羅斯福對行政管理的關注——成立新的行政機構，任命專家任職，由那些專家進行所需要的改革和監督，擺脫政治程序的壓力。這種對專家能力的重視，增加知識分子在政治方面的作用的願望，以及相信國家的許多問題能夠通過非政治方式得到充分解決的觀念，都反映了進步主義的基本原則。儘管基層的和州一級的進步運動與行政部門之間日益出現結盟的跡象，關於合作可能達到的程度仍然是有限的。例如，總統譴責壟斷行爲的言論傾向以及他參與明確實施《謝爾曼反托拉斯法》的願望，並不能掩蓋這一事實：羅斯福像東部的許多改革者那樣，並不把消除壟斷在美國經濟生活中的影響作爲特別急迫的事情。總統更希望加強政府的管理和控制功能，爲他發揮對企業領導人的間接影響提供另一個工具。另一方面，反壟斷的進步派與其說把反壟斷問題看作是一個經濟問題，不如說是作爲一個道德問題，引證說明需要採取行動來減少大企業在美國政治和社會生活中的作用。從羅伯·拉福萊特於一九〇五年進入參議院時起，在共和黨控制的國會裡，進步派的影響開始增強。在同抨擊他沒有充分採取改革措施的進步派進行爭論時，羅斯福同共和黨國會領導人的關係也更加緊張。具有諷刺意味的是，在羅斯福的第二個任期裡，他在國會裡得到的支持多來自民主黨少數，因爲民主黨期望將自身塑造爲眞正致力於改革的黨。

共和黨的左右兩翼出於不同的原因都支持建立一個強大的國家政府。除此之外，羅斯福到卸任時也沒能成功地將其國家事務觀念強加於共和黨。他沒能把老保守派從支配共和黨的地位上趕下去，這迫使他尋求能夠單方面利用其職權以實施其規劃的方法。因此，他在國內更加強實行行政管理，在國外實行積極行動的規劃。另外，他試圖使全國充滿更強烈的理想主義意識，設想選民會把個人和物質的需求放在一邊而為全國的利益工作。對於一個自詡為深刻理解人性的人來說，這的確是一種不切實際的期望。最後，羅斯福總是聲稱，只有在國際危機中才能恰當地顯示出領導能力。然而，他主持了一個相對和平的時期。此外，基層的改革情緒以及那種增強的積極活動能夠對國會施加的壓力，要在他離開白宮後的八年裡才高漲起來。羅斯福提高了改革派的期望，幫助迎來了此後更多政治騷動的年代。但是那些事件還有待出現。一九〇八年，羅斯福進入其任期的最後一年，還沒有一個明顯的繼任人，於是他又同共和黨保守派妥協，而在國家選舉來臨和民主黨宣揚支持總統的改革規劃之際，保守派也不願被認為否定總統。於是雙方約定：羅斯福得到提名共和黨總統候選人的權利，但是把總統候選人進行競選所依據的黨綱的控制權讓給保守派。對於即將離任的總統來說，不幸的是他為實現其協議目標所選擇的人在面對他所留下的政治和意識形態挑戰時背叛了他。羅斯福選擇了陸軍部長威廉·塔虎脫。塔虎脫出身於俄亥俄州的共和黨名門，曾在耶魯大學獲得法學學位，擔任過美國司法部副部長和菲律賓總督，此後進入內閣。但是塔虎脫缺少選舉活動的經驗，在緊迫的國內問題上其立場仍然不明朗。不過，這位共和黨總統候選人進入秋季競選活動時，獲勝希望漸漸濃厚。民主黨在一九〇六年期中選舉中彌補了一些政治損失，提名他們最強有力的人物—布萊恩——作爲總統候選人，提出了強烈的改良主義綱領。但是塔虎脫承諾堅持羅斯福的政治綱領，這就削弱了民主黨的主要論據：民主黨是眞正的改革黨。塔虎脫取得了大選的勝利，但是他獲勝的差距仍不及羅斯福一九〇四年的勝利，而共和黨在國會議員選舉中實際上是失利了。

由於塔虎脫沒能由此選擧結果而得到個人的權威，因此幾乎一進入白宮就開始了艱苦的奮鬥。共和黨進步派計畫削弱衆議院長——專制的共和黨人約瑟夫·坎農的權力，而塔虎脫對此計畫的反應顯示出他未來遭遇難題的最初跡象。塔虎脫最初鼓勵那些造反者的嘗試，但是後來在共和黨保守派強大的壓力下改變了主意。他改變得太晚了，沒能阻止共和黨進步派同民主黨人結成聯盟來限制坎農的權力，但是他改變得又太早了，傷害了總統與本黨左翼的關係。他提出的第一個重要立法建議，即修改《關稅法》，同樣暴露了總統在政治上的弱點。衆議院仍然處於坎農的控制之下，提出了一個根據薄弱的法案作爲回應，實際上增加了大多數商品關稅。在參議院似乎準備採取類似的行動時，共和黨進步派在拉福萊特和愛荷華州的強納森·多利弗領導下同民主黨人一起擊退了共和黨保守派要提高稅率的企圖。由於衆議院和參議院的法案文本存在差異，這就需要兩院代表組成的委員會來解決。在最初的猶豫不決之後，總統站在強烈要求保持衆議院法案基本精神的保守派一邊。進步派不接受最後形成的《佩恩—奧德利奇關稅法》，再次指責塔虎脫背叛了改革事業。

塔虎脫蹩腳的政治手腕不只是疏遠了共和黨進步派，到一九一一年他與其前任也成了政治上的仇敵。羅斯福規劃的異想天開在某種程度上可以說明二人關係惡化的原因。在少數幾個方面，塔虎脫採取了比羅斯福更爲積極的政策。其中之一是關於企業合併問題。總統作爲法律專家，在意志堅強的司法部長喬治·維克夏姆的支持下，要求嚴格執行國家的反托拉斯法規。塔虎脫在四年的任期裡提出了九十件反托拉斯的控告案件，而羅斯福在八年的總統任期裡僅提出了五十七件。政府提出了一些突出的案件，包括美國鋼鐵公司於一九〇七年合併田納西煤鐵公司案。那一合併行動顯然違犯了《謝爾曼反托拉斯法》，但是塔虎脫並不知道羅斯福私下裡批准了那項合併。前總統從非洲狩獵後返回美國，把塔虎脫的提議視爲對其個人的侮辱。林業局長吉福德·平肖指控新內政部長理查·巴林傑爲了大企業財團的利益而有腐敗行爲，此後塔虎脫免去了平肖的職務，他和羅斯福之間的關係也因此進一步的惡化了。

塔虎脫同共和黨權力機構的長期關係以及他的法官氣質，造成了他在國內問題上同共和黨進步派決裂，這幾乎毫不奇怪。但是，塔虎脫在羅斯福總統任期內曾從事對外政策方面的工作，因此他會在國際事務方面與其前任徹底決裂，則更令人吃驚。儘管塔虎脫和羅斯福一樣，承諾美國要在世界上發揮推動和平與穩定的作用，但是他把均勢外交視爲舊秩序的組成部分，堅持認爲在大國經濟日益相互依賴的世界上，美國需要集中力量維持欠發達世界的穩定，從而阻止可能使進步國家陷入的局部戰爭。塔虎脫以此爲主要目標，將他的對外政策理論稱爲「金元外交」，以美元取代軍火，利用美國的經濟實力來促進海外的穩定。然而在實踐中，塔虎脫的對外政策證明不可能得到實施，在此過程中只是加劇了他與本黨內改革派之間已經緊張的關係。總統對外政策最顯著的失敗出現在尼加拉瓜，一系列政策失誤造成美國的軍事干預，維護美國企業利益集團所支持的一個軟弱的地方政權。國會裡的進步派本來已經由於塔虎脫政府的國內政策而與之疏遠，此時則強烈反對塔虎脫對尼加拉瓜採取的政策。

塔虎脫在國際事務方面的困難惡化了他在國內的政治處境，因爲共和黨改革派（相當不公平地）抨擊金元外交是政府對企業利益集團採取公開友好姿態的突出例證。這反映了國際和國內事態發展的密切聯繫。在一九一〇年國會議員選舉時，儘管（或許是因爲）塔虎脫公開支持保守派，共和黨進步派還是在黨內預選中驅逐了許多保守派人士。此後，塔虎脫在黨內的地位進一步削弱了。國會選舉之後，共和黨進步派開始成爲一個凝聚的集團，自稱爲「造反者」。他們逐漸牢固地控制了各州的黨組織，因此在許多方面甚至展現出一個準獨立政黨的形式。「造反者」以中西部和西部各州爲基地，吸收了羅伯·拉福萊特、艾伯特·卡明斯、海勒姆·約翰遜等人的進步主義觀念。這個集團的地域基礎顯示出與圍繞在狄奧多·羅斯福周圍的大多數東部改革派不同的若干特點之一。「造反者」明確表達了強烈的反壟斷觀點，同時也主張實行直接民主的工具——不僅包括創制權和公民表決，而且包括提高國家政府裡作爲人民明確代表的國會的權力。這在某種程度上證實了同一地區裡平民主義運動的成果。

「造反者」的觀點與羅斯福的觀點形成了對照：羅斯福比較傾向建立一個強大的行政部門，他的行政管理觀念要求增加聯邦政府機構的權力，並且盡可能使之免受政治壓力。

但是在一九一二年大選來臨之際，前總統顯然對共和黨的塔虎脫派形成了最強有力的意識形態挑戰。一九〇九年，進步派知識分子赫伯特·克羅利出版了《美國生活的希望》，提出了一種介於「造反者」的反壟斷規劃和塔虎脫的保守觀念之間的經濟哲學。克羅利認爲政府缺少扭轉企業合併力量的勢力，並且摒棄各種大型企業無論如何本質上都有害的觀點。實際上，他指出，一些壟斷企業提高了工業效率，因此爲消費者提供了更好的服務並且常常是較低的價格，爲了對付那些不能達到這一目標的壟斷企業的問題，他主張增強聯邦政府的權力，利用工業效率作爲判斷標準來區分托拉斯的優劣。克羅利的綱領很像羅斯福在白宮歲月裡處理那一問題時所實行的規劃；總統在一九一〇年的一次講話中把那種規劃變成自己的綱領，宣布他支持「新國家主義」。羅斯福在一個重要方面超越了他本人初期的規劃，支持限制司法機構干預聯邦政府監控經濟的努力的權力。最高法院的兩個決定曾特別引起改革力量的憤怒。一八九五年，最高法院在審理奈特一案的裁決中，顯著地縮小了《謝爾曼反托拉斯法》的範圍。十年後，在審理洛赫納控告紐約州政府一案時，最高法院推翻了紐約州限制勞工工作時間的法律。羅斯福敏銳地認識到，那些決定的思想原則對其行政管理觀念造成了威脅。不過，他要挑戰司法機構權力的決定引起共和黨保守派的強烈反對。

在共和黨內出現兩種進步主義觀念的時候，民主黨繼續確立其作爲眞正致力於改革的政黨的聲譽。一九一〇年，民主黨接管了對衆議院的控制，從而形成了一批全國知名的領導人，除威廉·布萊恩以外，如新議長錢普·克拉克和歲入調查委員會主席奧斯卡·安德伍德。然而民主黨一九一〇年最傑出的勝利者不是出現在國會議員競選中，而是出現在新澤西州州長競選中，伍德羅·威爾遜通過競選贏得州長的職位。威爾遜出身於維吉尼亞州的一個長老會教士家庭。他從普林斯頓大學畢業，然後就讀於約翰·霍普金斯大學，獲得政治學博士學位。他出版了《國會政體》一書，對鍍金時代的弱勢行政部門和強勢立法部門的統治制度進行了批判性分析，從而在他的專業領域裡聲名卓著。一九〇二年，威爾遜被選爲其母校——普林斯頓大學的校長。他在普林斯頓大學裡努力實現社會平等，並實行更嚴格的學術標準，因此成爲美國最著名的大學校長。在他的學術生涯裡，威爾遜始終對政治懷有強烈的興趣。在與校評會發生一系列爭執後，他開始把目光投射到普林斯頓大學校園之外，而此時新澤西州的民主黨正在尋求一位具有非政治形象的州長候選人。威爾遜在秋季競選中輕鬆獲勝，他大力支持有關競選改革、加強企業監控、進步主義勞工立法等許多法案。他的綱領不久就使之成爲許多進步派活動家中的知名人物。

與萎靡不振的塔虎脫相比，這些充滿活力的改革力量在更大程度上主導了一九一二年選舉前的政治和學術局勢。在拉福萊特的挑戰受挫後，羅斯福證實了大家的猜測，宣布他將挑戰塔虎脫。儘管這位前總統對民衆具有明顯的吸引力，但是只有少數幾個州是通過公開預選來選擇出席全國代表大會的代表，而共和黨的忠誠支持者往往比整個黨更保守，控制了其他各州的代表提名過程。塔虎脫保住了大多數州黨組織的支持，雖然他們意識到再次提名塔虎脫爲總統候選人共和黨注定會在秋季競選中失敗。羅斯福拒絕接受失敗，召集他的追隨者回到芝加哥，又召開了一次代表大會。這次大會宣布羅斯福爲新成立的進步黨的總統候選人。

由於共和黨的基層力量承諾繼續支持塔虎脫，羅斯福獲勝的希望就取決於民主黨提名一個保守派候選人，如同民主黨在一九〇四年提名奧爾頓·帕克那樣。然而民主黨卻轉向了伍德羅·威爾遜。威爾遜斷定羅斯福作爲總統候選人不可能壟斷改革力量的選票，他得到提名後立刻成爲總統競選中的領先者。威爾遜的提名也爲據說是美國歷史上最激動人心的總統競選活動確定了基調：威爾遜和羅斯福都明確闡述了更加詳細的社會、政治和經濟改革規劃，並在此過程中設定了以後二十五年美國改革議程的中心思想。對托拉斯的政策成爲競選中的一個關鍵問題，是有關政府如何回應美國在此前二十多年裡所經歷的巨大經濟變化這一更廣泛問題的一個象徵。在改革派中，圍繞著中央集權是否本質上是一種有害的發展以及經濟合併的進程是否可以扭轉的問題，有兩種觀點占主要地位。反壟斷主義者堅持認爲，強有力的政府行動能夠使小生產者重新得到國家市場的更大份額。與此相反，爲羅斯福的競選活動所吸引的進步派不相信美國經濟能夠回歸大企業前的狀態，即使政府決定促進那樣一種進程。

威爾遜一得到提名就著手爲競選活動勾畫經濟計畫。他利用「人民的律師」路易斯·布蘭代斯來整理其思想精華。布蘭代斯是美國對反壟斷問題進行過最深入研究的知識分子。與羅斯福的主要智囊人物克羅利不同，布蘭代斯要求把分解大托拉斯作爲競選經濟政策的一個組成部分。布蘭代斯認爲，壟斷的代價超越了經濟學的範圍：「大」對個人把握自己命運的能力構成了威脅，並且引發了濫用權力的弊端。如果把這種觀點推向邏輯的極端，這就是既反對大企業又反對大政府。爲了避免出現這兩種結果，反壟斷主義者贊成加強國家的反托拉斯法，並支持通過司法行動嚴格執行反托拉斯法。關於壟斷在經濟和社會中的作用，這種不同的解釋把民主黨與進步派區別開來。羅斯福的反應是摒棄其對手的布蘭代斯式理論結構，認爲那種結構是基於一個已經不存在的小生產者的世界。羅斯福依據赫伯特·克羅利和華爾特·李普曼等人表述的理論，主張採取更實際的方針，在約束中央集權過度發展的同時，承諾中央集權的價值。依照這種路線，羅斯福繼續倡導一個強大的聯邦政府，作爲壟斷企業與其對手（聯邦鼓勵的工會）之間中立的仲裁者，以便提供經濟領域裡更加有序的競賽場。他主張聯邦政府對經濟進行精心的全面監控，以防止那些已經存在的壟斷企業的各種弊端。羅斯福還提出最低工資制、取締童工、政府管理的保險金和養老金計畫等建議，極力主張擴大政府對經濟上受害者的保護。這兩位總統候選人提出的經濟觀念預示了以後八十年裡美國將出現的最強有力的改革規劃。就改革規劃的核心內容而言，威爾遜主張進行經濟體制改革，而羅斯福更希望採取一種比較協作的政策：強大的政府將促使大企業利益集團採取在經濟上對各方都有利的方針。但是在承認公司結構是美國經濟的精華時，羅斯福也計畫由政府採取行動以改善爲前一時期經濟變革所遺忘的那些人的生活。

除了社會黨總統候選人尤金·德布茲出人預料的精彩表現外，一九一二年選舉的最終結果幾乎沒有令人感到意外。塔虎脫只是參加了競選，最終名列第三，得到令人沮喪的百分之二十三的選民票，僅在佛蒙特州和猶他州獲勝。羅斯福得到百分之二十七的選民票，但是僅得到八十八張選舉人票。他的進步黨在州和地方選舉中表現不佳，而共和黨的得票超過了進步黨，成爲主要反對黨。但是羅斯福的競選從共和黨裡拉走了一些進步派，即便是暫時的，卻開始了一個重新組合的進程：對於共和黨會拋棄自鍍金時代以來所堅持的經濟保守主義原則的可能性，改革派逐漸放棄了希望。威爾遜獲得百分之四十二的選民票，在四十個州獲勝，得到四百三十五張選舉人票。這種選舉結果最終可以從兩個不同的方面來解釋。一方面，威爾遜只是獲得了未超過半數的最多票數。另一方面，一九一二年超過三分之二的選民投票支持承諾改變現狀的候選人。羅斯福和威爾遜都是以改良主義政綱參加競選的。除了他們二人的得票，還有百分之六的選民投票支持社會黨人尤金·德布茲，因爲他呼籲採取更有力的措施來反對壟斷企業的勢力，強烈支持選舉改革。他的得票數證明了選民中的嚴重分化。通盤考慮選舉的結果，威爾遜的任務是顯而易見的：在繼續保持其民主黨選民基礎的同時，他還需要設計一個足夠廣泛的方案，以便吸引那些關心改革的選民。

威爾遜入主白宮時，比美國歷史上的任何一位總統都更深入地思考過總統職務的性質。他的學術背景爲一九一二年選舉結果的分散性所補充，主導了他的管理哲學。威爾遜作爲政治學者的生涯，主要是確定美國政府怎樣通過讓公衆更多地參與有關政務管理的討論和提高政黨的作用才能以最有效、最誠實的方式運作。（威爾遜作爲總統的工作表明，這兩個方面並不必然互補。）威爾遜把總統的作用設想爲黨的領袖和政府的總理，試圖通過民主黨核心小組會議來管理政務。在美國，這種方法曾是一種常用的方法——十九世紀初，國會裡的政黨核心小組會議實際上同時作爲總統候選人提名會議，但是後來這種方法不使用了。黨的紀律通常堅持下來，在某種程度上是因爲威爾遜幾乎沒有遇到內部的挑戰：既然民主黨與美國的企業體制沒有多少聯繫，該黨也就不存在擁有任何具實力的親企業的老保守派。另外，總統得到了能力非凡的國會領導人的幫助，主要是衆議院裡奧斯卡·安德伍德和參議院裡多數黨領袖約翰·克恩（來自印地安納州）的幫助。

威爾遜也在其他方面賦予總統職位新的概念。爲了強調新時代的到來，威爾遜成爲美國歷史上第一位事先安排其立法計畫的總統。他也時常對國會發表正式講話，而自湯瑪斯·傑佛遜以來沒有一個總統這樣做。新總統總是發表非常精練的公開講話，處處恰如其分。威爾遜闡述自己的觀點時總是揮灑自如，和塔虎脫（以及二十世紀的許多後繼者）形成了鮮明的對照。威爾遜相信教育公衆輿論的必要性；按照這一信念，他也是第一位定期舉行記者招待會的總統。總統得益於選民對改革的相應的關心；一九一三年進步派所主張的兩個憲法修正案得以通過，就非常突出地表明了這一點。《第十六條憲法修正案》賦予國會對個人收入和公司收入徵稅的權力，而最高法院以前曾在大量親企業的裁決中宣布那種權力違憲。此後，《第十七條憲法修正案》規定參議員實行直接選舉。改革派認爲，參議員由民衆選舉產生（以前是由州立法機構選出）將使參議院對公衆的壓力做出更恰當的反應，而不大可能採取鍍金時代衆所周知的保守立場。

威爾遜請選民根據他的立法記錄做出評價。如果以此爲評價標準，威爾遜的政績令人印象至深。一九一三～一九一六年間，威爾遜推動國會通過了兩個全面改革方案。同樣重要的是，他完成了進步主義的政治化，幫助把集中於基層的紛亂的改革情緒變成爲更爲明確的政治和經濟規劃。但是這一成就也爲進步主義的終結埋下了伏筆。威爾遜的政黨理政方法迫使共和黨改革派在政黨和原則之間進行選擇，因此使那些人越來越難以支持總統的規劃。更重要的是，進步主義最初的特徵是具有一種多樣的意識形態基礎。威爾遜爲改革思想確定了一個更明確的重點，也就縮小了它所得到的民衆的支持基礎，因爲較謹慎的改革派開始離去，不再支持總統。第二種情況的出現幾乎不可避免，但是第一種情況卻未必如此。威爾遜最大的失誤之一就是他不願更多地迎合共和黨進步派，以便建立一個支持其規劃的聯合的改革派基礎。

總統最初將「新自由」政綱集中在三個方面：財政政策、銀行改革和政府監控。然而其中的第三個原則表明了把與「新自由」政綱相關的反壟斷規劃轉化爲實際政策的困難。一九一四年一月，威爾遜建議國會通過更嚴厲的反托拉斯法，並且建議仿照州際商業委員會成立一個新管理機構來監控鐵路業。與他在一九一二年闡述的觀點相比，他優先考慮政府監控的議案，成立聯邦貿易委員會。總統將一九一二年規劃的內容與羅斯福的規劃結合起來，認爲專家管理委員會能夠比法院更有效地反壟斷，從而使政府監控的概念與反壟斷思想相配合。《謝爾曼反托拉斯法》不成功的前例證實了威爾遜的觀點。然而在國會辯論的關鍵時刻，威爾遜同意了參議院保守派的要求，即應當修改法律以便允許企業將聯邦貿易委員會的政令上訴至最高法院，而這正是反壟斷的監控觀念要阻止的後果。事實證明，總統的這一讓步成爲聯邦貿易委員會沒能達到預期目標的原因之一。這個反托拉斯法也有措辭模糊的問題，因此法規的成功實施取決於所任命的聯邦貿易委員會成員的傾向。許多人期望熱心改革的威爾遜政府任命堅定的反壟斷主義者擔任委員會成員，然而他們大失所望。政黨衰退的最重要的後果之一是出現了利益集團。企業利益集團的遊說實力大大超過了消費者群體的力量，因此他們從一開始就成功地影響了聯邦貿易委員會成員的任命，以至到一九一〇年代末形成了一種模式：任命公開對企業持友好態度的人擔任應當監控企業的委員會的成員。克萊頓最初提出的法案要取締企業的許多做法，例如公司連鎖董事會或抑制競爭的價格操縱等。假如總統願意為維護《克萊頓反托拉斯法》的內容進行更堅決的鬥爭，反壟斷的進步派也許會容忍他對聯邦貿易委員會的支持。但是威爾遜對那個托拉斯法案逐漸失去了興趣，而企業利益集團的說客則使參議院弱化了那個法案。一位主要的共和黨「造反者」——喬治·諾里斯，把一九一二年選舉後所期望的目標與最後形成的結果作了比較，指責那個法案是「這裡任何人的一生中，托拉斯和聯合企業在立法方面所取得的最大勝利」。這位內布拉斯加州參議員和其他所有的「造反者」一起反對那個法案，努力提出一個具體替代方案。《克萊頓反托拉斯法》和聯邦貿易委員會的缺陷或許最終都表明了將反壟斷思想轉化為特定立法建議的困難。

因此，威爾遜在經濟改革的主要問題上留下了一個有些曖昧的記錄。改革派也以類似的矛盾態度看待他在對外政策問題上的表現。新政府以威廉·布萊恩為國務卿，迅速提出了許多有關國際事務的動議，以促進自決、民主與和平，希望把進步主義思想原則應用於國際舞臺。像塔虎脫那樣，威爾遜有意識地將其國內規劃與國際規劃聯繫起來。然而也像塔虎脫那樣，民主黨將遭遇實行一種積極對外政策的政治困難。例如，威爾遜政府處理墨西哥事務的方式，使總統與國會裡的共和黨進步派關係緊張。在錯誤地嘗試支持墨西哥維多利亞諾·霍爾塔獨裁政權的反對者時，威爾遜命令美國軍隊於一九一四年五月占領了墨西哥的維拉克魯斯。在「造反者」的引導下，國會裡的改革派抨擊總統使用武力來解決基本上屬於政治性的問題，認爲美國自身作爲在革命中建立的大國，在干預別國內部事務時應持格外謹慎的態度。另外，拉福萊特、喬治·諾里斯、堪薩斯州的約瑟夫·布里斯托等參議員批評威爾遜未得到國會的支持就採取干預行動。對外政策方面的這些笨拙舉動，再加上總統大量依賴政黨的理政方法，促使許多共和黨進步派又回歸共和黨陣營。從長遠來看，這一情況給總統造成了不少問題。

但是在一九一四年期中選舉來臨時，威爾遜改革觀念的缺陷沒有給他造成太大的麻煩。甚至在一九一四年初，就開始出現了對改革的政治支持有所減弱的跡象；與歐洲局勢不穩相關的騷動使美國經濟陷入衰退，產生了顯著的政治影響。另外，儘管進步黨有穩固的財政援助並且得到羅斯福的大力支持，但還是沒能深入人心。一位主要的「造反者」——約瑟夫·布里斯托夫——沒能通過共和黨的預選，而以前由熱心改革的共和黨人所控制的一些州裡，例如明尼蘇達州、北達科他州和拉福萊特的威斯康辛州，保守力量也走上了前臺。秋季選舉的結果沒有促進改革的力量。威爾遜的民主黨在衆議院議員競選中遭到沈重打擊，失去了六十一個席位；在參議院裡也減少到些微多數。此後，甚至羅斯福也開始放棄改革的宏論。他告訴威廉·懷特（堪薩斯州著名的進步派記者，曾支持提名布里斯托爲總統候選人，儘管沒有成功），選舉結果表明普通選民關心自己，而不關心「公共生活中的社會正義、產業公正與廉潔政治」，他對更崇高理想的倡導或許一直都是錯誤的。然而和羅斯福對改革前途的憂鬱相對照，一九一四年後期的事態確實向總統展現了一些積極的跡象。由於共和黨對改革採取越來越敵視的態度，在知識分子和改革派中，以前敬慕羅斯福的許多人轉向威爾遜的領導。一個特別突出的例子是《新共和國》創辦人的態度變化。《新共和國》是一個支持改革的新雜誌，登載辛辣的文學、政治和社會評論。這個雜誌由華爾特·李普曼、赫伯特·克羅利和經濟學家華爾特·韋爾等人編輯，在國內事務方面逐漸採取親威爾遜的觀點。期中選舉的結果要求威爾遜做出一個困難的選擇。他可以嘗試與新得勢的國會保守派合作，使民主黨回到支持有限管理的傳統立場。或者，他可以期望仍舊保持一個致力於改革的多數，期望吸引一九一二年選舉時不支持他的社會黨左翼力量和共和黨「造反者」。威爾遜通盤審視政治局面，斷定後一種方針是他把政治勝利與對改革原則的忠誠結合起來的最佳機會。在此過程中，威爾遜嘗試把共和黨內尚存的改革派吸引到他的聯盟中，這也使得改革情緒進一步遠離了共和黨的主流。

基於這種高風險戰略的管理方法要求制定一個能夠得到積極的進步派選民支持的改革規劃。威爾遜又一次展示了作爲政治領袖的才能。「新自由」的第二階段包括一連串國會行動和行政措施，確立了聯邦政府在國家經濟生活的各個方面發揮作用的原則。首先，威爾遜通過立法建立了關稅委員會和船務局，鞏固了「新自由」第一階段裡經濟政策方面的結構變革。關稅委員會負責就關稅稅率問題向行政部門提供建議，而船務局有權決定商船的客運和貨運價格。第二，威爾遜提名路易斯·布蘭代斯塡補最高法院的空缺，從而在立法領域之外增強他的進步主義聲譽。由於布蘭代斯直言不諱的經濟觀點及其宗教背景，威爾遜選擇他擔任最高法院法官的行動遭到強烈的反對。但是事實證明，總統堅定不移的支持態度有助於使這一提名得到四十七比二十二票的表決結果而獲批准。此後，威爾遜又任命另一位法律專家約翰·赫辛進入最高法院，赫辛也是一位直率的經濟改革派。第三，威爾遜表現出更願意支持國會進步派的議程，例如他支持拉福萊特和北卡羅來納州衆議員克勞德·基欽（衆議院歲入調查委員會主席）提出的有關提高富人所得稅和財產稅稅率的提案。最後，總統接受了羅斯福於一九一二年闡述的有關社會正義和經濟公正的建議，從而迎合進步黨以前的追隨者。因此，在「新自由」第二階段的改革立法中，有許多法案增強了勞工的地位。例如《基廷－歐文法》禁止跨越州界運輸童工生產的商品，一個相關的法令規定工人在按照政府合約所從事的工作中受傷應得到補償金。《亞當森法》是一個最有利於勞工的法令，規定鐵路工人實行八小時工作制。這是第一個規定雇員工作時間的聯邦法令。在政治事務之外，這些法令反映了社會中對產業工人的看法發生了更普遍的變化，各種思想傾向的改革派都開始認爲需要利用國家政策來處理工業化的問題。

然而和一九一四年墨西哥問題的情況一樣，國際問題繼續使威爾遜的任務複雜化。實際上，隨著一九一五年和一九一六年初「新自由」第二階段的展開，國家政治精英把注意力集中於歐洲事態的發展。一九一四年八月爆發的戰事加劇了對總統的挑戰：他制定的對外政策要維護美國的利益，同時還要遵從他的基本原則。威爾遜最初強烈要求美國國民不僅在行動上而且在思想上保持中立，但是在一個擁有大量移民的國家裡，那種要求證明是不可能有效的。另外，美國的經濟利益也與中立政策相抵觸。威爾遜政府曾考慮就英國海軍對德國的封鎖提出抗議，但還是接受了英國的做法。這一決定幾乎切斷了美國同其他中立國家的貿易，但是也爲美國與協約國間貿易的迅速發展鋪平了道路。另外，英國的有效宣傳，再加上德國推行的實際政策，尤其是德國對比利時的占領，震動了信奉道德原則的威爾遜及許多美國政界領袖的感情。由於德國實行無限制潛艇戰的政策，美國的觀點顯然變得更加強硬了。一九一五年五月七日，德國的潛艇戰政策造成了最悲慘的事件：一艘德國潛艇擊沈了英國客輪露西坦尼亞號，造成一千一百九十八名乘客死亡，其中包括一百二十八名美國人。總統在兩份措辭強硬的照會中以開戰相威脅，要求德國尊重美國的中立權。德國人做出了讓步，但是這一事件對於威爾遜來說是代價高昂的：國內好戰的反應使威廉·布萊恩辭去國務卿的職務。如果說對外政策問題取代了經濟問題而成爲國民關注的中心，那麼國務卿離開內閣則暗示了進步派聯盟內部潛在的嚴重分歧。

雖然布萊恩的離職標誌著他在民主黨內的勢力崩潰，但是前國務卿的許多觀點仍然得到獨立的左翼共和黨進步派的熱烈支持。那些人在歷史上被稱爲和平進步派，威爾遜爲了一九一六年選舉正以重新設計的國內改革規劃來迎合他們。如果說中立權和軍費開支等問題對於威爾遜暴露了對外政策問題的政治危險，那麼國際事務也爲總統提供了在一九一六年選舉前的幾個月裡鞏固其中左聯盟的機會。那一年出現了一批積極分子，所謂進步國際主義的旗幟下。他們的思想路線是要求美國向世界其他地區傳播民族自決、海洋自由和裁減軍備的進步主義觀念，率先爲戰後改革國際體系做出努力。爲了實現這一目標，那些人特別主張美國成爲戰後國際聯盟的成員。雖然威爾遜拒絕公開同意美國參加戰後國際聯盟，但是他對此持贊同態度則毋庸置疑。實際上，同和平進步派等強烈的反帝國主義者一樣，總統不相信重大軍事行動能和美國傳統的理想主義調和起來。另外，威爾遜反對結束美國外交的中立狀態，因爲他擔心那樣會使他失去根據進步國際主義原則來調停衝突的機會。威爾遜與其主要對外政策顧問愛德華·豪斯上校和國務卿羅伯特·蘭辛合作，在一九一五年後期和一九一六年進行了一些嘗試，敦促交戰國結束戰爭。（豪斯上校和蘭辛實際上都支持站在協約國一邊參戰，因此削弱了總統促和的嘗試。）在國際舞臺上，那些嘗試不僅沒有達到目的，而且引起了同協約國的緊張關係。但是在國內，就對總統競選連任至關重要的選民來說，那些嘗試證明了總統謀求和平的立場。

在一九一六年選舉前的幾個月裡，威爾遜的國際立場開始遭到其國內問題上的強大對手越來越猛烈的攻擊，進一步表明了國內問題和對外政策問題之間不斷增強的關係。威爾遜的行動表明國際局勢的發展如何影響國內政治局面，他並不是唯一面對這種情況的主要政治人物。羅斯福由於他的對外政策建議而開始與當時進步運動的知識潮流拉開了距離。實際上，他此時認爲，選舉一位承諾增加軍費開支而非關注國內改革事務的總統是一九一六年選舉的關鍵問題。依照這種思想路線，他強烈要求以前的追隨者回歸共和黨。然而回想起來，依然顯著的事實不是干涉主義立場的連貫性，而是其吸引的公衆支持比較少。儘管言辭強硬，論證有力，但是羅斯福始終沒能打動公衆。共和黨領導人在考慮該黨挑戰威爾遜的人選時，勉強承認了這一事實。民主黨並不是唯一面對對外政策問題造成的潛在政治障礙的政黨。

事實上，隨著一九一六年時間的推移，民主黨活動家開始採取更大膽的立場，那種嘗試在民主黨全國代表大會上達到了高潮。主要發言人——紐約州前州長馬丁·格林讚揚威爾遜抑制了共和黨要求採取更強硬外交姿態的壓力，因此得到非常熱烈的支持，以至「他使我們免於戰爭」被用來作爲民主黨的競選口號。事實上，那個競選口號過分誇大了總統要不惜一切代價避免參與戰爭的承諾。但是那個口號頗受歡迎，證明了國內反戰派的實力，同時那個口號也滿足了威爾遜淡化對外政策分歧以便保持國內聯盟穩固的需要。此時，共和黨仍然爲一九一二年的分裂而倍受煎熬，拒絕提名羅斯福或塔虎脫，而決定提名最高法院法官查爾斯·休斯爲各方都能接受的總統候選人。休斯的法官地位使他沒有捲入一九一二年塔虎脫和羅斯福的分裂，而他擔任紐約州州長時曾留下了溫和改革的記錄。但是事實證明，休斯是一個缺乏競爭力的候選人。他努力闡明一個反對威爾遜綱領的國內規劃，維護國會裡威爾遜政敵的保守立場，保證共和黨進步派不會支持民主黨，但是支持改革事業就要冒疏遠黨的基礎力量的風險，而不能保證進步派無論如何都投票支持共和黨。在對外政策方面，休斯遇到更多的困難。羅斯福試圖形成一個支持干預的多數，指望利用競選活動作爲實現那種迄今尚未成功的嘗試的另一個步驟，而休斯卻笨拙地向德裔美國人（傳統上是共和黨在中西部地區的主要選民）許諾，他的政府將避免參與戰爭。休斯的那種迎合姿態具有明顯的政治性，於是威爾遜可以抨擊休斯依據種族背景分裂美國人，同時許諾他的第二任政府將會像第一任那樣爲實現國際和平而努力工作。正是這一綱領使許多德裔美國人跨越黨派界限，支持威爾遜。總統聲稱美國「不屑於戰爭」，進一步迎合了進步派擺脫戰爭的願望。鑒於候選人的競選能力懸殊，而且威爾遜第一任期的國內規劃給人們留下了深刻印象，一九一六年選舉結果中最引人注目的方面或許不是威爾遜贏得了勝利，而是他僅僅以些微的票數獲勝：得票數的比例是百分之四十九比百分之四十六，選舉人票的比例是二百二十七比二百五十四。威爾遜最終還是得益於能夠吸引加利福尼亞（十三張選舉人票）、華盛頓（七張選舉人票）、北達科他（五張選舉人票）等州的共和黨進步派的選票。他在一九一二年選舉中沒能在那些州獲勝，但是那些州卻在一九一六年熱心支持他振興改革的觀念。另外，威爾遜在選民票上贏得的百分之三的票差正好是社會黨得票的下降數；社會黨的票數從一九一二年的百分之六下降到一九一六年的百分之三。因此，總統的冒險得到了回報：通過轉向左翼，他吸引了一些心懷不滿的共和黨改革派和社會黨人，足以和民主黨的南方傳統力量結合起來構成多數。

在擔任總統的頭四年裡，伍德羅·威爾遜推動國會通過了兩套改革規劃。然而與他的立法能力相比，更重要的是他的政治規劃、策略決定和意識形態發展爲以後的五十年確立了美國政治生活中改良主義思想的基本框架：如果不重視威爾遜的總統任期及其所產生的進步時代，就不可能清楚地理解三〇年代，甚至不可能清楚地理解第二次世界大戰後的時代。在政治方面，威爾遜通過創造性地利用民主黨核心小組會議維護作爲政黨領袖的控制權，從而成功地使民主黨成爲改革的工具。另外，尤其是在他第一任期的後一半時間裡，威爾遜以勞工、司法問題、稅收法案等方面的政策迎合了共和黨改革派、社會黨人和進步派知識分子。那些決定的效果在一九一六年選舉中顯示出來，當時也和內戰前以來的任何一次競選一樣，兩個主要政黨在意識形態方面兩極分化。改革派直到新政時期才確立了他們在民主黨內的首要地位，共和黨進步派也在三〇年代裡抑制了該黨向右轉。但是那種格局在一九一〇年中期就清楚明朗了。

在意識形態方面，威爾遜的第一任期使進步主義集中於基層的散亂思想轉化爲國家政府層面上可以實現的政治規劃。在經濟問題上，威爾遜的成就頗爲混雜。一方面，他利用進步時代的憲法修正案爲他提供的工具，通過累進所得稅制等手段，確立了聯邦政府在經濟方面發揮更大作用的原則。同時，在這個有點矛盾的開端之後，威爾遜政府接受了政府應採取積極行動幫助貧困者的概念，總統的勞工政策非常清楚地表明了這一點。另一方面，威爾遜決定暫緩要求通過克萊頓法的那個較嚴厲的草案，又認爲政府監控是推行反壟斷規劃的最佳手段，結果嚴重限制了實現經濟結構根本改革的可能。以後再也沒有如此有利的政治氣候或經濟環境。但是，威爾遜至少把經濟改革的概念確立爲進步主義思想體系的主要原則。

威爾遜在其他問題上的成就就比較清楚明。威廉·布萊恩最初競選總統時，曾提出了有關社會和經濟的觀念，這兩部分內容都是迎合他的大量農村貧困選民。然而在進步時代更爲複雜的政治環境裡，這兩個方面不再緊密地結合在一起。強調文化問題不但預示著取代經濟變革的要求在國家辯論中的中心地位，而且要摧毀致力經濟改革聯盟的團結，因爲聯盟的各個組成部分並不擁有共同的社會觀念。威爾遜認識到了這一點，同時他自己在此類大多數問題上持保守觀念，因此他在任期裡盡可能避免處理社會問題。他對民權、婦女選舉權、移民限制、禁酒等問題的態度就表明了這一點。但是，如果說威爾遜對文化問題輕描淡寫，他在國際事務方面則恰恰相反。他把進步主義觀念積極運用於世界舞臺，試圖利用對外政策事務來加強其國內政治基礎。因此，他開始了一個把國內政治與對外政策融合起來的進程，此一進程在本世紀的大部分時間裡將持續不衰。同時，他爲構想一個改良主義國際觀念奠定了基礎，而那一觀念比進步時代之前的任何主張都更全面。

除了威爾遜規劃的具體細節，進步時代出現了使政治活動集中於華盛頓的傾向。威爾遜、羅斯福以及（在較小程度上）塔虎脫的行動確立了行政部門在國家政府中的首要地位。羅斯福在對外政策方面採取單邊行動，偏好行政管理，並且建立「第一論壇」；塔虎脫嚴格實施已經通過但常常爲其前任忽略的法律；威爾遜將總統視爲政府總理、政黨領袖和國家的首席教師，這些都表明了一個雄心勃勃的總統在新政治環境裡可以利用的策略。這三位總統也都確立了聯邦政府在經濟生活中發揮積極作用的原則，儘管他們的宏論通常勝過了他們的政策。另外，在進步時代，選民本身越來越從全國的角度考慮問題，並且要求全面性的解決辦法，因此他們和十九世紀的大多數總統形成了鮮明的對照。儘管這種知識變革沒有消除美國人傳統上對強大聯邦政府的憂慮，但是這種變革的確使羅斯福在一九一二年競選時和威爾遜在第一任期裡提出的那些建議可能得以實現。

進步時代也對國家政治趨勢產生了顯著的影響，爲後來發生的許多事件奠定了基礎。在鍍金時代，大量選民參與選舉投票，兩黨力量相對平衡，很少討論重要的經濟問題，而進步時代則結束了那種政黨結構。在一八九六年麥金利和布萊恩的競選之後，政黨在政治進程中的作用開始減弱，出現選民投票率下降的趨勢，這種趨勢在以後的時期裡將會繼續下去。但是與此同時，新的政治環境證明更有利於處理根本性的經濟、社會和國際問題，不但由政治家來處理，而且由數量日益增多的利益團體來處理。在政黨方面，民主黨和共和黨之間的平衡讓位於共和黨多數，使共和黨從一八九六年到一九〇八年連續四次取得大選的勝利。一九一七年初，主要的問題是一九一二年和一九一六年的大選是否反映了又一次重新組合——一次有利於改革力量的重新組合，或者僅僅是流行政治氣候中的一次暫時變化。和在許多國內和國際事務上一樣，威爾遜的第二任期將對這一問題做出回答。

〔第二章　從進步主義到自由主義〕

儘管威爾遜在大選中是以些微票數險勝，但是他的連任卻也表示了他得到了人民的授權。民主黨保持了對參議院的控制。雖然沒有一黨能在衆議院裡享有穩定的多數，但是一些共和黨進步派議員和一些獨立派議員一起支持錢普・克拉克繼續擔任議長。這進一步表明，一九一六年選舉的結果可能表示美國政治的性質發生了一個更深刻的意識形態變化。然而對於威爾遜來說，最重大的挑戰是維持這一聯盟。當政治的著重點轉移到文化問題時，改革派之間的團結消失了，而把共同的觀念轉化爲國際政治裡的實際政策時，也不存在一致意見。因此對於威爾遜來說，至關重要的是避開美國是否應參加第一次世界大戰這個棘手的問題，而把注意力集中在有關經濟改革的第三批立法方面。

當然，實現這一構想並不是一個輕鬆的任務。總統首先在對外政策方面採取了行動，開始其雄心勃勃地調停工作，要求交戰國說明它們的戰爭目的，並且提出進行斡旋，以便達成以沒有勝利的和平這種原則爲基礎的解決方案。然而這一計畫沒有成功。蘭辛和豪斯（瞞著威爾遜）私下敦促英國人抵制威爾遜的建議。一九一七年一月三十一日，德國重新開始無限制的潛艇戰，德國的決定使華盛頓的政治氣候轉爲支持美國進行干預。無論如何，此時進行斡旋的前景完全消失了。四月四日，威爾遜要求國會批准對德宣戰。他堅持認爲，美國只有介入衝突，才能在和平談判的會議桌旁取得一席之地，從而按照進步派的國際主義原則建構戰後世界。他試圖以這種觀點證明其行動的正確性。儘管威爾遜做出這樣的論證，他在一九一六年建立的聯盟注定要分裂，其中的一個重要組成部分持不同意見：五十位衆議員和六位參議員一起投票反對對德宣戰。喬治·諾里斯發表了情緒激昂的講話。他重提威廉·布萊恩在一八九六年的講話，斷然反對以杜撰美國人的「生命線」來保證紐約市各公司的經濟利益。在國會之外，進步派力量同樣陷入分裂。一些改革派指出歷史的教訓，證明美國在戰爭之後通常就進入一個反動時期。但是另一些進步派人士，例如華爾特·李普曼，對發動戰爭和推行國內改革計畫二者不能相容的觀點提出異議。哲學家約翰·杜威甚至走得更遠，把那一時刻描述爲歷史的「重要關頭」，認爲美國的決定性行動能夠幫助重新塑造世界。杜威的預見至少在軍事方面似乎有先見之明。美國的干預明顯減少了德國潛艇戰的影響，而美國的大批軍隊及時到達歐洲，阻止了德國在西線的進攻。到一九一八年秋，戰爭的潮流已經轉向，德國人開始全線撤退。

然而無論是對威爾遜還是對他的最熱情的支持者來說，成功的戰爭動員和戰役是不夠的。倫道夫·伯恩和李普曼、杜威等人屬於紐約的同一個文學圈子，但是他在批評支持戰爭的進步派時問道，假如改革派無法阻止過於激烈的戰爭，那麼他們能控制多大強度的戰爭。可是支持參戰的進步派在政治上、意識形態上和個人方面都相信威爾遜的承諾，即美國能夠在國際上參與符合進步主義原則的戰爭，同時保持在國內進行改革的能力。然而，這種觀點的可行性幾乎立刻就成了問題。甚至在美國參戰之前，支持參戰的民主黨人就提出了《韋布－

卡爾伯森法案》，授權政府實行新聞檢查和控制郵件。威爾遜爲這種公開的壓制感到擔心，因此同時支持另一種方法，即從理論上說基於自願原則的方法——成立「公共宣傳委員會」。這是美國歷史上第一個由政府資助的宣傳機構。但是公開宣傳委員會試圖激發的愛國熱情可以輕易地證明自封的愛國組織所採取的公開壓制行動的合理性。在那些組織中，最強大的是「國家安全同盟」。該組織發起「百分之百效忠美國」運動以抵制外國左派人士侵入美國內部的危險，把支持參戰的觀點與排外主義和反激進行動主義聯繫起來。「國家安全同盟」和「公共宣傳委員會」都在某種程度上順應了進步派傳統上要建立一個更加凝聚的社會的願望，但是曲解並誇大了那種感情以致最後的政策結果幾乎不能爲戰前的改革派所辨識。這種利用進步主義方法謀求非改革目的的做法，成爲此後十五年裡美國政治的一個重要模式。

此外，「公共宣傳委員會」領導人喬治·克里爾堅持表面上信守進步主義原則，但是威爾遜內閣中也有其他一些不那麼寬容的人物。由於一九一七年通過的《對敵貿易法》，郵政總局局長艾伯特·伯利森得到了檢查郵件的權力，他的行動明顯的侵犯了公民自由權。伯利森還和司法部長湯瑪斯·格列高里一起，積極執行一九一八年通過的《懲治煽動叛亂法》，禁止對美國國旗和美國軍隊的批評。同時，格列高里集合民間愛國團體，共同掀起壓制「反美」情緒的運動，同「美國保護同盟」的二十五萬成員結成了特別密切的聯盟。具有諷刺意味的是，這樣的政策使許多改革派積極分子陷於沈默，而他們曾是威爾遜一九一六年競選連任成功的關鍵力量。在與民權相關的問題上，政府的記錄幾乎也是一樣。在戰爭年代裡，聖路易斯和孟菲斯發生了種族暴亂，而威爾遜則同意將軍隊各單位依種族分開。

鑒於總統戰前的態度，他在民權方面的政績相當貧乏，也就不足爲奇了。但是威爾遜決定批准《懲治煽動叛亂法》和《懲治間諜法》等法規的動機仍然不那麼明朗。戰爭的緊張局勢無疑加強了威爾遜個性中固有的偏執。更廣泛地說，進步運動的中產階級基礎所持有的進步主義傾向，希望出現一個沒有重大階級分化或意識形態分化的美國。戰後時期看起來似乎過激的政策，在戰爭歲月裡卻被看作是對進步派始終關心的問題的合理反應。由於一九一七年四月以後出現了對政府戰爭政策不滿的跡象，政治方面的理由也證明政府方針路線的合理性。加強政府對付各種違抗行爲的權力，就爲實現國內團結提供了一個手段，而總統相信國內團結是在國外取得勝利的關鍵。最後，在政府官員方面，美國捲入戰爭產生了一種未曾預料的後果：威爾遜把注意力集中在對外事務上，而讓其內閣去處理國內問題。在財政政策等事務方面，這種方式使財政部長威廉·麥卡杜等人得到了權力，總統的規劃依然順利進行。但是在公民自由權的問題上，由於總統沒有給予足夠的關注，伯利森和格列高里等人就進入了政策的眞空。

戰爭期間侵犯公民自由權的事件並不是沒有引起反應。實際上，一些著名的進步派人士，以奧斯華·維拉德和羅傑·鮑德溫爲首，成立「美國公民自由權利聯盟」，顯示出威爾遜與那個年代初以來曾最堅決支持他的一些人關係緊張。更重要的，「美國公民權利聯盟」強調個人權力，它的出現標誌著改革的意識形態基礎進一步破裂。進步主義的一個特徵始終是要求採取進一步行動來保護和擴大個人權利，在「全國有色人種協進會」等組織的活動或森格爾為生育控制所做的工作中可以看出這一點。然而威爾遜第一任期的成就表明，就進步主義的核心而言，其推動力集中在經濟問題上。可是從一九一六年起，進步派聯盟的一個重要組成部分開始把注意力轉向對外事務，威爾遜本人最終也走上了這條路。此時，「美國公民自由權利聯盟」等組織正提出第三種意識形態變體，宣稱改革派應當關注保護個人權利和自由。除了威爾遜的戰時政策所暴露的意識形態分歧，有關先後次序的分歧也突出了一九一八年期中選舉臨近之際總統所面對的政治困難。實際上，社會和文化問題的出現使改革派按階級路線分裂了，有可能完全摧毀戰前進步派聯盟的團結。布萊恩的競選活動第一次表明，下層的和工人階級的選民在文化問題上通常持保守立場，而知識分子、上層階級和中產階級的改革派以及集中於城市的人，更趨於支持有關公民權利的規劃。

或許最重要的是，總統在經濟問題上的舉措沒能消除其公民自由和公民權利政策使改革派產生的憂慮。威爾遜處理戰爭財政的方式最為清楚地表明了這一點。總統最初做出了大量許諾；財政部長麥卡杜在宣戰後立刻宣布，和以前的戰爭不同，政府將通過直接徵稅而非發行公債來支付大部分軍費。麥卡杜提出一個通過稅收支付至少一半軍費的法案，但是出於財政和政治兩方面的原因，他立刻後退了，勉強接受了僅能提供大約百分之二十軍費的稅收法案。由於戰爭稅收法案軟弱，政府戰時財政的更大份額就需要來自債券的銷售，其數量超過了威爾遜或麥卡杜原來的預期。和喬治·克里爾及「公共宣傳委員會」的情況一樣，最初的錯誤估算所產生的影響隨著時間的推移而加劇了。在這種情況下，為了發行公債，就需要開展一場運動——自由公債運動，利用煽動的軍國主義語言來激發必要的公衆熱情。政府經濟規劃的其他內容也與傳統的進步主義原則相抵觸。一個特別突出的例子是戰時工業局。這個新機構由華爾街金融家伯納德·巴魯克領導，而巴魯克最重要的才能可能就是自我推銷的本領。與威爾遜的初衷相反，巴魯克兜售一種聯合主義觀念，即支持政府與企業界的結合，甚至以暫停執行國家的反托拉斯法規為代價。這是一個更大模式的重要內容，經濟學家約翰·加爾布雷思稱之為戰爭時期「政府和有組織的私人企業之間的大規模非正式合作」。不管進步派最初的意圖是什麼，戰時工業局等機構便利了大企業力量的進一步組織，促進了那種力量與政府的合作。與伯利森和格列高里在公民自由權問題上的情況一樣，威爾遜不願或不能利用他的正式權威來約束巴魯克的政策。因此，總統要讓美國依照改良主義原則參戰的嘗試在另一個方面也突然停止了。

甚至威爾遜的那些依然比較忠實於改良主義原則的政策，在貫徹執行時也是搖擺不定。在最初加強政府監控和感召業主的愛國主義的方法失敗以後，政府控制了全國的鐵路，在盡量避免干擾這一經濟基礎設施的情況下，保證人員和物質的有效運輸。威廉·麥卡杜擔任新成立的鐵路管理局的主席，擴大了他的職權。然而爲這樣一個雄心勃勃的計畫而選擇鐵路產業，證明是一個災難性的錯誤。在接管前的十年裡，管理不善和激烈競爭結合在一起，使大多數鐵路公司遭受驚人的損失。無論如何，改變那種狀況是一項困難的任務，但是由於戰爭造成的混亂、麥卡杜的其他職責造成的精力分散以及缺少政府官員以提供所需的人員支持，麥卡杜幾乎不可能完成那項任務。到一九一八年底，鐵路公司的總經理們紛紛抱怨政府的管理不善正在摧毀他們的鐵路業。同時，鐵路工會想起戰前威爾遜政府與勞工的密切關係，認爲政府的接管會帶來優厚的新工資待遇。當麥卡杜表示反對時，鐵路工會也對鐵路管理局的政策日益不滿，以罷工相威脅。

鐵路管理局的經歷典型地表明了威爾遜政府在試圖利用（仍然虛弱的）聯邦政府體制進行國內戰爭動員時所遭遇的困難。改革派缺少成功擴大聯邦政府在經濟中的作用的行政機構或意識形態結構。回顧往事，鑒於威爾遜所面對的意識形態的、行政機構的和政治的限制，難以想像政府能以更有效的方式運作。可是在那時，美國人爲戰爭動員造成的巨大文化和經濟變化所震驚，卻無法那麼寬容。鐵路管理局失敗的影響擴展到國家的運輸業之外：在公衆的心目中，那一試驗成爲擴大政府權力與戰爭動員纏結在一起的一個最突出的例子。戰後，爲增強政府在經濟方面的作用而動員必要的政治支持，就成爲更加困難的事，因爲選民們強烈要求恢復到正常狀態，結束戰時的控制。

因此，戰時的國內政治沒有爲改革者提供多少積極信息。然而在戰爭期間，許多進步派人士和總統本人一起把注意力轉向外部，試圖把改良主義思想原則應用於國際關係。威爾遜把對外政策作爲他能夠繼續實踐其理想的一個領域。可是對外政策問題對美國的選舉很少起決定作用，尤其是對國會期中選舉沒有多大影響，一九一八年期中選舉也不例外。與反對黨的狀況相比，總統以前的聯盟中出現的混亂局面成爲一個鮮明的對照。戰爭使共和黨內保守勢力繼續上升——在威爾遜就職初期，那種趨勢就已顯而易見。在州一級，保守派有效地利用了戰時民族主義的高漲來打擊黨內進步派力量，因爲許多進步派人士或者堅決反對美國參戰或者反對面向戰爭的備戰措施。作爲反對黨，共和黨能夠抨擊與聯邦政府戰時擴權相關的各種煩擾，使人們懷疑進步派想要增強聯邦政府在經濟生活中的作用，而同時又不提出替代威爾遜規劃的建設性方案。威爾遜盡力做出反應，爲把改革派重新聚集起來而突出他的和平方案，並且要求選民選舉民主黨國會議員以表明對其政策的信任。最後，共和黨取得了壓倒性優勢，順利地奪取了對衆議院的控制。在參議員競選中，兩黨倒是旗鼓相當；勢均力敵的競爭使最後結局在選舉結束幾天後還不明朗。共和黨最終多得了兩個席位，從而成爲參議院的多數黨。這一結果被解釋爲對威爾遜的不信任。六年來，總統依靠民主黨核心小組會議來推動國會通過他的規劃，而此時則面對著挑戰，要嘗試以謀求兩黨支持的方式進行管理。

那種政治變化的重要性在選舉後幾乎立刻就增加了。十一月十一日，德國同協約國簽署了以威爾遜十四點綱領爲基礎的停戰協定，結束了那場戰爭。大戰的戲劇性結局意味著新組成的國會將決定威爾遜和平計畫的命運，實際上突出了一個著名共和黨人——亨利·洛奇的重要性，因爲洛奇擔任參議院對外關係委員會主席。然而威爾遜似乎對變化了的政治氣候視若無睹。一月，他率領美國和平代表團去巴黎，拒絕任命一名支持國聯的著名共和黨人，如伊萊休·魯特或威廉·塔虎脫，加入代表團。在巴黎，爲了達到他的目的，威爾遜又一次面對必要的妥協——這一次，法國人要求更可靠地保護他們的安全利益，日本人希望他們在中國的優越地位得到承認，而在國內，參議院裡的共和黨人以條約草案沒有保護美國的國家利益爲由而予以拒絕。威爾遜被迫重返巴黎，試圖緩解共和黨的憂慮，而且不得不向其他盟國進一步妥協。回想起來，威爾遜和洛奇的意識形態分歧及個人分歧注定了二人之間妥協的嘗試歸於失敗。然而，改革派中的意識形態缺陷也嚴重削弱了總統的權威。當威爾遜將其理想轉化爲現實時，他的和平計畫也開始受到以前的許多支持者的猛烈抨擊。總統從來沒有精確地界定他願意實行民族自決概念的程度，試圖避開國際上的種族平等問題，以最模糊的方式對付有關國聯處理殖民地問題的事務，盡力對革命的民族主義做出適當的反應。對於國內的進步派來說，那些都是關鍵性的問題。在整個戰爭期間，威爾遜曾向他們許諾，戰後要實現改革的和平，作爲對其戰時國內記錄的補償。和平進步派發出意識形態方面最尖銳的聲音，他們擔心帝國主義大國會利用國聯鎮壓殖民地的民族起義。雖然和平進步派人數不多，但是他們使威爾遜的參議院內支持和約的嘗試複雜化了，也使威爾遜面對幾乎不可能完成的任務：為自己的方案辯護，抵禦來自左右兩方面的意識形態攻擊。為了恢復其政治聲望，威爾遜孤注一擲，於一九一九年秋天開始在全國各地巡迴演說，在一系列非常精彩的演說中令人信服地闡述了進步派的國際主義對外政策。但是，那場「巡迴政治演講」的範圍太小，也太晚了。總統的演說旅行也嚴重地損害了他的身體健康。一九一九年九月，威爾遜在科羅拉多發表講話之後身體垮了，嚴重的中風使他在幾個星期裡瀕臨死亡，幾個月無法履行其職責。一九一九年十一月到一九二〇年三月間，參議院三次拒絕批准《凡爾賽條約》。雖然威爾遜任滿了剩下的任期，但他也只是成了看守政府的總統，既沒有體力也缺少政治力量採取重大的行動。

在國內事務方面，改革的可能性甚至更小，尤其是因為共和黨占多數的新國會開始著手盡可能地改變戰時狀態。《埃施—卡明斯法》以非常優惠的條件把全國鐵路的控制權歸還給以前的所有者。戰時工業局也解散了，儘管《韋布—波默林法》仍然保留了該機構的精神。那項法案使從事出口貿易的公司免受反托拉斯法的約束，是從反壟斷規劃倒退的第一批立法之一。文化方面的發展只是加劇了改革派進退兩難的處境。在第一次世界大戰後，勞工騷動增多（僅一九一九年就發生三千六百次罷工）和物價飛漲（一九一五～一九二〇年間物價上漲了一倍）都是造成全國範圍「恐紅症」的因素，公衆幾乎歇斯底里，把當時的不安定歸於移民、激進分子、勞工積極分子和共產黨人。司法部長米契爾·帕爾默等野心勃勃的政客從那種基於明確政治規劃的情緒中獲取了力量。在戰時愛國組織尤其是「全國安全同盟」的民間組織的強烈支持下，帕爾默把矛頭對準勞工積極分子，確定了此後幾年的局勢：工會會員的數量顯著下降。僅從一九二〇年到一九二三年，工會就失去了近百分之三十的會員，倖存下來的工會在經濟問題和罷工方面明顯採取較爲保守的立場。那位司法部長還隨意驅逐被懷疑有反美情緒的外國人。帕爾默把適度的改革活動等同於國際共產主義的陰謀，而對其行動的普遍支持表明了一九一〇年初到那一年代末公衆輿論的深刻變化。

然而，帕爾默在爲未來建立一種模式時，極力嘗試利用共產主義問題來提升自己的政治地位。帕爾默預言，共產黨將在一九二〇年五一勞動節進行大量爆炸行動並組織一場大罷工，然而他的預言並沒有成爲現實。此後，他欲做總統的資本也開始減少了。隨著威爾遜的離開政治舞臺，嚴重分裂的民主黨經過四十四次投票才提名俄亥俄州州長詹姆斯·考克斯爲總統候選人。考克斯的主要資本似乎是他作爲州長能夠與總統的立場拉開一些距離。在共和黨人中，經過全國代表大會前的兩極化競選，獲勝機會本來很小的人——俄亥俄州參議員哈定最終得到了提名。哈定能得到共和黨領導人的賞識是因爲他的順從，而不是因爲他的才智或政治能力。正如一位觀察家所說的，哈定作爲總統候選人所發表的講話，給人「大量華麗辭藻翻來覆去以尋求一個思想印象」。這場競選無論是激烈程度還是辯論質量都沒有接近一九一二年或一九一六年競選的水平。哈定許諾在國內事務方面要回歸「常態」，在國際事務方面含糊地談及美國要參與一個「國家聯盟」，卻沒有說明那兩個概念的實質內容。雖然競選的結果確定無疑，但是哈定勝出的優勢著實驚人。在二千五百萬張選民票中，他超過考克斯七百多萬票，並且獲得四百零四張選舉人票。考克斯總共獲得百分之三十四的選民票，是內戰後以來民主黨總統候選人的最差的結果。在國會選舉和地方選舉中，民主黨也是慘敗。共和黨在衆議院中增加了六十一個席位，包括密蘇里州錢普·克拉克的議席；在參議院增加了十個席位，成爲比民主黨多二十二個席位的多數黨。

哈定的勝利開始了共和黨保守派主導的政治時期，儘管共和黨在許多方面主要是由於缺少對手而確立其主導地位的：共和黨維持了團結，而其政黨對手和意識形態對手卻陷入分裂。一九二〇年民主黨的衰退，表明該黨在威爾遜離開政壇之後所面臨的困境。由於民主黨陷入分裂，事實上的反對黨角色轉給了和平進步派。和平進步派強烈要求復興一九一〇年未完成的反壟斷改革運動，同時在國際事務方面堅持反帝國主義的立場。儘管和平進步派人士在作爲基地的各州擁有政治力量，但是在發揮反對黨的作用時卻遇到嚴重的障礙。他們仍然受到地位的限制，從沒能擁有五分之一以上的參議員作爲其主張的擁護者，在衆議院的支持率甚至更低。雖然他們經常取得成功，但是卻無法像共和黨人在一九一〇年代裡對待威爾遜那樣發揮有效而又積極的政治反對派作用。

然而共和黨持久的主導地位並不僅僅出於政治原因。第一次世界大戰將世界資本的中心從倫敦轉移到紐約，使美國成爲世界上最大的債權國。美國經濟經過一九二〇年到一九二二年初的短暫下降之後，在一九二一～一九二九年間持續快速增長，全國製造業產量上升百分之六十多，平均收入成長超過百分之三十五。技術進步推動了經濟增長。到一九二九年，美國百分之七十的工業實現了電氣化（十年前只有百分之三十）；與生產結構日益機械化相結合，那十年裡工人平均生產率成長百分之七十二。汽車工業最清楚地顯示出這種增長模式。二〇年代是亨利·福特裝配線技術的全盛時期，成爲弗里德利克·泰勒等人的工業效率理論的範例。泰勒等人支持企業更充分地利用技術、組織和科學管理。同時，大規模的企業合併爲企業提供了更多的機會，既保證穩定的利潤又不造成生產過剩的危險。雖然那種經濟繁榮遺棄了大量人口，如勞工和農民，實際上掩蓋了騷動的長期趨勢，但是由於人們相信美國經濟根本上是健全的，相信各階級都有經濟發展的機會，因此共和黨維持了其政治優勢。

最高法院堅持強烈的保守觀念，以內戰前以來未曾有過的程度捲入政治生活，因此加強了二〇年代的政治氣候。自世紀之交以來，最高法院以始終試圖限制聯邦政府監督經濟的權力而著稱。一九二二年，在審理貝利控告德雷克塞爾家具公司案時，最高法院宣布限制童工的聯邦法規違憲。次年，在審理艾德金斯控告兒童醫院案時，法官們否決了哥倫比亞特區的

《婦女最低工資法》。一九二五年，在審理美國政府控告楓木地板協會案時，最高法院宣布，如果貿易協會成立之後，相關產業內仍然存在一些競爭，無論競爭的程度多麼小，它們都不違犯克萊頓和謝爾曼法。最高法院始終限制聯邦政府監控企業的權力，但是又經常維護下級法院針對工會官員的各種禁令的裁決，從而證明很善於利用聯邦權力對付那個年代裡已遭到削弱的勞工運動。一九二一年，威廉·塔虎脫開始擔任首席大法官，也增強了最高法院在日常政治活動中的作用。塔虎脫的行動進一步使人們對最高法院裁決的公正性提出疑問，而改革派表明法官們是將政治議程而非法律規定應用於他們的裁決。這種觀念一直持續到整個三〇年代，對最高法院和熱心改革的政治家都產生了負面的影響。

由於最高法院持保守立場，一個政治聯盟強烈支持共和黨右翼，公衆對廣泛改革的姿態似乎無動於衷，因此關於經濟事務的激烈爭論，尤其是關於企業合併對美國政治和社會造成危險的爭論，在二〇年代減弱了。但是這個問題並沒有完全消失。人們強烈抨擊哈定政府時期普遍的政治腐敗，這成爲反壟斷改革運動的一個突出問題。在二〇年代，改革派反對企業遊說活動激增，顯示出同金錢政治的鬥爭。由於改革派不能提出一個協調一致的方案來替代共和黨實利主義的、親企業的國內政策，和平進步派轉向對外政策以塡補空白。在處理美國與加勒比海地區的關係時，這個問題占據了最突出的地位。持不同政見的參議員抨擊美國與那些國家的關係反映了親企業的共和黨政府制訂有利於美國企業利益的對外政策的習慣。在二〇年代，反壟斷的改革運動強烈地表現在要求政府管制公共事業的持續鼓動上。就公共事業的組織結構而言，它們幾乎都是壟斷企業。這個問題曾一度引起進步派的關切，到戰後就變得更加緊迫了。在大型企業主導的年代，公共事業的壟斷控制格外突出（到一九二九年，十六家公司控制了美國私有企業發電量的百分之九十二）。改革派發現了這個問題，由於威爾遜第二任期內的結果令人失望，他們努力做出一個一致的反應。儘管在國家或政府管制是否最有利於其利益的問題上改革派存在分歧，但是大多數人支持加強管制。在威爾遜總統任期的最初歲月裡，在通過《克萊頓反托拉斯法》和建立「聯邦貿易委員會」以後，改革派幾乎都沒有表示願意採取國家管制方案之外的解決辦法。但是在二〇年代，這個問題並不是那麼明確。那時聯邦政府機構的保守趨勢也表現在對管理人員的選擇上，幾乎總是選擇對應當管制的公司利益集團持友好態度的人物。（例如，柯立芝任命的「聯邦貿易委員會」成員之一威廉·韓福瑞就許諾，他將把委員會變成爲企業的「一個堡壘而不是壓迫者」。）許多改革派堅持認爲，社會傾向表明了國家管制的優越性，基層活動家能夠對其保持較大的影響。此外，二〇年代的進步派還面對著「公共宣傳委員會」、《移民法》和《間諜法》及戰時政府濫用職權的其他遺產，那些遺產都證明了一個事實：賦予聯邦政府另外的權力既可能促進也可能阻礙改革事業。反國家經濟統制的觀念觸及中西部和西部地區反壟斷的改革傳統中進步主義觀念的思想核心。例如，和平進步派的威廉·博拉在譴責「中央集權冷酷無情的要求、政府官僚貪得無厭的欲望」時表達了這一觀點。他認爲中央集權「正在越來越多地剝奪人民的聲音，剝奪人民在家園的一切權利，使人民失去家庭和鄰里」。在進步時代，博拉等改革派願意克服在那個問題上的思想顧慮，但是在二〇年代，他們拒絕那樣做。最後，各種思想觀念的政治家日益強調各州的權利，這有利於保守派：保守派從此煽起公衆對增強聯邦行政機構在國家經濟中的作用的懷疑。

關於政府管制在民主社會裡的適當功能，出現了一場相當複雜的辯論，但是那場辯論沒有激起公衆的廣泛興趣，尤其是在二〇年代經濟繁榮的時期。然而一位主要的和平進步派人士——喬治·諾里斯的鬥爭使這個問題引人注目，超過了改革派所希望的程度。哈定政府希望取消聯邦政府在戰時承擔的職責，因此引發了激烈的鬥爭。那場鬥爭中最突出的目標之一是阿拉巴馬州田納西河上的馬瑟肖爾斯大壩。哈定政府建議把那個大壩無條件地移交給當地的私有企業。在內布拉斯加州參議員諾里斯的領導下，國會裡的進步派抵制那個提議；他們堅持認爲，政府在戰時爲修建大壩進行了大量投資，而現在將一無所獲。諾里斯提出了一個替代方案，建議大壩公有，開發田納西河的水電資源，向周圍貧困地區提供廉價電力，並且確定一個由政府控制的「標準」，以此「標準」來評定私有企業的收費。他們的努力阻止了政府將大壩私有化的建議。一九二八年，諾里斯終於使國會通過了他的方案，即成立一個地區規劃權力機構來監督大壩的管理工作。然而柯立芝否決了那個法案，致使兩個部門在以後的幾年裡繼續僵持不下。

然而在如何處理美國政治生活中大企業影響的問題上，進步運動非常清楚地顯示出改良主義規劃的局限性。第一次世界大戰期間以及二〇年代的經濟成長，加上基層政治情緒的減弱，消除了威爾遜、布蘭代斯和許多反壟斷派人士在一九一二年和一九一三年所主張的結構改革規劃的可能性。在已經變化的政治經濟氣候下，改革派越來越關注歷史學家艾倫·布林克利所說的道義的反壟斷議程，要減少企業利益集團的政治影響，批判他們認爲旨在保護美國海外公司的對外政策，或者利用政府迫使公用事業等方面的極端壟斷改變經營方式。儘管改革派不願承認側重點的變化，但是這種新意識形態結構結束了一九一〇年初期的進步運動，即利用政府權力拆散一切大型企業集團，使權力回歸小生產者，從而重構美國經濟。

第一次世界大戰的遺產也以另一種方式顯示出來，使改革派重新考慮他們戰前強烈希望總統職位作爲實現變革的主要途徑的觀念，而支持參議院在變革進程中發揮更大的作用。諾里斯等人在國內事務方面的作用，以及許多和平進步派人士在國際事務方面的作用，都證明參議院在二〇年代成爲國家政府裡改革活動的中心。由於參議院裡自由辯論和鬆散領導的傳統（與衆議院相比而言），長期以來在國會兩院中參議院較易於接受持不同政見者：如果把衆議院議長的權力同參議院多數黨領袖相比較，就可以證明衆議院領導人擁有更大的制度力量。在二〇年代，哈定及其繼任人柯立芝堅持弱化行政權力的觀念，造成了華盛頓政治權力的眞空，這引起了立法機構對總統機構地位的挑戰。華盛頓報業集團的一名成員回憶，「在二〇年代，我們不採訪白宮，我們採訪參議院。」然而，行政部門最終還是享有政治上的突出地位。正如諾里斯等參議員在有關馬瑟肖爾斯大壩的鬥爭中所發現的，試圖由立法機構提出政策動議是困難的。

參議院和行政部門之間競爭的不平衡並不是改革派在二〇年代進行鬥爭的唯一原因。正如喬治·諾里斯在有關馬瑟肖爾斯大壩的爭論中所指出的，在另一個方面，嚴重爭議的文化問題的出現分化了改革派，轉移了公衆對經濟問題的關注，因此阻礙了基層爭取經濟變革的行動，而爭取經濟變革曾是進步時代的主要特徵之一。同二〇年代的其他許多政治問題一樣，與戰爭相關的騷亂加快了業已存在的趨勢。在這個方面，一個問題是人口統計上的：一九二〇年的人口普查結果顯示，大多數調查對象把自己列爲城市居民而非住在農村地區，這在美國歷史上還是第一次。對許多人來說，人口普查的結果證實一個直覺的信念：美國社會正在發生過快的、在許多方面不能令人滿意的變化。大衆消費文化的發展反映了美國日益城市化的特徵。新型的傳播方式使大衆消費文化有可能同時傳播給大量群衆，因此刺激了大衆消費文化的發展。《時代》於一九二三年開始發行，是第一份向全國發行的雜誌。美國電影業也在二〇年代起飛——一九二二年有四千萬人看電影，一九三〇年則上升到一億人。美國的第一家商業電臺於一九二〇年得到許可證，三年後全國有五百多家電臺。一九二七年，第一家全國廣播網——全國廣播公司建立。到二〇年代末，一千二百多萬家庭擁有收音機。

保守派認爲，美國傳統文化已經崩潰，這也反映在性別角色的變化上。一九一九年頒布選舉權修正案以後，二〇年代的婦女領袖相信，新近得到選舉權的選民將會支持廣泛的社會和經濟改革，支持國際方面的和平與裁軍，因此會改變國家政治生活。但是，婦女運動很快就分裂了。激進派的活動集中於實現婦女的法律地位和社會地位平等。例如，艾麗斯·保羅於一九二一年發起建立全國婦女黨，該黨以要求通過有關平等權利的憲法修正案爲重點，而森格爾繼續倡導生育控制自由化。但是婦女勞工活動家更關注經濟問題，擔心平等權利法案等議案會威脅有利於女工利益的各州和地方法規。從進步時代開始，許多州的立法機構通過了限制婦女或兒童工作時間及規定改善女工安全條件的法律。那些法案引起太多爭議，沒能應用於整個勞工運動，但是改革派和關心保護婦女作爲養育人的傳統角色的文化保守派結爲聯盟，使那些法案可能得以通過。對於婦女來說，二〇年代的文化和經濟領域裡出現了類似的好壞參半的發展。例如，更多的已婚婦女進入勞動大軍的行列：一九〇〇年，工作婦女中有百分之十五是已婚婦女；到一九三〇年，已婚工作婦女的比例上升到百分之二十。但是，婦女進入高薪職業的機會仍然受到限制，而那些得到白領工作的婦女通常只是居於低薪的職位。正像婦女進入勞動大軍象徵了婦女在經濟中的傳統角色既在變化又在持續一樣，文化的發展也顯示出矛盾的狀況。實際上，儘管後來相反的名聲，二〇年代的大多數婦女活動家限於倡導傳統婚姻、母親和女性規範方面的改革。那種觀點常常使她們在國際事務方面支持激進改革——國際婦女爭取和平與自由同盟和新建立的婦女和平黨等婦女和平組織在二〇年代積極展開活動，明確地表達了純粹的和平主義觀念。在國內事務方面婦女組織的記錄卻比較貧乏。但是二〇年代確實顯示出婦女日益解放的一些跡象：生育率，尤其是中產階級婦女的生育率，急劇下降，而離婚率則上升。二〇年代還出現了一小批婦女骨幹，集中在紐約市知識分子圈子裡。她們倡導男女平等，包括經濟上和性別上的獨立。那些婦女把自己的生活視為一種社會表達，把雄心勃勃的社會規劃貫徹於政治領域，不但要求選舉權，而且要求經濟獨立和性自由。電影、廣告和流行報刊中都特別突出地展示了一種新型婦女的形象；在男女平等主義者看來，它們都誇大了新出現的文化獨立意識。

對社會變化的感性認識引發了傳統主義者的反彈，那些人希望恢復他們擔心正在消失的那個美國。為了實現自己的目的，他們日益轉向政治舞臺。文化保守主義者懷有一種平民主義情緒，他們以一九二〇年的一個重大的勝利進入二〇年代：《第十八條憲法修正案》開始生效，禁止銷售和製造酒精飲料。禁酒是社會工程中的一場災難性試驗，但是得到一大批選民(主要是農村新教徒)的熱烈支持。那些新教徒把第十八條修正案看作是反擊美國文化中正在現代化的世俗力量的象徵。因此，禁酒的重要性在於象徵意義：支持者不但把禁酒看作是促進道德和節制的途徑，而且看作是鞏固戰後時期似乎受到攻擊的盎格魯—撒克遜白人清教文化價值觀念的主導地位的途徑。具有諷刺意味的是，如果說這是禁酒的目的，那麼禁酒運動卻是基於最初在進步時代所激發的情緒。例如，進步時代出現了對城市機構權力的擔心和促進社會凝聚的願望。然而，大多數改革派當時是利用那些觀點來支持選舉改革等觀念，或者支持公共宣傳委員會所宣揚的那類自願議案。但是在戰後時代，文化保守主義者抨擊城市移民的行爲，要求打擊他們的力量，並且建議利用政府的強制權將同質文化強加於正變得日益混雜的社會。以進步主義觀念來支持其創始者從未構想的目的——這一模式成爲二〇年代的主要政治趨勢之一。

限制移民的主張是與那種新平民主義變種相關的另一個政治問題，也是起源於進步時代傳播的思想。歷史學家約翰·海厄姆指出，當美國人對自己的社會和政治制度感到憂慮時，排外主義往往高漲。第一次世界大戰期間及戰後時期的騷動必然造成了那種精神不安的狀態。另外，一八八〇年以後美國移民的特徵變化突出了移民的形象，因爲越來越多的新美國人是來自南歐和東歐，而且與以前的移民不同，他們往往集中在城市裡，而不是分散在全國各地。二〇年代的文化保守派試圖捍衛本土的、盎格魯撒克遜白人的清教文化的優越地位，而美國移民的變化似乎對那種文化悠久的優越地位造成了威脅。一九二一年，爲了對付短期的經濟下滑，國會通過了一個限制移民的臨時法案，此後又在一九二四年通過了一個全面的法案。那個法案禁止大多數亞洲國家（包括日本）的移民，並且規定了移民配額制：任何歐洲國家的移民不能超過居住在美國的該國移民人數的百分之二。依據的標準是一八九〇年的人口統計，即南歐和東歐移民浪潮到來之前的最後一次人口調查。那個法案表明了新排外主義高潮背後強烈的種族主義情緒。另外，主張限制移民的人堅持認爲，在理論上把「科學的」、「有效的」標準應用於移民問題，他們只是在使用進步派在以前的十年裡爲解決其他政治問題而開始應用的策略。

排外主義勢力的增強也對各州的改革政治活動造成了嚴酷的影響。二〇年代出現了三K黨的大復興。三K黨的歷史始於重建時期，其目標是恐嚇剛獲得自由的南部黑人。新三K黨開始是一九一五年在喬治亞州成立的一個秘密聯誼會，此後迅速發展成爲那個時期美國最有影響力的基層社會運動之一。與白人至上、新教優越、極端民族主義以及禁酒和離婚等文化問題上嚴格執法相結合的意識形態規劃，使三K黨在全國各地吸引了三百萬至六百萬追隨者，影響了緬因、德克薩斯等州的政治生活。二〇年代三K黨的吸引力遠遠超越了種族問題，它非常靈活地針對當地政治形勢採取具體的活動規劃。從最廣泛的意義上說，三K黨希望利用其政治影響來恢復舊式的社會，利用政府來振興一種反動的、注重文化問題而非經濟問題的平民主義。一九二五年後，由於一系列內部醜聞，三K黨開始衰落。印地安納州的大龍頭史蒂文森，因誘拐其秘書並進行性攻擊而被監禁，供出了三K黨其他著名領導人的大量不利情事。然而三K黨的突然出現表明，進步時代高潮時平民主義情緒曾激發了對壟斷的許多批判，但是平民主義情緒也可以用來為反動的政治規劃服務，尤其是在文化問題取代經濟問題而成為全國政治辯論焦點的時候。

在二〇年代，三K黨思想體系所表現的政治和思想力量也以其他方式顯示出來。三K黨主張嚴格禁酒，捍衛宗教（新教）在公立學校裡的地位，抵制宗教與教育分離論的力量，懲辦離婚。這些基本原則也反應在積極的基本教義派的活動中，儘管對於二者之間的聯繫存在一些歷史的爭論。第一次世界大戰的衝擊，城市文化的持續擴張，長期以來科學對許多宗教信條的質疑，都對美國生活中宗教的傳統中心地位提出挑戰，而休閒生活的吸引力日益增長，常常取代了最基本的信仰象徵——參加周日的教堂禮拜儀式。這些事態的發展引起了基本教義派的普遍憂慮。他們把戰後時期宗教主導地位的衰落和文化的變革歸因於達爾文進化論帶來的觀念變化。出於這種憂慮，福音派基督教徒進入了政治生活。一九二五年，田納西州立法機構禁止公立學校教授進化論；按照那個法案，一個名叫約翰·斯科普斯的生物學教師被起訴。此後，基本教義派的活動受到全國的關注。美國公民自由權利同盟安排全國著名的辯護律師克拉倫斯·達羅為斯科普斯辯護，而威廉·布萊恩則到田納西州去擔任檢察官，試圖通過利用新出現的基本教義派的力量來保持自己的政治影響。那次審判最終認定斯科普斯有罪，但是其長遠影響更為陰鬱。從另一方面來說，達羅就基本教義派所信仰的《聖經》的字面解釋對布萊恩進行毫不留情的盤問，使他的對手看起來滑稽可笑。同時，那場審判對教師和教科書出版商產生了持久的影響。甚至二十年後，在所調查的中學教師中，仍有超過三分之一的人承認他們不敢教授進化論。後來，又有人加入到這場鬥爭中來，同樣是正反兩面的結果。

三K黨和基本教義派代表了一種極端的立場，但是他們的那種憂慮卻是很大一部分社會成員所共有的。部分是由於那種更普遍的憂慮，儘管文化保守派內部的弱點，他們還是對國家政治生活產生了巨大影響；他們捲入政治生活，常常進一步削弱了改革派的地位。在一九二四年的民主黨全國代表大會上，文化保守派的勢力最爲明顯地展示出來。威廉·麥卡杜和紐約州長艾爾·史密斯在總統候選人提名過程中居於領先地位，他們都有作爲州長的良好政績，都確立了作爲經濟改革派的聲望。但是文化問題很快就取代了經濟改革問題，成爲大會關注的焦點。城市的民主黨人提出兩個政綱要點，一個是呼籲廢除禁酒令，另一個是強烈要求譴責三K黨。有關的辯論顯示出城市和農村民主黨人已達到兩極化的程度。儘管雙方票數非常接近，而且經過了持久而又激烈的辯論，那兩個政綱要點都沒有獲得通過。由於雙方陷入不可調合的分裂，提名過程拖延下去，進行了一百零三次投票。直到最後，精疲力盡的代表們轉向約翰·戴維斯。戴維斯是一位大公司律師，在經濟問題上同麥卡杜和史密斯的觀點幾乎沒有相同之處，但是在文化問題上能和民主黨的兩派所接受。

一些進步派對這種結果感到厭惡，於是希望在確立的政黨體制之外採取行動，振興改革力量。戴維斯獲得提名之後，羅伯·拉福萊特宣布以獨立候選人的身分參加總統競選。由於得到了社會黨和超黨派的美國勞工聯合會的贊同，他相信自己能夠組織一個以階級爲基礎的農民和城市工人的聯盟。在競選中，戴維斯是一個無足輕重的人物，因此柯立芝的力量集中攻擊拉福萊特，把他污蔑爲危險的激進分子，儘管柯立芝本人也不是一個充滿活力的選擇對象。柯立芝的管理方式懶散，包括長時間的午睡，因此而得到「沈默的卡爾」這個綽號。儘管其對手有那些缺點，拉福萊特的競選活動在最後的幾個星期裡減弱了。那位參議員的活動由於組織不善和資金不足而受到影響。他的支持者立場各異其趣，造成了更多問題。例如，農民要求聯邦政府援助以提高農產品價格，而那種要求就得不到代表勞工的利益集團的大量支持。拉福萊特也有個人的弱點：他曾投票反對美國參與第一次世界大戰。雖然那個問題在一九二四年已不像一九一七年時引起那麼多爭議，但仍然引起了敵視。由於他公開敵視三K黨，並且拒絕支持保留《第十八條憲法修正案》，他在農村地區得到的強大支持也遭到削弱。柯立芝取得了壓倒性勝利，獲得百分之五十四的選民票，而戴維斯得到的百分之二十八的選民票，甚至低於四年前考克斯得到的可憐的票數。但是，民主黨保持了國會裡的地位，在大多數州裡擊敗了拉福萊特，因此至少能聊以自慰。對於拉福萊特來說，選舉的結果是一個毀滅性的打擊。鑒於他是以第三方的身分競選總統，缺少通常的政黨支持，他能在南方以外近半數的州裡超過戴維斯的得票，也是非凡的成就。他得到全部選票的百分之十六點八，但只是在他的家鄉威斯康辛州獲勝。經過一場緊張的競選活動之後，拉福萊特身體虛弱，並且為選舉結果鬱鬱寡歡，健康狀況急劇惡化，此後不到一年就因心臟病發作而去世。拉福萊特的去世使那個集團失去了在全國最著名的領袖，也排除了基於和平進步派原則的第三黨的出現。

但是戴維斯的表現使民主黨內熱心改革的力量煥發了活力。由於黨內保守派暫時喪失了信譽，民主黨決定在一九二八年選舉時提出一位具有改革派聲望的候選人，以吸引拉福萊特聯盟的選民。但是，文化問題又一次阻礙了經濟改革的力量。麥卡杜因一九二〇年和一九二四年提名的失敗，拒絕參加第三次總統候選人提名的競爭，把提名的機會留給艾爾·史密斯。史密斯於一九二六年以壓倒性勝利再次當選為紐約州長之後，政治地位得到加強。為了擴大自己的感召力，史密斯選擇喬·魯賓遜作為競選夥伴（魯賓遜是內戰前以來第一位參加全國競選的南方人），並且特別提出兩個問題：他反對美國在加勒比海地區推行干涉政策，支持加強聯邦政府對公共事業的管制。對於拉福萊特以前的追隨者來說，這兩個問題最為重要。然而與約翰·戴維斯於一九二四年的競選結果相比，史密斯獲取的州更少。那種糟糕的結果在一定程度上反映了全國各地反天主教的傾向，也反映了二〇年代民主黨的全面衰弱，並且反映出美國經濟仍然繁榮。共和黨提出的候選人也使該黨的大勝成為可能。赫伯特·胡佛曾是一名工程師，又成為一個慈善家。在第一次世界大戰期間，他先是在被占領的比利時協調食品救濟工作，然後同俄羅斯和東歐的共黨勢力作鬥爭，逐漸引起全國的注意。胡佛具有無政治偏見的名聲，吸引了兩黨中的進步派。一九二〇年，民主黨改革派和共和黨改革派都曾要求他作爲總統候選人。他最後宣布自己爲共和黨人，並且在那一年爭取黨內提名，但是沒能建立自己的政治實力。此後，他接受了商務部長這一相對較低的職務。

胡佛充分利用了當時的形勢，使商務部在二〇年代的內閣中居於最強勢的地位。他利用新的機構權力提出以政府和企業合作推動經濟增長的觀點，並在此過程中幫助構成了二〇年代裡的一個普遍的模式，即利用進步派的策略來實現改革派幾乎難以辨識的目的。和一九一〇年的進步派一樣，胡佛支持加強政府在國家經濟生活中的作用，提出把超越黨派的效率標準和科學進步運用於政治問題。但是，巨大的意識形態差距把這位商務部長的經濟哲學（通常稱爲社團主義）與進步主義區別開來。布蘭代斯、拉福萊特及其他反壟斷主義者主張實行政府管制，以便重構美國企業的資本主義基礎，而狄奧多•羅斯福則設想通過管制來保證壟斷集團以不危害公共利益的方式運作。在那兩種規劃中，政府都居於主導地位；反壟斷主義者與羅斯福的新國家主義者的區別主要在於對經濟效用和壟斷不可避免性的看法。相反，胡佛宣揚政府與企業之間的互補關係，雙方居於更加平等的地位。商務部成爲美國企業的中央政府諮詢組織，在促進美國企業財團開拓海外業務方面發揮特別突出的作用。但是，由於胡佛和二〇年代的共和黨一樣反對使用公開的政府權力，因此缺少必要的手段使企業實行他所希望的方針，於是他極力說服大多數企業領導人相互照應。如何說服企業爲更多的公共利益服務的問題，將會困擾胡佛的總統任期。但是在一九二八年，美國經濟過去幾年裡的成就表明了胡佛理論的精華而不是缺點。

的確，胡佛就職時似乎擁有擔任總統的理想訓練。他立即聚集了（一小批）專業人士作爲白宮幕僚，成爲這樣做的第一位總統，從而爲行政部門打上了自己的印記。在考慮如何行使總統權力的亢奮中，他沒有顧及最初實行的那些政策的細節。無論如何，他的政策似乎在發揮作用。從柯立芝政府那裡繼承的經濟繁榮持續未減。一九二八年五月～一九二九年九月間，紐約證券交易所的股票價格平均增加了百分之四十多。但那種結構的根本不健全性不久就顯現出來，當它出來時，公衆心中很快就開始厭惡胡佛的管理方法以及他所體現的經濟哲學。一九二九年十月後期，股票市場行情兩次大跌，之後小幅反彈。接著，在十月二十四日，即「黑色星期四」，股票價格一路暴跌，使許多股票一文不值。到十一月十三日，股票價值損失達三百億美元。美國股市的大崩潰突然造成世界性的金融恐慌，大蕭條開始了，形勢急劇惡化。由於沒有全國性的銀行保險系統，一九三〇年～一九三三年間約有九千多家銀行倒閉，使存款人損失了二十五億美元。國家貨幣供應量下降了大約百分之三十三，抑制了需求，引起螺旋式通貨緊縮，使國民生產總值從一九二九年的一千零四十億美元下降到三年後的七百六十億美元。失業率至少上升到勞動力的百分之二十五，許多保住了工作的人也被迫接受降低工資或減少工時。

大蕭條是多種原因造成的，大多數原因始於大崩潰之前。首先，二〇年代的繁榮是基於一種發展不平衡的經濟，依賴建築和汽車製造等少數幾個突出產業的業績。二〇年代後期，那些產業出現衰退，開始減緩經濟成長的速度，而二〇年代美國財富分配不均，也減慢了經濟發展。全國不到百分之五的家庭占有全國收入的比例超過三分之一，那種局面限制了消費需求。不健全的信貸結構加劇了那些問題。美國農業社會陷入長期蕭條的泥淖中，無力擺脫戰時價格穩步上升時增加的債務。許多農村銀行甚至在大崩潰之前就已倒閉。較大銀行的處境好一些，至少在賬面上是這樣。但是，太多的銀行草率貸款，而一些銀行也在股票市場上大量投資。當大崩潰截斷了那一收入來源並消除了進一步獲得資本的管道時，許多銀行也跟隨在較小的銀行之後垮臺。最後，國家經濟中面向出口的部分仍然依賴歐洲的政治和金融穩定。但是部分是由於歐洲的發展狀況，部分是由於是美國採取的政策——例如，華盛頓拒絕加入國聯，也拒絕考慮免除協約國戰時的債務——當大蕭條到來時，海外的穩定也就難以維持了。

胡佛的政策是二〇年代美國優點和缺點的最突出的例子，他對付大蕭條的政策因他的缺點而失敗。總統把大蕭條看作是一個根本穩固的經濟所遭受的暫時挫折，因此，他堅持認爲政府與企業之間有限的合夥關係是恢復繁榮的最可靠途徑。他對經濟下滑趨勢的最初反應是發表一系列恢復公衆信心的公開聲明，主張對大蕭條採取社團主義的解決方法，鼓勵政府、企業和勞工領導人自願合作來推動經濟恢復。胡佛認爲大蕭條是由國際局勢而非美國的發展狀況造成的，從而證明他不在國內採取行動是正確的。他的觀點反映了他在二〇年代擔任商務部長的經驗。因此，他把制訂對外政策規劃而非作爲經濟恢復的關鍵。但是，他的對策在政治上證明難以爲人們接受。那種對策也沒有認識到這一事實：由於一九二九～一九三三年間美國失業人數從一百五十萬上升到一千二百萬，國民生產總値急劇下滑，美國資本市場崩潰，大蕭條已經破壞了二〇年代外交的經濟基礎。二〇年代體制的發展趨勢突然轉向了：資本主義和民主政治在文化上和經濟上都處於守勢，同時美國的世界領導地位也是如此。胡佛雖然準備對已經變化的國際環境做出讓步，如他就協約國向美國償付戰時債務問題給予一年的延緩期，但是那些措施是不夠的。同時，國內日益強烈地要求美國自身採取更強的國家主義方針來解決經濟問題，而胡佛證明無力對付國內的那種壓力。一九三〇年，國會通過了《霍利—斯穆特關稅法》，那是美國歷史上關稅升幅最高的法案，是經濟國家主義高漲的最典型的例子。

《霍利—斯穆特關稅法》的通過顯示出胡佛實現雙重目標的困難：其目標一是主要通過採取國際方面的措施解決大蕭條問題，二是通過對外政策試圖復興二〇年代的國際經濟政治體系。在國內方面，總統從來沒能動員起選民支持他的政策。對於共和黨人來說，胡佛寧願以地方的而非國家的措施來對付大蕭條的方式就特別成問題。按照他二〇年代的聯邦制思想，總統建議地方政府和州政府以及私人慈善機構採取更有力的行動，對付經濟下滑造成的苦難。但是，紅十字會和救世軍等傳統的救濟機構是進行短期的救濟工作，而不是承擔大蕭條所需要的大規模救助。在一些工業區，經濟生活幾乎陷入癱瘓。由於總統已成爲經濟政策失敗的象徵，幾乎可以肯定，大蕭條將迫使共和黨的政治利益付出一些政治代價。然而，共和黨衰退的嚴重程度更難以預料。在華盛頓，胡佛並非爲美國大規模經濟崩潰所困擾的唯一的政治人物。事態的變化固然已經證明國會裡反胡佛政府的力量對政府管理放任企業活動的危險的警告。但是改革派的建設性綱領未受重視：把諾里斯關於馬瑟肖爾斯大壩的提案中所包含的概念擴展爲更全面地支持更多的聯邦公共工程項目，尤其是與公共事業相關的項目，並且主張聯邦政府對農業實行更大規模的救助，例如《麥克納里—豪根法案》。那個法案要求聯邦政府不惜以更高的食品價格來保證農產品價格水平。那種規劃在大蕭條之前難以得到支持，在胡佛的總統任期裡更難得到農業州以外的國會議員的支持。同時，民主黨提出了一個更模糊的議程，主要是批評總統無能，沒有提出任何具體的反提案。可是作爲在野黨，民主黨從經濟衰退中得益不少：那場經濟衰退使民主黨自一九一八年以來第一次重新控制了衆議院。選舉結果表明選民的態度發生了深刻變化。選民開始把大蕭條看作是全國性的問題，在某種程度上影響了各個階層，因此需要採取全國性的而非各州或地方的措施。其次，人們開始形成一種共識，認為大蕭條不會自行消失：政府有必要採取行動，而且聯邦政府是唯一能夠完成那項任務的機構。民主黨得益於這種正在出現的共識，如同民主黨二十年前即一九一二年伍德羅·威爾遜取得大選勝利時所達成的共識。

大蕭條還造成了國家政治趨勢中的另一個重要變化。在二〇年代，排外主義者和基本教義派的活動使得文化問題在國家政治生活中占據突出的地位，那種局面使經濟保守派歡欣而使喬治·諾里斯等改革派沮喪。但是一九二九年以後，經濟問題取代文化問題而居於突出地位：還是那些構成了二〇年代文化保守主義基礎的下層和中等階級的、本土的、盎格魯撒克遜白人選民，此時遭受了更急迫的經濟問題的痛苦。禁酒修正案的命運變化也顯示了那種形勢變化。在南方和西部以外的地區，禁酒修正案從來沒有得到嚴格執行，但是同時，甚至反對那個修正案的人也懷疑他們廢除修正案的努力是否會成功。但是到胡佛任期的中期，國內要求廢除禁酒修正案的壓力顯著增強：就這一問題舉行公民投票的三十九個州裡，百分之七十二點九的選民支持廢除。另外，大蕭條使民主黨北部和中西部組織的實力增強，提供了支持結束那場社會工程試驗的穩固選民。雖然胡佛仍然支持禁酒修正案，但是到一九三一年，那個修正案的日子顯然已經來日不多了。

那些事態發展的政治影響顯而易見。與二十年前相比，一九三二年的民主黨提名競爭出現一邊倒的局面：紐約州長法蘭克林·羅斯福一開始就遙遙領先，並且始終保持領先地位。

在一九二〇年民主黨競選活動中，法蘭克林・羅斯福是一個引人注目的人物，當時他是詹姆斯・考克斯的副總統候選人。他出身於紐約上層階級家庭，是狄奧多・羅斯福的遠房堂弟。經過哈佛大學的教育之後，法蘭克林・羅斯福效仿他的那位總統親戚，開始其政治生涯（雖然是作爲民主黨人而非共和黨人），在紐約州立法機構中獲得了席位，然後在威爾遜當選總統後來到華盛頓，擔任海軍部助理部長（狄奧多・羅斯福曾擔任此職）。一九二一年，他患了骨髓炎，從此再也不能行走；那場個人悲劇打斷了他穩步上升的政治前程。二〇年代民主黨在文化問題上陷入嚴重分裂的時候，法蘭克林・羅斯福正努力恢復健康。一九二八年，他成功地返回國家政壇，在民主黨全國代表大會上發表講話，提名艾爾・史密斯作爲總統候選人。史密斯在紐約的力量誤認爲法蘭克林・羅斯福是一個競爭力不強的人，但是又認爲他的出現有助於選舉，於是在一九二八年提名他作爲州長候選人。他在競選中一舉獲勝，並且在兩年後再次當選爲紐約州長，因此使他以前的政治庇護人相形相絀。作爲州長，他嘗試創造性地利用政府規劃的項目來消除大蕭條的影響，他實行的政策使他成爲全國著名的幾個官員之一。巧妙的競選戰略，加上作爲州長在福利和公共權力等問題上的良好政績，穩固了他對進步派的感召力。他也得益於富有的鄉紳家庭背景；雖然他一生投身於政治，但是他的財富使他看起來不像一個職業政治家。雖然史密斯再一次爭取總統候選人的提名（這一次是作爲黨內經濟保守派的候選人），但是羅斯福在第一輪投票就已穩操勝劵了。

共和黨再次提名胡佛之後，秋季大選的結果就確定了。由於在民意測驗中遙遙領先，法蘭克林·羅斯福限於就如何對付國家的危難發表最模糊的聲明。在接受民主黨提名的演說中（羅斯福是美國歷史上第一位親自在黨的代表大會上接受提名的人），他許諾實行「新政」，但是除了表示支持平衡預算之外，他沒有進一步說明他的目標。實際上，平衡預算也是胡佛的主要經濟原則之一。然而法蘭克林·羅斯福要採取不同的方法來處理經濟問題，各種明顯的跡象使之不同於現任總統。第一，從擔任州長時起，羅斯福就主張聯邦政府在國家經濟中發揮積極作用。他多方的吸收思想觀點，從所謂的「智囊團」到費利克斯·法蘭克福特：前者是一個小組，包括美國的一批最有才華的大學教授，主要集中在哥倫比亞大學；後者是哈佛法學院教授，曾作爲路易斯·布蘭代斯的門徒而聞名全國。第二，羅斯福表示要首先集中處理國內事務，而胡佛始終堅持認爲，首要的辦法應是通過尋求國際方面的措施來解決經濟衰退問題。最後，與胡佛相立，羅斯福展示出更加充滿活力的個人風格。他始終利用那種性格特色去獲得成功，努力恢復公衆對政府處理大蕭條問題的能力的信心，而現任總統的那方面則極爲失敗。

以民主黨於一九三〇年期中選舉的成就爲基礎，法蘭克林·羅斯福在一九三二年十一月的競選中一舉大勝，所得的選民票超過胡佛百分之二十；除六個州以外，在其他各州大獲全勝，得到四百七十二張選舉人票，大大超過了胡佛的五十九張。儘管羅斯福獲得了輝煌的戰果，但是二〇年代使民主黨陷入癱瘓的分歧並沒有消失，法蘭克林·羅斯福總是面對著那個混雜的聯盟中各種人的需要。首先，同威爾遜時期一樣，民主黨的政治力量依賴於對南方的穩固控制。當民主黨重新控制了國會以後，南方議員由於其資歷較深而能夠擔任大多數重要委員會的主席。但是民主黨的巨大勝利也使一大批非南方人進入國會，其數量大大超過威爾遜時期。那些自由主義者，如紐約州參議員華格納，常常是由於有組織的勞工的支持而當選，因此比他們的南方同事更積極地看待聯邦政府對經濟的干預。由於其選民的需要，他們特別支持聯邦福利計畫和公共工程計畫。東北部地區的勞工政治力量不斷增強，再加上大蕭條時期生活艱難困苦，減弱了一九一〇年曾經控制那一地區民主黨隊伍的保守派力量。到三〇年代，北方的民主黨人成為總統在國會裡的忠誠支持者。法蘭克林·羅斯福就任總統，也開始了一次歷史性的重新組合，因為非洲裔美國人為羅斯福的經濟綱領所吸引，開始放棄他們傳統上對亞伯拉罕·林肯的共和黨的忠誠。重新組合的影響直到一個世代之後才全面地顯示出來。最後，法蘭克林·羅斯福得到了許多自認為是無黨派的或共和黨進步派的有力支持。與威爾遜不同，羅斯福避免公開的黨派管理方法。一九一〇年代以來的事實證明，反壟斷行動是進步派的主要經濟目標。總統任命了兩個這樣的人進入他的內閣：一個是哈羅德·伊克斯，擔任內政部長；另一個是亨利·華萊士，擔任農業部長。他在擬訂立法計畫時常常同喬治·諾里斯等國會裡的主要進步派人士磋商。總統還得到了知識分子、律師及其他改革活動家的支持。那些人的才智曾促使一九〇〇～一九二〇年間進步主義的興起和發展；在二〇年代，他們往往避免捲入政壇，而進入三〇年代則越來越認同「自由主義者」這個更摩登的字眼。

由於如此多樣的政治基礎，很難想像總統會將其政策依據一種始終一致的思想觀點。總統的個人偏好加劇了其政府政策的多變性。他沿襲擔任州長時的習慣，總是任命各種不同觀點的人擔任其政府裡的重要職務，讓他們相互制約，因此而保證政策控制權始終掌握在他一人手裡。事實證明，那種管理方法相當成功。但是，這也使歷史學家在試圖從官僚政治的權謀和混亂中辯識總統的眞正意圖時遇到困難。新政展示了三個主要的意識形態。第一個包括一系列救濟措施，常常是緊急援助的性質，它們一起構成了美國福利國家的基礎。羅斯福就職之後，國會立刻通過了一連串提供短期救濟的法案。一九三三年初，國會撥款五億美元用於直接救濟，由霍普金斯領導的聯邦緊急賑濟署發放。新政初期的三個規劃中，另外兩個是民用工程管理局和民間自然資源保護隊：前者是一個工作救濟項目，在一九三三年冬～一九三四年爲四百多萬失業者提供了工作；後者雇用年輕人參與各種林業和資源保護計畫。這三個規模計畫總共涉及到近八百萬戶的二千八百萬人，占全國人口的百分之二十二點二。到一九三五年，政府用於公共援助的總開支達到三十億美元，是胡佛任期最後一年裡此類開支總額的十五倍。

主要是由於美國人傳統的顧慮，聯邦直接救濟工作於一九三五年終止了。一些人擔心，那樣的援助促使下層階級長期依賴政府救濟，卻無法促進經濟形勢的全面改善。在以後的幾年裡，新政解決福利問題的長期措施就有條不紊了。那些措施包括四個方面的內容：一般救濟，由州和地方政府提供資金，主要給予被列爲不能就業的人；以工代賑，由聯邦政府提供資金，用在那些生活貧困但能夠工作的人；公共援助，提供給老年人和兒童；社會保險，退休工人養老金和失業人員臨時補貼。由於大多數州政府不願提供那麼多資金，第一個方面的措施始終難以實行。聯邦政府的以工代賑規劃最初顯示出頗有成功的希望，但是新政大多數的福利計畫由於缺少資金和缺少聯邦政府及國會始終一致的支持而受阻。新政福利計畫的第三個方面——受贍養兒童援助方案——至少有聯邦政府向貧困兒童提供了援助保證。第四個方面體現在一九三五年通過的《社會保障法》和《華格納法》裡，建立了老年養老金制度和失業補助制度。由於人人都可以從那些制度中得到好處而不管家庭經濟情況，因此第四個方面的規劃在政治上最受歡迎，但是已不符合嚴格意義上的「福利」定義。通過這一組合的福利措施，羅斯福確定了聯邦政府在三〇年代幫助窮人和向四千六百萬人（全國人口的百分之三十五）提供某種形式的公共援助的職責。從反面來看，政府沒能結束大蕭條，也沒有形成始終一致的家庭政策；由於把許多控制權交給了州政府，也就認可了福利方面的普遍差異，太多地迎合了地方偏見。由於把貧困看作是一種暫時的而非長期的情況，新政的福利計畫往往是短期的，而且迴避了健康保險等重大問題。另外，新政的狀況造成了以後福利計畫所依據的意識形態不一致的基礎。

法蘭克林·羅斯福與胡佛的區別不只是他熱情地支持聯邦政府採取行動來消除大蕭條的影響。他也放棄了胡佛把國際經濟穩定置於促進國內經濟恢復措施之上的政策。具有諷刺意味的是，儘管他們二人之間存在著意識形態的差別，羅斯福同他的前任一樣長期對國際事務感興趣。法蘭克林·羅斯福始終是民主黨人，但是他希望效仿他的遠房堂兄狄奧多·羅斯福，那種願望有助於推動他進入政壇，爲他決定接受伍德羅·威爾遜的提議而成爲海軍部助理部長提供了動力。由於威爾遜在第一次世界大戰以及有關國聯的鬥爭中的經歷，使得法蘭克林·羅斯福也轉變爲威爾遜的敬慕者。法蘭克林·羅斯福成爲這樣的少數幾個人之一：他在國際事務上的知識源流可以追溯到狄奧多·羅斯福和伍德羅·威爾遜，儘管他們表面上好像是倡導不同的對外政策思想。從一九二〇年到他於一九三二年競選總統，法蘭克林·羅斯福的對外政策思想幾乎沒有變化；在一九三二年的競選活動中，他證明完全願意爲政治目的而放棄長期持有的對外政策信念。在羅斯福擔任總統的最初階段，那種方式持續下來，主要表現在他決定任命田納西州參議員科德爾·赫爾擔任國務卿上。他們兩人在個性上和思想上都不是特別接近，但是由於那位參議員擔任民主黨全國委員會主席的工作，羅斯福依賴他的支持。另外，總統正確地認識到，任命赫爾擔任國務卿可以處理好同他在國會裡的朋友們的關係，總統在國內事務方面需要那些人的投票支持。羅斯福在這方面和胡佛不同：胡佛承認國務卿亨利·史汀生是他的首席對外政策顧問，而羅斯福保持他本人對國際事務的控制。他在外交事務上的最初嘗試證實，他要把國內需要作爲其國際立場的基礎：他從其前任的失敗中認識到過分關注國際事務的危險。他於一九三三年處理倫敦經濟會議的方法，就表明了這一點。總統任命赫爾擔任出席會議的美國代表團團長，但是他又特別選擇喬治·皮克擔任赫爾的副手來平衡對赫爾的任命。赫爾是一個堅持威爾遜傳統政策的人，支持開放的經濟秩序和自由貿易，而皮克是一位經濟民族主義者。羅斯福這樣做就進一步削弱了國務卿在會議進程中的作用，使美國脫離金本位制，拒絕承諾任何可能限制其國內行動自由的經濟穩定計畫。

因此，羅斯福顯示出一些早期的跡象：他要扭轉與其前任密切相關的經濟國際主義。但是在他當政的最初幾年裡，其特別更多地表現在他的國內行動上，而非他的關於國際秩序的思想。如果說福利國家的發展依然是新政最著名的方面，它也是法蘭克林·羅斯福不依據明確的思想觀點來處理經濟問題的方面。關於政府在經濟中的作用問題，總統也留下了兩項相互矛盾的思想遺產。所說的「第一次新政」包括一系列法案，非常清楚地反映了「智囊團」的思想觀念，而「智囊團」則吸收了新國家主義的思想遺產。開始於一九三五年的「第二次新政」則更多地是由反壟斷思想引導的。布蘭代斯曾明確地表達了反壟斷思想，而法蘭克林·羅斯福則從進步時代繼承了那種思想。當然，如果斷言羅斯福政府在兩年後顯著地改變了行動方針，那就過分簡單化了，因爲聯合主義方針的成分在一九三五年後依然存在，而大多數反壟斷主義者在一九三二年大選中及羅斯福當政初期都給予他強有力的支持。然而羅斯福第一任期的特徵是進步時代提出的兩種主要經濟方針向中間回歸的不尋常發展。具有諷刺意味的是，那兩種方針與其說顯示出了它們對付大蕭條造成的經濟苦難的能力，不如說顯示出它們知識上和政治上的缺點。

「智囊團」成員和勞工律師唐納德·里奇伯格、哥倫比亞大學教授雷蒙·莫利、阿道夫·柏爾、雷克斯福·特格韋爾等人相互交往，但是他們在確切的實際政策傾向上卻不一致。用莫利的話說，「智囊團」成員知道自己不想要的東西：「傳統的威爾遜—布蘭代斯哲學，即如果美國能夠再次成爲小業主、街頭小雜貨商和栗樹綠蔭下鐵匠的國家，我們就解決了美國生活的種種問題。」總的說來，那些人斷定，既然產品壟斷和市場壟斷已成爲美國經濟生活中的主要傾向，法蘭克林·羅斯福應該集中力量穩定已經存在的工業國家，而不應集中於重構經濟體制。這些思想觀念指導了聯邦政府早期的許多經濟政策，強調復興現存的商業金融結構、政府與企業的合作、對企業和農業的生產控制以及平衡聯邦預算。最著名的項目是成立全國復興署。該機構試圖同主要產業議訂有關自願準則的協議，從而緩和無節制競爭的危險。「智囊團」顯然背離了布蘭代斯學派，成功地抵制了和平進步派——愛達荷州參議員威廉·博拉倡議的反壟斷觀點作爲全國復興署政策指導思想的修正案。全國復興署一啓動，就屈從於企業領導人以經濟復興爲名而提出的需要停止執行反托拉斯法規的傳統要求。然而與胡佛的社團主義方針不同，聯邦政府也堅持爲那一讓步而得到補償：承認工人擁有組織工會並通過工會進行集體談判的權利。起初，那個項目似乎進展順利。但是結果證明，推行協會的準則幾乎是不可能的，整個體制往往有利於大生產者而犧牲小企業的利益。此後，在審理謝克特家禽公司控告美國政府案時，最高法院一致裁定那個項目違憲，宣布該項目的授權法令依據了對州際貿易條款的錯誤解釋。

全國復興署的垮臺不但反映了憲法的現實，而且反映了人們普遍的懷疑：許多改革派認爲首先是企業領導人的方針要爲大蕭條負責，因此懷疑此時把另外的權力交給那些領導人是否明智。與二〇年代大部分時間的情況不同，新政時期的反壟斷觀點在國家政界裡得到大量支持。布蘭代斯私下裡敦促羅斯福把啓動大規模的公共工程計畫、運用反壟斷觀念來取消控股公司和連鎖董事會以及實行累進稅立法結合起來，從而解決大蕭條問題。費利克斯·法蘭克福特不像布蘭代斯那樣受公眾對政治事件評論的約束，積極爲法官的提議進行宣傳。他也爲具有同樣思想的人爭取得到任命，在此過程中展示了才能。用歷史學家艾倫·布林克利的話說，那個自由派的網路被稱爲「主張實行新政者」，構成了「似乎具有同樣思想者的鬆散而又廣泛延伸的聯盟，……不引人注目但頗有戰略地分散在行政體系中」，以認同法蘭克福特的觀點而聞名；他們利用自己的權力爲新擴大的聯邦政府機構配備人員，而聯邦政府機構含糊的授權法規賦予實施政策的官員很大的行動自由。

羅斯福政府越來越支持反壟斷思想，這表現在一九三五年初通過的稅收法上。在法蘭克林·羅斯福任總統的頭兩年裡，他支持徵收許多遞減制稅，例如增加對酒徵稅（作為廢除禁酒決定的一個組成部分），同時由於他依賴企業合作以促進經濟復興，因此賦予了企業利益集團對公司稅的實際否決權。隨著新政的聯合主義階段的終結，也結束了羅斯福那一時期的稅收政策。一九三五年稅收法要求大量增加針對富人的個人超額累進所得稅，設立聯邦遺產稅，實行旨在懲罰大企業的分級公司稅，徵收旨在阻止控股公司的公司內股息稅。一九三五年稅收法反映了布蘭代斯的利用徵稅權來實施反壟斷規劃的思想。一些歷史學家批評那個法案只是「象徵性」的改革，因為它最終迴避了利用稅收制度重新分配財富。但是，那個法案確實是威爾遜政府以來華盛頓通過的最進步的財政法令。此外，一九三六年稅收法擴大了一九三五年稅收法的範圍，對未分配的利潤徵稅。與稅收法相比，公共事業控股公司法引起了更多的爭議。那個法案是由法蘭克福特的門徒科恩和湯米·科科倫起草的。作為改革運動反對私有公共事業的最高峰，那項法令授權證券和兌換委員會（建立於新政初期階段，以管制證券市場）在三年內取消「複雜而又不必要的」控股公司。從許多方面來看，這些法案完成了二〇年代進步派提出的經濟規劃，構成了新政時期改革活動與此前活動的聯繫環節。

新政的第二波立法超越了重構經濟的嘗試，通過社會正義問題來吸引民主黨聯盟的新成分。社會保障、失業保險及工程計畫署的設立是其中三個最突出的例子。在此期間，儘管總統個人對於進步改革派習以爲常的工會具有一種矛盾心理，他還是通過支持《華格納法》接受了有組織的勞工。根據那個法令，設立了全國勞工關係委員會，並授權該委員會決定集體談判的單位，監督工會選舉，發布強制執行的命令以阻止雇主參與法令規定爲不公平的行動。那個法令第一次把聯邦政府的力量置於工會一邊，使政府與工會的關係發生了徹底的變化。此時，勞工本身開始顯示出激進主義和積極行動趨勢增強的跡象。當礦工聯合會領導人約翰·路易斯因爲美國勞工聯合會（勞聯）繼續堅持根據技能來組織勞工而與其領導人威廉·格林決裂的時候，那一趨勢尤爲明顯。路易斯和其他支持產業勞工運動的工會領導人，要求在一個工會內代表一個特定產業裡的所有工人，從而增強他們的團結和談判力量。一九三五年，他們成立了產業工會聯合會（產聯）；產聯成爲以後年代裡勞工運動的先鋒。由於產聯以非熟練工人和半熟練工人爲發展對象，參加工會的工人人數從一九三〇年的三百四十萬增加到十年後的八百七十萬。同樣重要的是，工會爲左翼政治活動提供了充滿活力的力量。工會組織依據進步時代以來的一個明顯模式，利用利益團體日益增多的機會對政治事態施加影響。

政府的各項國內政策措施——救濟援助、聯合主義和反壟斷行動——都要求加強聯邦政府在經濟生活中的作用，因此證明了大蕭條終止第一次世界大戰遺產的方式，也證明了改革派對賦予國家政府過多權力的擔心。另外，在改革派看來，羅斯福的規劃將總統直轄的政府機構定位爲最重要的政府部門；國會似乎無力採取對付大蕭條所要求的迅速而又果斷的行動。改革派擔心，選民的壓力可能使立法機構以有害的方式採取行動，例如《霍利─斯穆特關稅法》的情況。然而那種事態的發展並不意味著國會已經把提議和制定國家政策的全部控制權讓給了行政部門，儘管這方面最有力的例證是在國家安全而非國內問題上。三〇年代公衆的心境使徹頭徹尾的孤立主義政策在公衆中和國會裡得到大量支持。雖然孤立主義者的各種建議明顯不同，但是他們都一致希望避免一種情況，即不希望承擔維護歐洲現狀的義務，避免造成美國在歐洲大陸的政治或軍事存在。北達科他州參議員傑拉德·奈是一位和平民主派，支持法蘭克林·羅斯福的大多數國內政策。作爲一個委員會的主席，他在三〇年代中期主持了一系列聽證會。此後，孤立主義觀點更加流行。那些聽證會顯然是要調查美國軍火製造商對美國中立政策的影響，最後提出了另一個表明反壟斷觀念的報告，認定軍火製造商、華爾街銀行家和政府官員的非法勾結使美國參與了第一次世界大戰。儘管那些指責的證據微不足道，國會還是在此後不久通過了第一個中立法，維護美國的中立權，努力把美國被拖入另一場歐洲戰爭的可能性減少到最低。然而，不管其對外政策的言外之意如何，奈委員會的聽證會非常清楚地表明，甚至在新政的高潮時期，國會裡各種思想傾向的人都對行政權力不受制約的原則深表擔心。很明顯，威爾遜的第一次世界大戰政策造成的創傷還沒有完全癒合。

在羅斯福的第一個任期裡，由於對經濟復興的關注，改革派沒有因爲憲法問題而陷入分裂。實際上，羅斯福決定採取「第二次新政」的果斷改革，表明了總統準確解讀政治氣候的才能。作爲執政黨，民主黨在一九三四年的期中選舉中仍然增加了在國會兩院裡的席位，打破了傳統的模式。國會新議員的特徵同樣引人注目：大多數是以承諾擴大聯邦救助活動和限制大企業的政綱而當選的。自由派席位的增加在某種程度上反映了美國社會日趨激進化，而那種趨勢使一些運動進一步轉向左翼。法蘭西斯·湯森醫生——加利福尼亞州的一位內科醫生，提出所有六十歲以上的美國人每月都從政府得到二百美元養老金，只要他們退休（把工作讓給失業者）並且每月花掉所有的錢（把獎金輸入經濟）。湯森醫生因提出那一要求而聲名大噪。公衆對湯森計畫的熱情支持在某種程度上促使法蘭克林·羅斯福批准了社會保險法，雖然每月的最高支付款是更加微薄的八十五美元。一個具有更大影響的人物是「電臺廣播神父」——查爾斯·庫格林神父。庫格林每周通過電臺廣播向全國布道，譴責「貪婪的資本家」，呼籲進行金融改革，包括鑄造銀幣和實行其他通貨膨脹措施，從而復興了對經濟事件的平民主義解釋。庫格林對天主教工人具有強大的感召力，而天主教工人是正在形成的民主黨多數聯盟的關鍵成分之一。他對電臺的利用表明了技術進步正在改變國家政治趨勢的一個方式。法蘭克林·羅斯福在發表他的「爐邊談話」時也特別有效地利用了那種傳媒，試圖闡明他的立場，越過國會議員直接對他們的選民講話。庫格林和湯森的運動都是基層強大的左翼平民主義活動的象徵，總統不能置之不理；他們所發揮的作用像進步時代「醜聞揭發者」的作用。休伊·朗恩是一位從那些事態發展中獲益頗多的左翼政治家。對於二〇年代最激進的激進改革派所攻擊的目標——銀行、石油公司和公用事業，朗恩也給予猛烈抨擊，因此在一九二八年路易斯安那州州長選舉中獲勝。此後，他把大量的民衆支持與無情的政治策略結合起來，幾乎完全控制了那個州的政治生活，並且在一九三〇年進入美國參議院。朗恩最初支持新政，但是他極力主張實行更激進的經濟規劃，於一九三三年後期與法蘭克林·羅斯福決裂。他的規劃被稱爲「共享我們的財富計畫」，要求對富人實行沒收性的徵稅，從而收入再分配，保證全國每個家庭有二千五百美元的收入。一九三五年春，民主黨全國委員會的民意測驗結果也像各種跡象所表明的那樣：如果朗恩發起獨立的總統競選活動，他能夠吸引百分之十或者更多的選票。

因此，在期待即將到來的一九三六年大選時，法蘭克林·羅斯福既有經濟和意識形態的理由又有政治理由採取更有力的改革方針。那時突然發生的一些事件，給總統提供了理想的機會。一九三五年九月，朗恩遭到暗殺，因此去掉了一個最有能力向法蘭克林·羅斯福的聲望挑戰的左翼領袖。此時，第二次新政的計畫足以使中西部的進步派回歸民主黨陣營，而共和黨卻遭受了內部的分裂。共和黨擔心強硬的規劃注定會使該黨遭到失敗，因此黨的領導人便轉向了一個較溫和的人物——堪薩斯州州長阿爾夫·蘭敦，提名他爲總統候選人。回顧歷史，無論是蘭敦還是第三黨候選人威廉·萊姆基都不會對羅斯福競選連任構成威脅，但是羅斯福的巨大勝利還是令人難忘。蘭敦僅在兩個小州——緬因州和佛蒙特州——獲勝，而總統以百分之六十一比百分之三十六的選票優勢擊敗了他的共和黨對手。另外，民主黨增加了在國會兩院裡的席位，是連續第四次增加國會裡的席位。新政的政治組合也得以完成：羅斯福的聯盟包括南部和西部的農民、城市種族選民、窮人和黑人；他們依據一個改革政綱聯合起來，吸引了改良主義知識分子和以前的進步派，在全國成爲明顯的多數。羅斯福獲勝的事實得到完全證實之後，所存在的唯一問題是法蘭克林·羅斯福是否會利用選民的授權發起「第三次新政」，一個比第二次更果敢的「新政」。

在第二個任期裡，法蘭克林·羅斯福及其最堅定的支持者最終會遭遇更多的失望，超過了他們原來的預期。然而，和二十年前威爾遜首次就任總統以來的任何類似時期一樣，羅斯福總統的頭四年任期顯著地改變了美國的政治生活。大蕭條和新政初期階段明顯地減弱了聯合主義對改革派的吸引力。對於任何不堅持政府至少在名義上高於企業利益集團的規劃，改革派都不屑一顧。在二〇年代，胡佛曾是各黨改革派都支持的人物，但是他的感召力急劇下降，成爲僅僅擁有共和黨保守派作爲政治基礎的不名譽的前總統。這一事實最顯著地表明了政治氣候的變化。即使如此，聯合主義者在新政的初期階段還是得到了實施其規劃的機會。但是全國復興署和農業調整法等項目不僅沒有達到憲法的要求，它們也沒有顯著地刺激經濟增長，並且證明對法蘭克林·羅斯福保持其政治聯盟的努力具有破壞作用。在發生了變化的知識和政治環境裡，勞工在二十世紀第一次取得了比企業利益集團更穩固的政治地位，儘管那種狀況能持續多久的問題甚至在一九三七年仍然不明朗。

由於聯合主義的失敗和大蕭條的政治氣候，反壟斷主義者得到了威爾遜第一任期以來最有利的政治機會。然而新政的政策充分表明，雖然反壟斷的言語可能從進步時代以來幾乎未變，但是其擁護者缺少一個明確的綱領。一九一七～一九二九年間美國經濟發展成熟，在某種程度上是第一次世界大戰的結果，也是二〇年代積極鼓勵政府和企業之間更密切聯繫的政府政策的結果。鑒於美國經濟的發展狀況，要對進步時代所鄙視的那種經濟進行全面改革，幾乎是不可能的。在強調壟斷的道德後果而非經濟後果時，反壟斷主義者本身放棄了許多要求，提出了試圖限制大企業而非重構經濟的規劃。然而在經濟危難時期，恢復經濟繁榮的短期計畫優先於改變企業和政府之間關係的長遠建議，甚至那個不那麼雄心勃勃的目標也證明難以實現。

對於法蘭克林·羅斯福提出的那個特別的、有點模糊的國內計畫，其主要支持者政治上和意識形態上的限制是一個原因。對總統來說，進步時代的遺產最終在經濟事務方面沒有多大用處。但是文化問題是一個不同的問題。如果說兩次大戰之間的時期沒有爲改革派提供其他教訓的話，那麼一個教訓是，強調社會問題，例如禁酒、排外主義、公民權利或公民自由等權利問題，往往使經濟改革的支持者陷入分裂。美國政治制度的特點之一是工人階級和農村白人選民表面上是支持經濟改革派的選民，但也最可能贊成有關文化保守主義規劃的提議。像任何人一樣，喬治·諾里斯淸楚地理解這一事實在二〇年代造成的困境，法蘭克林·羅斯福不久也在三〇年代吸取了教訓。對於可能使國家辯論的焦點偏離經濟問題或威脅其政治聯盟團結的社會問題，例如移民問題或民權問題，羅斯福故意低調處理。他在這方面是成功的，但是他的成功也播下了失敗的種子：改革派不可能永遠推遲對那些問題的考慮，法蘭克林·羅斯福建構的聯盟仍然非常容易受到兩極化文化問題的分裂性影響。戰後時期將更淸楚的表明這一點。

和進步時代出現的情況一樣，大蕭條有助於使美國公衆從全國的角度考慮經濟問題，這是二〇年代政治與三〇年代政治之間最明顯的差別之一。雖然法蘭克林·羅斯福得益於中西部各州改革運動造成的政治氣候，並且精心設計他的許多救濟計畫以迎合地方的喜好，但是他在第一任期還是使華盛頓成爲美國政治和公共政策的中心。另外，在立法機構如何成爲改革活動中心的問題上，二〇年代已經爲改革派提出了一個範例，但是總統利用大蕭條的嚴酷要求以及電臺廣播的力量等技術發展，重新確立了總統直轄政府機構的突出地位。他所主持的黨派重新組合有利於他完成那方面的任務。新政的選舉聯盟包括了南方民主黨人、非州裔美國人和北方白人種族選民以及積極的自由主義知識分子，不但使他一舉獲勝進入第二任期，而且爲民主黨提供了國會兩院裡穩固的多數。但是，在第二任期到來時，總統如何平衡作爲新政聯盟中堅力量的各類選民所提出的相互競爭的要求，仍需拭目以待。

〔第三章　自由主義的檢驗〕

大多數主張實行新政者認爲，一九三六年的選舉結果證實了公衆要求聯邦政府發揮積極作用的願望，即支持羅斯福第二次就職演說裡所反映的觀點。但是在民主黨取得巨大勝利的同時，也重現了二〇年代使該黨無法正常運作的內部分裂。對保守派來說，選舉的結果意味著他們不能再依靠法蘭克林·羅斯福來謀取其政治利益。儘管他們不急於同總統決裂，但是總統也不能指望他們支持雄心勃勃的改革計畫。另外，關於選民在多大程度上把新政改革視爲對短期危機的反應而不是作爲長期福利國家的基礎，聯邦政府並不了解。結果，第三任期伊始，羅斯福提出了許多議案來增加總統直轄的政府機構的權力，開始實行一項重組行政部門和提高工作效率的計畫。然後，他向國會提出一項授權建議，要求允許他最多任命另外六名法官進入最高法院以代替年齡達到七十歲的在任法官。從理論上說，羅斯福的建議是明智地利用了他的政治資本：由於最高法院有權決定正在審理的《華格納法》等重要新政法規是否符合憲法，只要最高法院做出不利裁決的威脅依然存在，那麼繼續處理經濟問題也沒有什麼意義。另外，鑒於二〇年代以來最高法院已經明顯地發揮了政治作用，總統幾乎沒有理由認爲他的建議會引起強烈的不利反應。他可能指望以一九三六年的選舉結果來說明選民希望他反擊最高法院的勢力。

然而實際上，法蘭克林·羅斯福的提議產生了事與願違的嚴重後果。從政治上說，他處理事務的方式是錯誤的：他沒有徵詢國會裡民主黨領袖的意見就提出了議案，並且假惺惺地告訴公衆他的提議是減輕法官們工作負擔的一個措施。更重要的是，總統低估了在意識形態方面傾向於支持其立場的人們中支持維護最高法院獨立性的力量。這一事件爲法蘭克林·羅斯福的政治對手提供了一個絕妙的機會。首席大法官查爾斯·休斯發出一封公開信，嘲笑總統的說法，即需要通過那項法規來幫助「負擔過重的」法官。此後，休斯和羅伯茨法官在幾項關鍵性的裁決中轉向左翼，和最高法院裡的三位自由派法官一起投票支持華盛頓州的《最低工資法》和《華格納全國勞工關係法》。他們的行動削弱了總統立法建議的政治依據。最後，國會裡的共和黨人撤身於辯論之外，讓民主黨保守派和西部進步派奇特地聯合起來領導那場反對總統提議的鬥爭。其中的保守派主要是在第二次新政時期與政府疏遠的南方民主黨人，而西部進步派則擔心總統的提議在憲法方面的含義。羅斯福最終被迫撤回了那項提議，但他是在兩黨右翼議員的非正式網路——被稱爲保守派聯盟——結合起來之後才撤回提議的。民主黨保守派和共和黨保守派的組合由於成功地回擊法院改組計畫而勇氣倍增，於是在國內其他事務方面向總統挑戰。由於國會多數此時反對總統規劃的大部分內容，總統的政治地位迅速下降，他從一九三六年選舉勝利中得到的聲望消失了。

對羅斯福政府來說，最高法院改革計畫的失敗是一次重大的政治挫折。但是在一九三七年冬天到來之際，這並不是總統遭遇的唯一問題。大選後的六個月裡，美國出現經濟恢復的跡象，主要是證券市場開始景氣。於是，羅斯福的一些較保守的顧問，以財政部長亨利·摩根索爲首，敦促總統關注平衡預算，減緩新政救濟計畫。然而，政府資金突然從國民經濟中撤出，造成經濟急劇下滑；和一九二九年的情況相似，尤其是證券市場嚴重衰退。一些評論家稱之爲「羅斯福衰退」。失業人數從一九三六年的七百七十萬到一年後上升至一千零四十萬。就在保守派聯盟形成並決心抑制聯邦政府增加福利計畫的開支時，那場衰退增大了對政府的政治壓力，要求政府實行一項全面的計畫來對付經濟危難。和通常一樣，總統的那些富有鬥爭精神的顧問們做出了各種不同的反應。然而就短期來說，經濟衰退最有利於反壟斷的自由派，他們是支持第二次新政的意識形態動力。出現衰退之後，那些人成爲政府裡最活躍的力量；同樣重要的是他們得到了羅斯福的聯盟裡西部和中西部國會議員的有力支持。隨著衰退的加劇，那些議員要求國會調查壟斷在美國經濟中的作用。一批數量不多但影響力日益增強的官員也與支持新政者結盟，堅持認爲政府的持續開動是促進經濟成長的最佳途徑。其中最重要的人物包括韓德森和馬里納·埃克爾斯，他們借鑒了凱因斯的經濟理論。埃克爾斯是一位猶他州銀行家，羅斯福任命他進入聯邦儲備委員會。一些支持新政者同樣強調政府政策要保護消費者的利益。雖然反壟斷派團結一致，支持加強聯邦政府管制，但是在政府是應該加緊採取行動支持小生產者的經濟地位（那是反壟斷派的傳統目標）還是應該維護消費者利益（壟斷行爲對消費品價格造成了最直接的影響）的問題上，他們的看法越來越不一致。於是，就在他們的計畫似乎最有可能取得成功的時候，在反壟斷的經濟理論上出現了重大的意識形態分歧。這一狀況反映出三〇年代的反壟斷派沒能使其思想適應正在調整的整個美國經濟。因此，在羅斯福第二任政府制定政綱的時候，新政自由派面對著一些相互關聯的問題。首先，他們需要得到民衆和國會足夠的支持，來抵消由於最高法院改革計畫失敗和經濟下滑而遭受的政治挫折。其次，他們需要協調一致地完善其計畫的細節，從而避免曾降臨在他們的聯合主義對手頭上的困難。最後，他們需要解決較傳統的反壟斷觀點與許多較年輕的自由派所主張的維護消費者利益的方針之間的衝突。將經濟的或道德的反壟斷思想轉化爲具體的政府政策最終證明是不可能的。這方面的失敗不僅注定羅斯福政府進一步實行經濟改革的機會成爲泡影，而且繼續了一九一〇年以來壓縮經濟改革議程的明顯模式。

改革派中出現這種意識形態偏移的同時，國家政治也急劇向右轉。一九三八年，那些曾反對最高法院改革計畫的民主黨參議員，如馬里蘭州的米勒德·泰丁斯和喬治亞洲的華爾特·喬治，此時正謀求連任，而總統認可了他們在預選中的挑戰者。總統的策略遭到災難性的失敗。在秋季選舉中，共和黨增加了在國會兩院裡的席位，俄亥俄州的羅伯特·塔虎脫等能言善辯的保守派贏得全國的關注，而德克薩斯州的衆議員莫里·馬弗里克等著名的自由派卻遭到失敗。羅斯福的地位由於秋季選舉的結果而進一步削弱。另外，民衆中最活躍的異議團體不再是威斯康辛州的進步黨和明尼蘇達州的農工黨等左翼團體，也不是休伊·朗恩、查爾斯·湯森等人的全國性運動，而是各種右翼群體。那些群體對聯邦政府採取的任何積極行動都表示強烈的敵視，並且表現出將自由主義等同於共產主義的傾向。三〇年代成立的衆議院非美活動調查委員會是要揭露美國生活中的納粹影響，但是在四〇年代卻越來越集中於國內共產主義問題。那類機構的日益活躍是新趨勢的一個例證。

正是由於保守派聯盟的出現象徵著國會日益限制總統在國內舞臺上的行動自由，法蘭克林·羅斯福在對外政策方面變得更加專斷。在一九三七年及以後的兩年裡，國會三次修訂中立法，每一次都增加了賦予總統的外交靈活性。中立法的修訂開始了一個頗有爭議的進程，行政部門將重新得到在以前的二十年裡交給國會的大部分對外政策決定權。這種事態發展使總統能夠在三個重要方面採取行動，表明美國的對外政策變得更注重與準備抵抗歐洲和太平洋地區軸心國侵略的那些力量結爲聯盟。第一，羅斯福調整了處理與拉丁美洲國家關係的政策，強調西半球國家之間更密切的戰略關係，以便抵抗軸心國可能發動的侵略。第二，羅斯福推動增加軍費開支，雖然他小心翼翼地說明他的目的是保護美國領土，而不是發展具有進攻能力的力量。第三，羅斯福利用其強大的說服力，使美國公衆準備在國際上承擔更重要的角色。這一過程開始於一九三七年，當時總統在芝加哥的一次演講中指出，世界上的民主國家應該準備採取一致行動，「孤立」侵略國。國會對總統的外交靈活性確實施加了一些限制：例如，衆議員路易斯·拉德洛（印地安納州民主黨人）提出的一條憲法修正案規定，在美國參與對外戰爭之前，必須進行全民投票。那條修正案在三〇年代後期一直得到強有力的支持。但是在國際事務方面，行政部門和立法機構之間關係的總趨勢是很明顯的。

國際事件的變化進程進一步促使總統在對外政策問題上努力做出單方面的反應。一九三九年十一月，在德國入侵波蘭後，第二次世界大戰爆發。德國、日本和義大利結成軸心國聯盟，蘇聯和芬蘭之間開始了冬季戰爭，此時美國公衆對同盟國事業的支持迅速增加。接著，德國入侵低地國和法國，使法西斯主義的力量控制了歐洲大陸的大部分地區，美國人普遍開始重新考慮德國的威脅。查爾斯·林白等人以及「美國第一」運動，採取更強烈的孤立主義立場，而另一些人則認爲美國的事業是和遭到圍困的英國聯繫在一起的，成立了美國援助同盟國委員會等組織。新一代的記者，如哥倫比亞廣播公司的愛德華·默羅和埃里克·塞維里德等人，使美國公衆清楚地了解了英國抵抗德國空襲的能力，因此使人們對那場戰爭的認識達到美國歷史上前所未有的程度。東亞的局勢沒有引起公衆太多的關注，但是那裡似乎出現了同樣的不祥之兆：日本於一九四〇年在中國扶持建立了汪精衛傀儡政權，並且開始南下，迫使法國在其占據的中南半島北部地區做出軍事讓步。

這種緊張的國際氣候以及總統國內規劃的困境，爲一九四〇年選舉提供了一個大背景。在民主黨全國代表大會前的幾個月裡，法蘭克林·羅斯福掩飾了他的起初意圖。以前，從來沒有一個美國總統任職兩屆以上；只有一個人，即狄奧多·羅斯福，曾認眞地挑戰那一傳統。法蘭克林·羅斯福起初還假裝猶豫不決，但隨即參加黨內提名的競爭。羅斯福的最大競爭對手是蒙大拿州參議員惠勒，他曾是批評最高法院改革方案的主要人物之一。惠勒也是奉行孤立主義的主要領導人，但是如果競爭完全展開，他在國內問題上無可指摘的改革名聲會使他成爲爭取提名的有力競爭者。共和黨提名溫德爾·威爾基之後，事態的發展變得對羅斯福有利。威爾基是一匹黑馬，曾擔任過公共事業公司的總經理。他抨擊新政有關國內事務的觀點，但是直到競選的後期，他才使總統親同盟國的對外政策成爲辯論的主要問題。即便是這樣，羅斯福也感到必須屈從公衆的疑慮，於是許諾，如果他贏得連任，他不會把美國軍隊派到歐洲去。羅斯福的這一承諾，再加上民主黨選舉聯盟的繼續增強，保證了現任總統的勝利，儘管票差比一九三六年大選顯著減少。威爾基成功地重新集結了共和黨在中西部的傳統力量，在洛磯山脈各州及西部地區的得票不少，而那些地區以前曾向羅斯福提供了穩固的支持。這次選舉顯然沒有授權重新展開積極的國內行動，甚至沒有要求實行積極的對外政策。但是在關注國際安全的時期，美國人民使一位久經考驗的領導人再次就任總統。同一九三二年和一九三六年的情況一樣，羅斯福順應了公衆的態度，對其競選綱領進行了必要的調整。

羅斯福的連任保證了美國的防務隨著對外的政策而朝向同盟國的一方轉移。在一九四一年裡，羅斯福的外交圍繞著三個主題：日益從全球著眼做出政策決定；對付軸心國造成的戰略威脅，同時仍然忠實於威爾遜主義的理想；採取行政部門的單方面行動以避免遭受國會的牽制。總統和其大多數幕僚也對日本的行動感到擔心，但是他們把德國視爲對美國安全更嚴重的威脅。首先關注歐洲局勢是明智的，但是也蘊涵著風險，尤其是美國對東亞外交中的風險。然而總統成功地保持了美日之間通過外交途徑解決問題的前景，同時又避免做出可能威脅美國和尚存的同盟國之間日益密切聯繫的讓步。羅斯福的第二個主要對外政策目標是用威爾遜式的措辭來設計反軸心國的動議，從而將其對外政策方針的戰略方面與理想主義方面調和起來。他在這方面的最重大成就是一九四一年八月美英兩國領導人的阿根夏會晤。當時，羅斯福和溫斯頓·邱吉爾在紐芬蘭的阿根夏會面，確定了一系列共同的戰爭目標。這次會晤本身就證明了到一九四一年夏天美國所採取的中立立場的脆弱性。羅斯福在一九四一年中外交的最後一個方面涉及嘗試通過單方面的對外政策行動來擴大總統權力。從羅斯福的觀點看，依賴立法機構批准的危險是顯而易見的。國會裡的孤立主義勢力在三〇年代中期奈委員會聽證會期間達到高峰以後就衰弱了，但是羅斯福自己的政治基礎也並不穩固。鑒於這些實際情況，總統日益利用自己作爲總司令的權力來證明其對外政策行動的正確性。例如，他在一九四一年利用門羅主義的靈活定義，命令美國軍隊駐札冰島，擴大美國護航的範圍，保護在西半球和冰島之間航行的同盟國船隻，因此使英國可以利用更接近本國的資源。

因爲所實行的那些政策，羅斯福難以避免國內的批評。孤立主義者，尤其是與從類似的意識形態角度反對新政的共和黨保守派相關的那些人，指控總統獨攬大權。到羅斯福第三任期開始時，共和黨本身已經開始發生微妙然而卻又重大的轉變。共和黨放棄了以前支持強大的總統直轄政府機構的態度，要求加強國會權力，同時要求賦予各州更大的權力。黨內比較堅持國際主義的一派在經濟問題上也傾向於支持較溫和的立場。保守派和國際主義派之間的關係依然緊張，但是共和黨在本世紀頭三十多年裡所遭受的進步派和保守派之間嚴重的意識形態分歧幾乎不復存在了。共和黨改革派或者由於不贊成羅斯福的對外政策，逐漸轉向左翼，脫離共和黨而組成第三黨，或者直接加入了民主黨。由於這個國家在經濟事務方面開始接受較爲保守的立場，重新統一起來的共和黨居於穩固的有利地位。但是在對外事務方面，總統作爲總司令保持了更多的行動自由。羅斯福最後冒了風險，認爲是他而非其政敵正確地解讀了民意測驗：公衆中多達百分之八十的人表示支持協調美國對外政策以保護英國的事業，而同時幾乎有同樣多的人反對美國站在英國一邊實際參戰。

日本突然襲擊新加坡、荷屬東印度群島、菲律賓以及夏威夷珍珠港的美國海軍基地，於是羅斯福於十二月七日結束了在外交和憲法方面保持平衡的做法。在一九四一年裡，太平洋的軍事需要，尤其是抓緊時間鞏固菲律賓和增強美國海軍力量的需要，似乎要求實行同日本妥協的政策。但是羅斯福外交的全球性也指向了另一個方面，總統逐漸採取對日強硬的路線，希望阻止日本參與德國對蘇聯的進攻。美國在七月的行動非常清楚地表明了羅斯福的對日政策：美國對日本實行事實上的石油禁運，迫使日本領導人在擴大對荷屬印度尼西亞的戰爭行動（以獲得石油供應）和嘗試同美國達成妥協方案之間進行選擇。珍珠港事件表明日本軍方在第一種選擇上下了多麼驚人的賭注。日本的突然襲擊至少使美國人在戰爭動員方面團結起來；國會批准了總統對日宣戰的要求，只有一票不同意見，即蒙大拿州和平主義者詹尼特·蘭金的一票。三天後，德國對美國宣戰。

關於德國和日本誰是主要敵人的問題，民衆和政府的態度之間存在明顯的差異。在民衆的心目中，洗雪珍珠港事件之仇的願望和根深蒂固的種族主義情緒結合起來，要求把主要矛頭對準日本。但是總統仍然堅持其戰前的戰略思想，把美國的力量集中於對付德國的威脅。成功動員戰時國內經濟的工作成爲美國軍事勝利的基礎，同時也爲新政的各種措施沒能促成的經濟復興鋪平了道路。一九三九～一九四五年間，聯邦預算增加了十倍，將大量資金輸入了經濟，其數量超過了新政期間所能想像的程度；在此過程中也消除了困擾三〇年代經濟的各種問題，如失業、通貨緊縮和工業停滯。南方和西部地區特別得益於國防工業方面的投資。一九四〇～一九四五年間，聯邦政府的全部開支中就有百分之十投在加利福尼亞州，爲那個州在戰後經濟和人口的顯著擴張奠定了基礎。另外，儘管一些動員工作遇到官僚主義造成的種種困難，但是與威爾遜在第一次世界大戰期間進行的類似工作相比，羅斯福政府避免了低效率和過度使用政府權力的大多數問題。例如，第二次世界大戰期間的宣傳機構——戰時宣傳局從公共宣傳委員會的錯誤中吸取了教訓，更注重志願工作，而物價管理局和戰時生產局領導的機構合作，保持了戰時經濟相當平穩的運行，沒有造成大的通貨膨脹壓力、公開的政府干預或食品和物資短缺。

因此在第二次世界大戰期間，經過最初的一些挫折之後，美國的戰爭努力進展相當順利。但是與此同時，與戰爭努力相關的政治、知識、社會和外交方面的事態發展卻引起更大的騷亂。總統抵制了公衆將戰爭的主要矛頭指向日本的願望，但是他證明不願或不能抵制針對日裔美國人的國內壓力。在戰爭開始時，日裔美國人的總數大約爲十二點七萬。長期流行的仇日情緒，尤其是太平洋沿岸各州的仇日情緒，在珍珠港事件後變得更加強烈。一些政府官員，例如海軍部長法蘭克·諾克斯，把珍珠港事件歸咎於日本第五縱隊在夏威夷的活動。一九四二年二月，羅斯福批准把太平洋沿岸三個州的所有日本人和日裔美國人安置在洛磯山脈和中西部各州的收容所裡。（具有諷刺意味的是，這一決定沒有包括夏威夷的日裔美國人，儘管假定那裡存在更大的軍事威脅。）一九四四年，最高法院在一次案例的裁決中認可了那一措施。最高法院的決定更具有諷刺意味，因爲它最終會放棄對總統的依從，在戰後時期採取積極維護個人權利的立場。對日裔美國人的收容是太平洋戰爭中一個更大結構的組成部分；就雙方來說，那場戰爭比歐洲的戰爭帶有更多種族戰爭的特點。

戰爭努力和堅持美國傳統理想之間的緊張關係也是羅斯福戰時外交和美國公衆對當時國際事件反應的主要問題之一。例如，美國一直拒絕放寬其移民法規，甚至沒有體諒擺脫納粹暴行的大量猶太難民。勞工領導人特別反對任何特許權，擔心大量移民會湧入勞動力市場，一旦美國軍隊回國，會造成失業。在國際上，與二十多年前威爾遜遇到的情況相比，戰爭的需要在更大程度上迫使羅斯福處理同盟國政治的複雜問題，同時政府也需要處理國內在對外政策問題上的嚴重分歧，特別是關於美國在戰後世界上應當發揮的作用。雖然四〇年代初出現了威爾遜主義的復興，達到第一次世界大戰初期以來最強烈的程度，但是羅斯福試圖將民衆的思想觀念融入他的對外政策，同時保持他的行動自由。在外交方面，他支持擴大《大西洋憲章》，使之成爲戰後「聯合國」的基礎；他也用「聯合國」這個詞彙來描述戰時的同盟。總統也兜售他所說的「四強」概念；即美國、英國、蘇聯和中國（有點反常）各自負責世界的一部分地區，而美國要在整個世界上爲維護和平發揮主要影響。他的這一概念更眞實地表明了其思想的「現實政治」基礎。但是在經濟和文化方面，總統對威爾遜式的觀念做出了較多的讓步。他始終主張經濟國際主義（這一方針當然也要服務於美國的經濟利益）；一九四四年的布雷頓森林會議批准建立國際貨幣基金組織和世界銀行等機構，奠定了戰後經濟秩序的基礎。國際主義理想在戰時文化外交方面非常清楚地顯示出來。與第一次世界大戰時的公共宣傳委員會不同，戰時宣傳局特意避免過度的民族主義宣傳。國務院也建立了文化關係司，該司成爲戰後成立聯合國教科文組織的基礎。

在國內方面，美國捲入第二次世界大戰的行動不但使改革派更加無力或不願爲考慮國家經濟體制的根本改革而爭取必要的民衆支持，而且加快了國家的保守政治趨勢。一些自由主義者，例如物價管理局局長韓德森和副總統亨利·華萊士，試圖復興三〇年代的改革精神。華萊士作爲副總統擁有非常廣泛的權力。但是由於總統本人對國內問題越來越不感興趣，他們的努力幾乎沒有得到政府官僚機構的支持。另外，由於美國的參戰改變了有關政府在經濟中的作用的辯論框架，大多數自由主義者也開始放棄他們在三〇年代的立場。首先，在戰爭年代，企業領導人作爲「領取象徵性薪水的人」湧入戰時政府機構的工作崗位，改革派同他們有更密切的接觸，因此減少了雙方的猜疑。其次，戰爭年代打破了反壟斷主義者和聯合主義信念的一個基本要素，即美國經濟已經達到了「成熟的」水平，因此再也不會出現持續成長。尤其是反壟斷主義者認爲經濟停滯迫使改革派關注收入再分配，曾以此論點作爲其規劃中許多內容的根據。此時隨著經濟的繁榮——國民生產總值從一九三九年九百一十億美元上升到一九四五年的一千六百六十億美元，一個自由主義信條取代了那種觀點，開始支持政府採取行動援助消費者並且改善被資本主義過度發展所遺忘的那些人的命運，例如失業者的命運。最後，由於美國人開始把他們的國家想像爲敵視各種形式的獨裁專制，公衆改變了關於改革問題的話題。這種狀況無意中恢復了美國人傳統上對強大的國家政府的擔心。因此，改革派減少了對加強聯邦政府權力以處理經濟問題的支持，而更加關注公民權利和公民自由等問題，強調保護個人權利而非增加政府在公民日常生活中的存在。由於經濟改革衰退，自由主義者的著重點轉向保護社會中弱者的權利，因此戰爭年代也就成爲一個重要的過渡時期。

在解釋戰後年代自由主義和整個民主黨的政治問題時，這一變化具有長期的重要影響。

在民衆方面，致力於經濟體制改革的力量在戰爭期間減少了他們的議程，或者發現他們的勢力減弱了。在這方面，工會的命運特別能說明這個問題。在政府政策尤其是《華格納法》的保護下，勞工運動興起，這成爲三〇年代的主要事態發展之一。然而戰爭年代日益以可能最狹隘的方式規定勞資關係。汽車工人聯合會和產業工會聯合會等工會曾希望成立「產業委員會」，勞工、企業和政府的代表在委員會裡對國家經濟政策擁有平等的發言權，然而那種希望成了泡影。同時，與戰爭相連的愛國熱情使工會領導人同意做出不罷工的承諾，並且接受工資增加的限制，因此減弱了勞工談判的力量。拒絕接受那些條件的工會領導人遭受了嚴重後果：當約翰·路易斯在一九四三年領導礦工聯合會進行罷工時，百分之八十七的社會大衆反對他的行動；國會通過了《史密斯－康納利法》，限制軍工產業的工人布置罷工糾察線的能力。在如何回應這次事態發展的問題上，勞工運動本身出現了分歧。對產業工會聯合會來說，希爾曼的策略是有好處的：勞工政治行動委員會的建立促進了民主黨在一九四四年的選舉，同時工會成員人數在戰爭期間繼續增加，從一九四一年的一千零五十萬增加到一九四五年的一千三百萬。但是從長遠看來，這種方針日益使勞工成爲政府監護的對象，勞工的利益受到政府敵視行動的更大威脅。

在政治方面，儘管民主黨在希爾曼和勞工的支持下取得了一九四四年選舉的成功，但是戰爭年代並沒有扭轉美國政治的保守趨勢。實際上，在美國政治的表面之下總是潛伏著對過於強大的聯邦政府的懷疑，戰時的保守主義以那種懷疑為基礎，並為一種好戰的反聯邦主義觀念所補充。反聯邦主義觀念日益把華盛頓的各種規劃都等同於激進主義。這一進程的政治影響在一九四二年的期中選舉中顯示出來。共和黨在衆議院裡增加了四十七個席位，在參議院裡增加十個席位。競選中的落馬者包括國會裡的一些最著名的改革派，例如喬治•諾里斯，他在爭取其第六任參議員的競選中失敗了。選舉結果使共和黨和民主黨右翼的保守派聯盟穩固地控制了參衆兩院，他們以減少政府開支的名義來鏟除現存的新政規劃，例如民間自然資源保護隊和公共工程管理局。在另一方面，保守派也寄希望於衆議院非美活動調查委員會的活動。那個委員會以衆議員馬丁•戴斯（德州民主黨人）為主席，在戰爭期間擴大了活動範圍，集中調查美國生活中共產主義的影響，逐漸把共產主義與新政的經濟改革概念等同起來。表面上，一九四四年的選舉標誌著民主黨捲土重來，羅斯福再次當選總統，進入第四個任期。但是，主要的趨勢持續未衰。在民主黨全國代表大會上，保守派迫使總統拋棄他的競選夥伴——此時政府裡最著名的改革派亨利•華萊士，轉而提名一個溫和派——密蘇里州參議員杜魯門為副總統候選人。另外，總統在國會議員選舉中的政治影響相當有限，民主黨在衆議院裡重新贏回來的席位不到兩年前失去的半數，而共和黨在參議院裡增加了一個席位。最後，知識領域裡鬥爭的勢頭繼續向保守派轉移。那一年，海耶克的《到奴役之路》出版，這是為保守派日益敵視政府干預而辯護的第一批學術著作之一。到一九四四年，羅斯福在國內政策方面的領導已經變為純粹的形式，他的權威局限於與戰爭相關的問題。

因此，到四〇年代中期，經濟改革的前景在許多方面似乎都令人氣餒。同時，也存在自由主義者將注意力轉向民權事業的令人信服的理由。最重要的是，非洲裔美國人對於自己低下的社會地位開始表現出日益強烈的不滿。戰時的勞工短缺增加了對黑人勞工的需求；戰爭期間，受雇於製造業的黑人人數從五十萬急劇上升到一百二十萬。既然那些工作崗位大多數集中在中西部和東北部地區，經濟的變化就引起了黑人向北方城市的大規模遷移。一九四〇年，美國百分之七十五的黑人居住在原來的南部邦聯的各州裡；在以後的十年裡，二百多萬黑人移居北方各州。從短期來看，這次人口遷移加強了人們對種族歧視問題的關注，在一九四三年哈林區和底特律種族騷亂之後這個問題尤為引人注目。前一年，地方的民權積極分子成立了「爭取種族平等大會」，試圖為抵制種族隔離而組織姿態更加鮮明的行動，例如在芝加哥旅館和飯店裡的「靜坐抗議」活動。「全國有色人種協進會」更接近於政治主流，在戰爭期間其地方支部的數量增加了兩倍，在全國各地的成員人數增加了九倍多，達到五十萬人。在政治層面上，勞工領導人菲利普·倫道夫利用組織黑人進軍華盛頓的威脅，迫使羅斯福（通過發布總統命令）成立公平就業實施委員會，調查軍工企業裡歧視黑人的情況。公平就業實施委員會沒有執行權，因此這一措施在許多方面只是一個有名無實的讓步，但是這個委員會的成立反映了政府承認美國存在奴隸制經濟殘餘的第一步。另外，除了戰爭造成的國際和國內壓力使改革思想與國家統制經濟方案相分離外，一些知識分子開始肯定地表明改革活動應集中於民權問題。岡納·米達爾的《美國的困境》便有力地表達了這種觀點。這部著作於一九四四年出版，是米達爾研究美國種族主義的成果。這位瑞典出生的社會學家著重研究了美國民主與平等的傳統和種族不公正的遺產之間的緊張狀態。《生活》雜誌的編輯們也開始研究這一問題，把減少種族偏狹稱為美國戰後面對的最重要的問題。那些評論反映了戰爭年代特有的樂觀主義意識。實際上，第二次世界大戰被稱為一場「適當的戰爭」，造成了一種「未來幾代人發現難以重建的整體感」。

這些政治和文化變化都是在戰爭行動逐漸減弱的背景下出現的。德國軍隊在「突出部之役」（阿登戰役）中發動猛烈的反撲之後，同盟國軍隊在西線重新恢復了攻勢，到一九四五年初已越過德國的邊界，同時蘇聯軍隊從東線迅速西進。太平洋戰場似乎注定要拖延更長的時間，儘管同盟國最終取得勝利已確定無疑。然而法蘭克林·羅斯福沒能活著看到歐洲戰場或太平洋戰場上戰爭結束。總統在一九四四年就已重病纏身，但是他在競選活動中設法向公衆掩飾了病情。到第二年年初，他健康狀況惡化的程度已衆所周知。一九四五年四月十二日，他在喬治亞州的溫泉市嚴重中風後去世。由於羅斯福的去世，杜魯門進入了總統辦公室，面對著結束第二次世界大戰並爲恢復戰後國內和國際秩序奠定基礎的任務。公衆最初都團結在新領導人的周圍。杜魯門就職後的那個月裡，歐洲戰場上的戰爭結束了；美國軍事行動的中心轉到太平洋戰場，美軍和日軍在那裡繼續進行慘烈的戰鬥。美軍奪取硫磺島和沖繩島的戰鬥就異常慘烈。七月十六日，杜魯門收到報告：在新墨西哥州沙漠裡原子彈試爆成功，這是戰爭期間耗費近二十億美元製造大規模殺傷性武器的成就。他似乎沒有擔心使用原子彈的道德問題。他在發出要求日本人無條件投降的最後通牒之後，命令美軍使用原子彈：八月六日，向廣島投下第一顆原子彈，殺死八萬多人；三天後，又在長崎投下第二顆原子彈，殺死十萬多人。此後，日本政府宣布投降，第二次世界大戰結束。

修正論的歷史學家認爲，是針對蘇聯的威嚇，而非對日作戰的軍事需要，使杜魯門做出使用原子彈的決定。不管他們的觀點正確與否，美蘇關係在杜魯門上臺後的幾個月裡明顯惡化了。雖然主張對蘇聯實行強硬路線的力量，例如戰爭期間美國駐莫斯科大使埃夫里爾·哈里曼，在國務院裡的影響越來越大，但是法蘭克林·羅斯福本人從來沒有放棄同蘇聯達成妥協的可能性。在一九四五年初同盟國領導人在雅爾達舉行的最後一次戰時高峰會議上，羅斯福的行動就表明了這一點。但是，杜魯門就任總統後顯著地改變了基調，最終改變了美國對外政策的實質內容。杜魯門脫離了前任的路線，樂於通過國務院這個更強烈反共的機構來協調其外交，更傾向於把對外政策行動設計爲道德討伐運動而非實行權力政治平衡，相信美國具有將其政策偏好強加於國際體系的能力。在成功地試驗和使用了原子彈之後，他的那種信心增強了。

在杜魯門政府的最初幾個月裡，不穩定感不只是彌漫在美國的國際地位這一個問題上。第一次世界大戰結束時，美國的政治與社會也處於某種程度的動蕩不定狀態。儘管羅斯福在政治上和個人身體方面都很虛弱，但是他還是試圖利用一九四四年選舉的勝利恢復國內的改革情緒。他在一九四五年講話中要求通過一個經濟權利法案，包括有保障工作的權利。在羅斯福去世前，那種觀念沒有進一步展開，但是杜魯門希望實施一個全面就業措施，作爲他自己的國內規劃的基石。新總統把他的國內規劃稱爲「公平施政」。在三〇年代，大多數自由主義者反映了有關成熟經濟觀念的力量，更關注經濟體制問題，而充分就業問題還沒有成爲他們關心的主要問題。但是戰時的經濟增長使許多自由主義者相信經濟似乎有無限增長的潛力，因此使他們更加關注消費與需求的問題，主張利用國家的財政權力（通過政府在公共工程等計畫方面的反周期性衰退的開支）阻止將來的蕭條，保證全部就業。然而這種更有限的自由主義規劃也遭到繼續控制著國會的保守派聯盟的抵制。只是在國會裡的保守派成功地從「充分就業法」的名稱中去掉了「充分」這個詞以後，這個法案才得以通過。按照這個被削弱的就業法，成立了經濟顧問委員會，其成員由總統任命，負責爲促進就業提出國家政策建議。但是經濟顧問委員會沒有得到正式的權力，這就表現出四〇年代許多經濟政策的矛盾：經濟政策要求政府負責管理經濟，但是沒有賦予政府管理經濟的權力。

《充分就業法》的命運表明新總統在就職後的最初幾個月裡所面對的意識形態障礙和政治障礙。除了就業法，杜魯門的「公平施政」還要求提高最低工資、保證健康保險和國家住房建設等法規，但是那些法案都沒有得到國會的批准。在國內事務方面，只是在杜魯門政府能夠利用戰時的愛國熱情時才獲得成功，就像它使國會通過《大兵法案》那樣。《大兵法案》規定向退伍軍人提供進入大學和技校的政府貸款和其他財政援助。百分之五十多復員軍人——七八百萬人——利用了這一方案，最終使政府花費了一百四十億美元。然而從長遠看來，戰爭期間防務開支的增長加強了軍方的政治、經濟勢力，阻礙了改革的努力。在第二次世界大戰中，軍方並沒有熱心利用那種勢力推動社會或經濟改革。杜魯門沒能爲推動通過其立法計畫提供必要的領導，結果是加劇了許多自由主義者對新總統的不信任。總統顯然沒能有效地行使行政權力；在大多數改革派的心目中，這是總統的另一個過失。由於國會表現出越來越保守的傾向，最高法院本身還沒有成爲獨立的改革機構，因此自由主義者把行政部門的有力行動視爲推動其規劃的關鍵部門。另外，在對新政聯盟的各組成部分具有重大關係的事務方面，新總統的記錄特別糟糕。例如，他把政界或企業界的密友安插在主要的管理機構裡，而那些人大多數表達了親企業的觀點。同時，哈羅德·伊克斯等著名的改革派一個接一個地離開了政府，這一過程在總統於一九四九年九月解除亨利·華萊士的職務時達到了高潮。杜魯門本人的缺點也加劇了他的政治困難。雖然杜魯門一向以處事明快，雷厲風行自許，但在實際作爲上卻往往會猶豫不決，優柔寡斷，美國時事評論家更因此爲他造了個警句「杜魯門孰能無過」。另外，在總統要求有權徵召任何企業裡參與可能造成國家緊急事件的罷工的工人時（不論年齡或婚姻狀況），他的衝動性使他與新政聯盟中最強大的組成部分——有組織的勞工——發生了對抗。僅在一九四六年就發生了一千九百八十五起罷工事件，有四百六十萬工人參加，或者說全國勞動力的百分之七參加了罷工。顯然，聯邦政府支持工會運動的時代結束了。杜魯門的勞工政策只是證實了一個流行的看法：他缺少治國的遠見卓識；似乎滿足於領導一個看守政府，管理政府的日常事務，而不提出任何大膽的議案。在這方面，他反映了許多民主黨溫和派的思想。隨著戰爭期間由大量開支造成的景氣開始明顯減弱，那些人懷疑美國是否能夠擔起一個大量的改革議程。

在一九四六年期中選舉臨近之際，民主黨內部分裂，領導不善，面對著一個充滿活力的反對黨，因此是處於一種非常軟弱的政治地位。選民擔心戰後恢復到和平時期經濟時會出現通貨膨脹以及其他困難，這使共和黨取得了輝煌的勝利。共和黨重新控制了國會，兩黨在衆議院裡的席位比例是二百四十六比一百八十八，在參議院裡是五十一比四十五。共和黨的意識形態趨向與其選舉勝利的規模具有同樣重要的意義。這次選舉使理查·尼克森、約瑟夫·麥卡錫等強硬的右派人物進入參議院，並且使衆議院裡出現一大批決心盡快摧毀新政政治秩序的新議員。這次選舉也確立了參議院多數黨領袖羅伯特·塔虎脫的地位。塔虎脫是一個思想深刻但又充滿激情的保守派，是美國首都意識形態方面最重要的人物。

一九四六年選舉的結果至少在短期內消除了杜魯門能夠為實現新政遺產而實施一個國內規劃的可能。另外，在一九四七年對外政策出現了許多發展，使經濟和社會改革問題進一步遠離國家政治的中心。一年前，外交官喬治·凱南從他在莫斯科的工作崗位上發回一封著名的「長電報」，堅持認為蘇聯的國內和國際需要結合在一起，將阻止它與美國達成任何和平協議，並且建議對蘇聯實行「高度警惕的遏制」。凱南的邏輯逐漸主導了杜魯門政府處理外交事務的方針。三月，杜魯門要求向希臘和土耳其提供四億美元的軍事援助。當時那兩個國家的政府遭到了圍攻，面對著共產主義力量的內外壓力，而英國人不久前宣布他們已無力再對那兩國政府提供援助。杜魯門政府擔心，有關那兩國居於重要戰略地位的論點並不能使受共和黨控制且決心削減對外援助的國會接受他的計畫，於是他用更加恐怖的語言來說明其政策出發點的合理性。他在對國會的講話中明確闡述了「杜魯門主義」，聲稱美國的政策是保護自由人民免受任何形式的共產主義侵略。這個更加大膽的國際路線超過了杜魯門及其大多數顧問在一九四七年實際支持的方案。他們擔心低調兜售其規劃的國內效果，於是做出了過度的承諾：國內政治以另一種方式影響了國際事務。杜魯門主義加強了美國政府對歐政策的軍事方面，國務卿喬治·馬歇爾在幾個月後宣布了對歐政策的經濟議程，提出向任何希望得到援助的歐洲國家政府提供援助。最後，杜魯門政府推動國會通過了《一九四七年國家安全法》，把各軍事部門合併爲國防部，並且成立了國家安全委員會和中央情報局。中央情報局收集有關外來威脅的情報並向外國反共力量提供秘密援助；國家安全委員會爲總統協調對外政策情報。

具有諷刺意味的是，反共作爲杜魯門政府許多對外政策建議的基礎，卻削弱了他在國內的地位。新國會通過的兩個主要法案爲以後兩年的政治定了調子。以杜魯門本人一年前幫助造成的反勞工情緒爲基礎，國會於一九四七年六月通過了《塔虎脫—哈特萊法》，要求那些謀求全國勞資關係委員會認可的工會領導人簽署聲明自己不是共產黨人的宣誓書，並且規定在罷工之前必須有八十天的冷卻期。這個法令的第十四（b）條是一個爭議最大的條款，它允許各州通過「工作權利」法，禁止以工會會員資格作爲就業先決條件的「閉廠制度」。杜魯門否決了這個法令，緩和了他和工會的緊張關係，但是新國會裡兩黨的保守派多數推翻了杜魯門的否決。雖然《塔虎脫—哈特萊法》沒有像一些自由派擔心的那樣摧毀有組織的工會勞工運動，但是它確實減弱了戰爭時期工會成員增加所形成的強勁勢頭，也限制了勞工在戰後政治舞臺上的行動自由。如果說《塔虎脫—哈特萊法》表明了共和黨控制的國會的經濟原則，那麼衆議院非美活動調查委員會日益加緊的活動則表明了國會對民權問題的態度。共和黨試圖把「公平施政」與共產主義等同起來，這成爲共和黨一九四六年競選言論的一個重要內容。選舉結束後，衆議院非美活動調查委員會開始活躍起來，該委員會的共和黨新領導人與聯邦調查局局長埃德加·胡佛進行秘密合作，開始了一場從行政部門官員中「驅逐」共產黨人的運動。該委員會的活動從政治領域擴展到文化領域，對好萊塢的共產主義影響進行了廣泛宣傳的調查，所組織的聽證會得到強烈的公開支持，儘管證人的公民自由權普遍遭到漠視。調查的結束是出現了一個黑名單，在三〇年代曾支持此時被認爲是顚覆性組織的導演、作家和演員上了黑名單，都被解除了工作。那些聽證會也使新一代共和黨人，例如尼克森，在全國揚名。

另外，反共浪潮對熱心改革的政治機構和勞工組織造成了破壞性影響。明尼蘇達州的農工黨曾是美國地方上最強大的左翼政黨，此時則分裂爲親共派和反共派：反共派追隨其領導人休伯特·韓福瑞，加入了復興的州民主黨，而剩下的親共力量逐漸消失了。反共的狂熱也破壞了有組織的勞工運動，因爲一些工會，如電氣工人聯合會、國際碼頭裝卸工人協會、全國海員工會等，在第二次世界大戰期間曾由共產黨人擔任領導人或實行親共的方針。這些工會大多隸屬於產業工會聯合會，而產業工會聯合會此時遭受了嚴重的內部分裂，反共的力量在華爾特·魯瑟的領導下占了上風。第二次世界大戰剛剛結束，魯瑟本人就闡述了勞工的作用，認爲工會將繼續以公開的政治方式發揮作用，強調通過旨在實現社會正義的規劃來推動建立一個更加進步的社會，改善窮人和少數民族的命運。但是隨著改革的潮流開始減退，勞工運動的主體開始接受了美國勞工聯合會主席喬治·米尼的斷言：工會會員只應集中力量在現有的資本主義體制內提高「生活水平」。勞工幾乎由經濟體制改革運動的先鋒隊完全轉化爲日益官僚化的利益集團，爲了取得政治成就而依賴政府的政策和民主黨的庇護。勞工是在對其特別不恰當的時候採用這種更有限的規劃的：由於美國從工業經濟向後工業經濟轉化，白領工作的機會超過了藍領工作，勞工運動開始停滯不前，工會成員人數在戰後十五年裡下降了百分之十四。另外，新政傳留下來的政府結構突然開始變得不那麼有利於勞工的利益；國家干預開始把公衆優先考慮的事務強加於勞資關係。在新制度下，穩定和秩序是首要的目標。工會在第二次世界大戰期間做出的不罷工的讓步，爲全國勞資關係委員會在戰後的各種決定準備條件：它的限制罷工的決定，要求嚴格遵守合同，將集體談判限於工資、工作時間和工作條件的問題，而《塔虎脫—哈特萊法》等法案表明，政府官員日益參與勞工問題實際上可能如何有損於勞工的利益。同時，勞工試圖擺脫政府機構以提高其談判的力量，但是種種嘗試證明是不成功的。例如，工會發起一場將以前沒有參加工會的非熟練工人組織起來的重要運動（僅產業工會聯合會就爲此支出了一百多萬美元），主要是在南方，但是由於南方的種族主義以及南方企業領導人的堅決反對而遭到慘敗。

沒有一個改革派人物比亨利·華萊士遭受反共政治的更多傷害。在批評政府對蘇聯採取日益對抗的方針之後，華萊士被趕出了內閣。他公開闡述了自己的觀點：如果不實行一種更加和解的對外政策，就不可能實現國內的改革規劃。儘管國內和國際氣候發生了變化，他仍然堅持認爲美國顯示其優於共產主義的最佳方式是完善其國內的民主。一九四七年中，敬慕華萊士的自由派，包括共產黨人，成立了「美國進步公民」組織，而那位前商務部長開始了在全國巡迴演講，吸引了數量驚人的聽衆。這種情況促使他在進步黨的旗幟下獨立參加總統競選。民主黨在一九四八年國會特別選舉中成績頗佳，此後華萊士從民主黨那裡吸引走左翼選票的潛力似乎注定了杜魯門失去連任的機會。

即使華萊士越來越直言不諱的對外政策立場使許多自由派感到震驚，杜魯門在讚賞新政者中的聲望也沒有突然高漲。實際上，在前總統的兒子小法蘭克林·羅斯福的領導下，許多以前支持新政的人在大選前的一段時間裡曾嘗試用一個更可能當選的人，如二次大戰時的將軍艾森豪，來取代杜魯門，作爲民主黨的總統候選人。然而同時，那些自由派也使自己適應了戰後的外交政策，集合在「美國民主行動」的旗幟下，從而區別於華萊士的運動。這個組織把戰後自由主義的基本原則確定爲歷史學家羅伯特·達萊克所說的「國家自由主義」。在經濟問題上，「美國民主行動」支持第二次世界大戰期間出現的自由主義規劃，強調充分就業和增加政府在公共工程方面的開支，以促進經濟發展。但是「美國民主行動」也堅持認爲，自由派需要超越作爲新政基本特徵的主要經濟焦點，以便擴大其意識形態的支持基礎。在對外政策方面，「美國民主行動」接受杜魯門政府的反共立場。在國內方面，該組織強調自由派對民權事業日益增加的關注，強烈要求民主黨爲民權做出更持久的努力，甚至不惜冒民主黨南方基礎中出現分裂的風險。

華萊士迫使反對他作爲總統候選人的自由派闡述其行動的思想理論基礎，卻幫助形成了杜魯門於一九四八年爭取競選連任的綱領。但是從眼下看，杜魯門的政治地位仍然很脆弱，贏得共和黨總統候選人提名的人似乎肯定會成爲下一屆總統。實際上，在一九四八年夏季到來時，杜魯門的政治地位進一步削弱了。在民主黨全國代表大會上，「美國民主行動」和自由派的代表通過了一條政綱，要求就反人頭稅和反私刑問題進行聯邦立法，要求成立常設的公平就業實施委員會以及結束軍隊裡的種族歧視。這條政綱的通過也許增加了杜魯門對非洲裔美國人的吸引力，卻激怒了來自南方的代表。那些南方代表離開了代表大會，最終推出了他們自己的總統候選人——南卡羅來納州州長斯特羅姆·瑟蒙德。瑟蒙德是在州權民主黨的旗號下展開競選活動。可是對於共和黨來說，與一九四六年反杜魯門、反共、反政府的努力不同，此時的衝突顯示出共和黨的東北部和中西部支持者之間的地域分裂，顯示出國際主義者和那些要在世界舞臺上採取單邊主義方針的人之間的對外政策觀點差異，也顯示出共和黨應在多大程度上摧毀新政福利國家這一問題上的分歧。共和黨最終轉向了一九四四年的總統候選人——紐約州州長湯瑪斯·杜威。杜威曾和羅斯福展開過激烈的競爭，他此時的支持者認爲他將會增強共和黨的吸引力。

但是，杜魯門最終還是設法在美國歷史上最混亂的總統競選的局面中脫穎而出。杜魯門並沒有錯估瑟蒙德；他承認他也許不能在那位州長的大本營——南卡羅來納州戰勝對手，但是確信南方其他各州將仍然忠於全國的民主黨。同時，杜魯門成功地把杜威和第八十屆國會的那些引起最大爭議的規劃聯繫在一起，儘管那位紐約州州長和大多數國會領導人之間存在意識形態分歧。最後，民主黨對華萊士展開了戴紅帽子的惡毒攻擊。杜魯門也得益於其對手的弱點。瑟蒙德在四個州贏得正式的民主黨總統候選人的提名，但是他沒有在那四個州之外做出重大的努力。隨著競選活動的進展，華萊士似乎變得更加極端，而蘇聯日益增加的挑釁行動——從捷克的共產黨政變到阻止西方國家進入柏林的封鎖事件——對其有可能同莫斯科實行合作政策的信念提出了疑問。最後，杜威對自己獲勝的機會過分自信，因此進行消極的競選活動，以便盡可能不觸犯可能支持他的選民。這種戰略突出了杜魯門正想達到的個性對比，即總統積極、隨和的本性與挑戰者平淡、矜持的風格之間的對比。選民們逐漸認識到這兩個候選人都不眞正擁有一個未來的規劃，於是便選擇具有更多個人魅力的候選人。在選舉的那個夜晚，最初的統計結果似乎表明杜威將取得勝利——《芝加哥論壇報》還在最初版面上的通欄大標題宣布「杜威擊敗杜魯門」，但是事實很快就證明杜魯門取得了勝利。總統不僅贏得連任，而且他的勝利還引起了各層次選舉中支持民主黨的高潮：民主黨重新控制了國會兩院。

杜魯門的勝利在許多方面塑造了戰後時期的國家政治，儘管這在當時並不明顯。首先，總統做了由於南方代表脫黨事件所造成的非做不可的事，努力爭取北方黑人區的支持，成爲第一位在哈林區的黑人貧民區進行競選活動的總統。在此過程中，他促進了非洲裔美國人的忠誠向民主黨進一步轉移，也繼續了當時國家自由主義中對民權不斷加強的關注。杜魯門具有隨和的平民風格，他本人從來沒有擔心日益強調民權問題可能使民主黨疏遠在中產階級白人選民中的選舉基礎，因爲那些人關心的主要問題仍然是經濟問題。但是總統的後繼者會發現，更加難以彌合的是民權自由主義和經濟事務之間的差距。其次，杜魯門表明了對其他候選人進行否定性抨擊和展示個人魅力的競選風格的有效性。事實證明，這種戰略有利於贏得選舉的勝利，但是在杜魯門努力表明其大選勝利所帶來的確切授權時，這種戰略也造成了種種問題。最後，像兩年前的共和黨人那樣，總統在成功地限制了華萊士在美國左翼人士中的感召力時，表明了反共政治的效力。這種方法也造成了民主黨短期的收獲，但是杜魯門的言語幫助造成了一種政治環境：只要使用帶有共產主義傾向的含糊話語，就會成爲反改革力量大力攻擊的對象。總統本人發現，將會出現反共政治可能被用來對付整個民主黨的局面。

杜魯門一把他的整體經濟規劃提交新國會，其權力的局限就暴露無遺了。總統在講話中要求廢除《塔虎脫—哈特萊法》，提高最低工資，增加對農產品的價格支持，擴大農村電氣化和社會保障等新政方案，制定新建住房計畫，擴大醫療保健範圍和加強反托拉斯立法。除了最後一條，這些提議都反映了戰後更有限的自由主義經濟規劃。在權利問題上，總統也提出了一些議案，包括廢除人頭稅，規定私刑爲觸犯聯邦法律罪，禁止聯邦貿易和州際貿易中的種族歧視，成立擁有執行權的常設的公平就業委員會，以及保護不分種族的選舉權。但是，杜魯門和「美國民主行動」等組織都高估了國會裡自由派的力量。由於南方的衆議員是該黨資歷最深的議員，因此民主黨重新控制國會之後，被提升到各委員會主席位置上的不是「公平施政」的支持者，而是既敵視經濟改革又敵視民權的保守派。另外，南方的參議員與一小撮共和黨保守派合作，能夠利用參議院的傳統來阻撓考慮似乎有可能獲得通過的任何民權法案，例如容忍議員以冗長發言阻撓議事和實行不限期結束辯論的規則。在兩次大戰間所出現的顯著變化中，這些事態發展使參議院成爲國家政府中最保守的部門。

時代的總趨勢也阻礙形成一個改革浪潮。隨著經濟從戰後初期的衰退中恢復，對政府倡導的社會變革的支持減弱了。實際上，在四〇年代後期，幾乎沒有人對這種狀況有所爭議。美國擁有世界上百分之七的人口，卻創造了世界上百分之四十二的收入，生產了百分之四十三的電力、百分之五十七的鋼、百分之六十二的石油和百分之八十的汽車。美國國民的平均收入比第二高的國家高出百分之五十多，而失業率仍然低於百分之四。經濟繁榮引起普遍的消費景氣，美國人任意揮霍在戰爭期間積攢的錢，購買許多新產品，例如乾衣機、留聲機和照相機。正如那些從新政結構改革規劃後退的自由派所預言的，美國正在爲一種消費經濟迅速地推動著。雖然這些統計數字確實掩蓋了巨大的收入懸殊，但是社會上，尤其是年輕人中，存在一種認為社會可能不斷進步的感覺。這種情況減弱了對新政時期得到普遍支持的收入再分配計畫的支持。

杜魯門在整個任期裡也極力保持對國內事務的關注，這仍然是他首先考慮的事務。但是一九四九年後期和一九五〇年發生的一系列事件使他幾乎不可能完成這一任務。蘇聯試爆了一顆原子彈，共產黨在中國取得了最後的勝利，這些事件促使杜魯門政府加入北大西洋公約組織，實際上同西歐結成了軍事關係，認可了歐洲大陸上共產主義力量和反共力量之間的永久分裂。參議院經過一系引人注目的辯論後，一改美國的傳統政策，在美國歷史上第一次同意在和平時期與外國結成軍事同盟，並且授權杜魯門派遣美國軍隊駐札歐洲。到一九五〇年初，杜魯門政府已經把美國的重點對外援助項目由經濟援助變為軍事援助，同時總統否定了科學界人士的反對意見（科學家們堅持認為原子彈不可以用於軍事行動），批准製造氫彈。隨著遏制蘇聯及共產主義擴張的原則在此時主導了對外政策的各個方面，美國改變了對待世界各地區的政策（以前的政策制定者並不只是通過冷戰框架看待各個地區），例如加強美洲國家間的關係以及與東南亞的聯繫，同時加強了主導對歐政策和對東北亞政策的反共思想傾向。

國際壓力和國內壓力相結合，成為美國對國際事務日益採取強硬方針的原因，也是此後美國將冷戰框架用於對外政策各個方面的原因。可是在決定戰後外交政策對國內政治及美國政府結構的影響方面，有兩個國內因素發揮了特別重要的作用。第一個因素是政府官員階層的發展。那些官員堅持認爲美國取得了以前由英國占據的地位，已成爲維護國際現狀的保證人。他們出身於世家，在名門學校接受教育，然後在常春藤聯盟的一流大學裡就學，進入政府部門工作之前有可靠的經濟保障，都對民主和政客持不信任態度。他們試圖依照英國的模式，主張建立常設的國家安全機構，減少國內政治在決定美國對外政策中的作用。一九四八年選舉之後，這一點證明尤爲重要：杜魯門的許多對外政策顧問擔心，總統會把選舉結果理解爲重新開始國內積極活動的授權，因此而使他忽略更爲急迫的國際問題。狄恩·艾奇遜、埃夫里爾·哈里曼、約翰·麥克洛和羅伯特·洛維特是這個新「官員」階層中的典型人物。在杜魯門新任期的最初幾個月裡，這個「官員」階層就使人們強烈地感受到了它的存在。當時，國務院政策策劃人員的領導人保羅·尼采，施展其擅長官僚政治的能力，使政府採納了一種國家安全思想；那種思想體現在被稱爲國家安全委員會第六十八號文件的立場文件裡。第六十八號文件把世界上任何地區的共產主義都稱爲對美國國家安全的威脅，建議大量增加國家軍事預算作爲回應。杜魯門政府於一九五〇年初採用了那個文件，爲其任期最後兩年裡的冷戰軍事化鋪平了道路。

一種不大相同的國內壓力——儘管也和一九四八年選舉出人意料的結果相關——進一步推動了美國採取冷戰的原則。東部的大多數共和黨人支持戰後實行國際主義的基本政綱，亞瑟·范登堡等勢力很大的共和黨領導人向杜魯門政府提供了國會兩黨的支持。但是和杜魯門政府相比，共和黨的大多數國會領導人在對外政策方面持有一種國家主義色彩更濃的觀點。共和黨爲集合起來迎接一九四八年選舉而掩蓋了黨內的分歧，各種思想傾向的共和黨人都期望在選舉中獲勝。但是選舉之後，共和黨保守派嚴厲指責杜威沒有足夠努力地把民主黨和共產主義聯繫在一起，沒有從杜魯門的對外政策難題中取得共和黨的優勢。一九四九年，國會裡的保守派發現杜魯門政府在國際問題上比在國內問題上更易受政治攻擊，於是開始指責總統及整個民主黨使共產黨在東歐鞏固了政權，使中國共產黨在中國取得了勝利。正像第一次世界大戰後所顯示的情況那樣，美國在騷亂的年代裡往往易受「紅色恐慌」的影響，但是第二次世界大戰後的反共偏執狂遠遠超過了二十五年前米契爾·帕爾默時期的反共狂熱。與尼采、洛維特、艾奇遜等官員的活動不同，共和黨強烈的反共態度沒有直接影響美國對外政策的制訂，但是共和黨的抨擊所得到的公開支持，嚴重削弱了杜魯門政府在國際事務方面的靈活性。另外，與官員階層大不相同，共和黨還特意努力將其對外政策觀點應用於國內政治。也和共和黨決定首先提出共產主義問題一樣，這種做法有足夠多的先例：在共和黨控制國會的兩年裡，衆議員理查·尼克森（加州共和黨人）等人通過衆議院非美活動調查委員會的聽證會而在全國揚名；公衆對聽證會的興趣表明了共產主義問題改變國會調查的性質的一個方面，國會作爲立法機構日益試圖使調查面向公衆而不是通過具體的法規。在取得國務院官員阿爾傑·希斯做僞證的證據時，尼克森獲利頗豐。希斯與權勢集團有密切的聯繫，並且同狄恩·艾奇遜關係友好；將希斯定罪就爲維持共和黨全面指控的可信性提供了足夠的證據，即共產黨向政府高層機構的滲透是戰後對外政策受挫的原因。反共的喧囂服務於共和黨右翼的對外政策和國內政策的需要，因爲日益擴大的共產主義的定義也可以用來詆毀國內的改革派。這種攻擊隨著參議員約瑟夫·麥卡錫（威斯康辛州共和黨人）的活動而達到最激烈的程度。麥卡錫本來是來自威斯康辛州的一個默默無聞的參議員，但是他把操縱參議院活動的能力與反共問題的潛力結合起來，從而在全國揚名。他把攻擊的矛頭特別指向了艾奇遜的國務院，並且得到參議院裡共和黨人的鼓勵。那些共和黨參議員完全了解麥卡錫的指控及其策略的輕率，但是他們也看到了共和黨能夠從麥卡錫的活動中得到好處。此時參議院裡的民主黨人極力限制他們的那位同僚，但是麥卡錫的目標得到了民主黨核心小組的大量支持。例如，參議員派特·麥卡倫（內華達州民主黨人）就是參議院民主黨保守派中支持麥卡錫活動的一個典型人物。麥卡倫本人倡議了一九五〇年國內安全法，其中有一條是要求共產黨人和其他「顚覆」組織的成員向司法部登記。

一九五〇年六月二十四日，北韓的軍隊越過北緯三十八度線，試圖將朝鮮半島統一在共產黨的統治之下。此時，美國的那種國家主義的、仇外和反共的觀念得到了促進。三天後，杜魯門命令向南韓非共產黨的李承晚政府提供部分軍事援助；此後又得到聯合國的授權，向南韓派遣一支國際警察部隊。（爲了抗議聯合國不接納中華人民共和國爲中國合法政府的決定，蘇聯此時正抵制聯合國的會議。）杜魯門對憲法進行曖昧的解釋，在未得到國會宣戰決議的情況下就派遣美國軍隊進入南韓，授權道格拉斯·麥克阿瑟將軍指揮。可是共和黨人幾乎都沒有提出抗議。在遭受最初的挫折之後，麥克阿瑟及在聯合國旗幟下作戰的其他國家軍隊阻止了共產黨軍隊的進攻，並且向北韓縱深推進，無視中華人民共和國的警告：如果美國軍隊過分靠近中國邊界，中國將進行干預。十一月，中共採取了實際行動，朝鮮戰場上形成僵持的局面。杜魯門決心避免同中國全面衝突，認爲那種局面將使對美國國家安全更爲重要的地區，特別是西歐，易於遭受蘇聯的攻擊。但是麥克阿瑟持不同意見，他在一九五一年初寫給衆議院少數黨領袖約瑟夫·馬丁的信裡表達了他的觀點。馬丁將那封信散發出去之後，杜魯門因麥克阿瑟不服從命令而解除了他的職務。麥克阿瑟回到國內，受到英雄般的歡迎。直到美國軍方領導人在國會聽證會上一致支持總統的決定之後，對總統決定的公開批評才漸漸消失了。儘管如此，對於總統來說，這件事在許多方面都是代價高昂的。這場危機爲以後的冷戰時期開了一個先例，允許新建立的參謀長聯席會議（由陸軍、海軍、空軍和海軍陸戰隊的首長組成，其中一個軍種的首長被任命爲主持工作的主席）確定獨立的政治基礎；如果沒有他們的有力支持，杜魯門就要冒遭受彈劾的風險。另外，在爭取公衆輿論的鬥爭中，杜魯門也失利了。與總統發動有限戰爭的政策相比，麥克阿瑟的「什麼也不能替代勝利」的呼籲贏得了更多民衆的支持。麥克阿瑟把韓戰描繪成一場生死搏鬥，突出了要戰勝敵人、取得全面勝利的民衆要求。總統宣布「杜魯門主義」之後，已經顯示出嘗試堂皇地兜售有限參與的危險。隨著美國捲入韓戰，杜魯門又一次得到了教訓。韓戰成爲第二次世界大戰後美國政治、文化和外交的一個主要轉折點。這場戰爭爲實施國家安全委員會第六十八號文件的建議鋪平了道路，使美國的防務預算直線上升，從一九五〇年的一百三十三億美元猛增至第二年的六百零四億美元，一九五二年穩定在四百四十億美元，在五〇年代裡大致保持在這一水平。同時，陸軍的人數從五十九萬一千人增加到一百五十多萬；海軍和空軍的人數也出現類似的增加，儘管不是那麼引人注目。防務開支的增長促進了集中在南部和西部地區（在加利福尼亞、德克薩斯、華盛頓等州）的高技術產業的迅速發展。那些地區直接得益於軍備擴張，那裡的企業界和政界代表既爲了國家安全也出於經濟的原因主張實行大規模的防務預算。

聯邦的援助在南方產生了決定性的影響。從新政後期開始，羅斯福政府對保守派聯盟的勢力做出讓步，把實施聯邦計畫的主要責任賦予各州及地方的官員，而那些官員卻修改或不理睬他們認爲會造成社會威脅的聯邦規定。此後，第二次世界大戰期間的防務建設爲南方經濟增長提供了催化劑，南方委員會的歷任主席保證南方從聯邦撥款中得到較大的比例。實際情況甚至比當地政治經濟精英想像的更好，防務建設的美元源源不斷地到達南方，幾乎沒有附加條件，因此使南方的領導人能夠避免用於基礎建設、教育和社會服務的大量開支，也避免了爲支付各項費用所必需的稅收，從而加強那個地區在經濟問題上日益增長的保守觀點。聯邦的美元也促使那個地區的精英人物對種族問題輕描淡寫，表明改善南方經濟最終旣有益於白人也有益於黑人。

共和黨日益猛烈地抨擊杜魯門政府的有限戰爭戰略及其對國內共產黨人所謂的軟弱態度，因此破壞了杜魯門再次連任的前景。民主黨最後提名伊利諾州州長艾德萊·史蒂文森作爲總統候選人。在擔任州長的四年任期裡，史蒂文森的政績與其說是集中在經濟問題上，不如說集中在公民自由權和誠實理政等問題上。他的這種議程，加上他作爲知識分子的名聲及公認的對外政策知識，使他成爲民主黨理想的總統候選人，因爲民主黨此時正迅速地以強調民權問題和國際事務取代傳統上對經濟改革的關注。雖然史蒂文森的政治實力勝過杜魯門，但是他進入秋季競選活動時卻居於下風。在某種程度上，這是因爲共和黨人提出了可能最強有力的候選人——二次大戰英雄艾森豪。在提名過程中，由於領先者羅伯特·塔虎脫在經濟問題上的保守立場和對外政策上的國家主義觀點引起了爭議，共和黨最初似乎向兩極化的方向發展。塔虎脫對派遣美國軍隊駐札歐洲的做法持懷疑態度，批評杜魯門處理韓戰的方式，並且和共和黨內的「亞洲第一派」調情，這些都表明他懷疑冷戰的基本對外政策原則。對於塔虎脫的對外政策意向而非他反對新政國內計畫的記錄，共和黨內感到擔心，於是艾森豪接受了黨內溫和派的懇求，加入競爭的行列。最後，保守派在國際問題上的立場引起了爭議，限制了其吸引力，而艾森豪能夠利用其個人魅力以及人們認爲他比塔虎脫更可能當選的感覺，獲得了提名。爲了安撫塔虎脫的力量，艾森豪提名加州參議員理查·尼克森作爲競選夥伴；尼克森因惡毒攻擊共產黨人在政府裡的所謂影響而開始引起全國的注意。一系列的事態發展使共和黨保守派重新考慮他們的意識形態及政治策略，艾森豪獲得提名是其中的第一件。他們終於認識到，塔虎脫的失敗與其說是由於他在經濟問題上的觀點，不如說是因爲他不能把國內事務上的保守立場與對發動國際冷戰的懷疑態度調和起來。那種懷疑是他的新孤立主義觀點中所固有的。保守派逐漸使他們的對外政策與其國內意識形態更加一致，最終控制了共和黨。在秋季競選過程中，有人揭露尼克森接受了加州富商私下裡饋贈的資金，但是尼克森成功地避開了有關腐敗的指責。此後，艾森豪個人形象的魅力，加上共和黨猛烈抨擊杜魯門政府對共產主義及腐敗過於軟弱的影響，使共和黨的競選順利取勝。共和黨獲勝的關鍵在於該黨能夠改善它在新政選舉聯盟最不穩定的成分中的形象：藍領工人們懷疑民主黨越來越關注民權而非經濟問題的傾向，而愛爾蘭裔和德裔天主教徒則爲共和黨競選活動中的強烈反共態度所吸引。

艾森豪就任總統後發起了著名的「現代共和主義」。按照「現代共和主義」，共和黨在經濟問題上放棄了反國家經濟統制的強硬立場，也放棄了三〇年代和四〇年代許多時間裡所推行的單邊主義對外政策。艾森豪試圖接收而非摧毀新政國家，同意少量增加社會保障、失業補助和最低工資，這反映了他較爲溫和的思想路線。另外，他建議擴大政府在經濟中的作用，只要這樣做能滿足國家安全利益。一九五六年《州際公路法》是由此信念而形成的最重要的法案，是到那時爲止美國歷史上撥款最多的法案，數額高達三百二十億美元，用於建造四萬一千英里公路。艾森豪的立場使一些年輕的共和黨保守派，例如新當選的亞利桑那州參議員巴里·高華德，指責他的哲學不過是「便利超商新政」。這種評論與其說揭示了艾森豪政策的事實，不如說表明了高華德強硬路線的意識形態。總統無意擴大福利國家，任命敵視聯邦政府積極管制的人擔任官員（政府管制的觀念卻是進步時代和三〇年代以來反壟斷思想的主要遺產），集中於平衡預算和限制政府在經濟方面的作用。他的第一任內閣包括喬治·韓福瑞、查爾斯·威爾遜等著名的企業領導人，被評論家嘲笑爲「八個百萬富翁和一個水電工」。韓福瑞以前是公司銀行家，在擔任財政部長期間極力限制聯邦預算。威爾遜以前是通用汽車公司總經理，曾對國會大講「凡是對國家有利的就對通用汽車公司有利，反之亦然」。這種態度鞏固了共和黨和大多數企業利益集團的聯盟；聯邦政府對經濟聯合體日益寬鬆的態度造成了一種企業合併的氣候，出現了四千多起公司合併，少數公司控制了比以前更大比例的經濟。

民主黨在大多數經濟問題上採取的謹愼態度也助長了那個時期親企業的傾向。民主黨領導人艾德萊·史蒂文森空有其名，雖然比艾森豪更支持增加聯邦開支，但是他在一九五五年宣稱「穩健是時代的精神」，聽起來幾乎和艾森豪毫無二致。國會裡的民主黨領導人同樣表現出不願利用國會發起一個改革計畫，儘管民主黨在一九五四年勉強重新控制了國會。在德克薩斯州參議員萊恩頓·詹森、喬治亞州參議員理查·拉塞爾和德克薩斯州衆議員薩姆·雷伯恩等南方人的控制下，大多數民主黨國會議員選擇不與艾森豪政府對抗的方針，積極引導企業利益集團在民主黨經濟政策的制定過程中發揮更大的作用。一九五六年，「美國民主行動」的發起人之一約瑟夫·勞評論說：「國會裡的民主黨人與他們聲稱要反對的那個黨實際上已難以區分。」實際上，民主黨抵制了它的一位關注經濟改革問題的傑出領導人埃斯蒂斯·凱弗維爾。那位田納西州參議員發起了一系列聽證會，旨在揭露鋼鐵、煤炭和食品工業中壟斷行爲所造成的有害的經濟後果。但是在一九五二年和一九五六年，大多數民主黨領導人認爲他引起了太多的爭議，儘管他在一次公開的投票競選中得到了一九五六年民主黨副總統候選人的提名。

儘管艾森豪與塔虎脫的單邊主義和國家主義觀念拉開了距離，但是在競選活動中，他和共和黨的其他對外政策專家，特別是約翰·杜勒斯，並沒有降低對杜魯門處理國際關係方針的批評。可是實際上，是國內意識形態的分歧，而非夸夸其談的競選許諾，造成了杜魯門政府和艾森豪政府之間最顯著的對外政策變化：冷戰又一次把國內事務與國際事務融合在一起。杜魯門堅持國家自由主義原則，相信美國能夠承擔起一種積極的對外政策。艾森豪則不那麼肯定。他是一個傳統的保守派人物，支持平衡聯邦預算和限制政府開支，因此擔心國家安全委員會第六十八號文件認定的防務撥款最終會使美國經濟破產。新政府很快就提出了自己的國家安全原則主張——國家安全委員會第一百六十二／二號文件，推翻了杜魯門有關經濟的假設，建議採取會造成「大規模報復」的對外政策，爲艾森豪的「新視野」政策奠定了基礎。這項規劃的核心是加強以核武爲依托，阻止共產主義侵略。杜勒斯將這種理論稱爲不對稱遏制。這種理論依賴一些靠不住的假設，特別是假定進行報復的威脅能夠對蘇聯人和中國人形成威懾，並且假定共產主義力量的中心能夠控制邊緣的左翼運動，但是這種理論證明減少費用相對昂貴的常規力量是有道理的，因此符合政府的經濟原則。政府限制聯邦開支的規劃主導了它的對外政策規劃的其他內容，例如擴大秘密行動的作用和強調參與更多的正式軍事聯盟。

艾森豪輕鬆地爲其大部分國際規劃獲得了國會的支持，這證明民主黨對「新視野」政策只是提出了一位著名參議員所說的「有限的」異議。具有諷刺意味的是，總統在與共和黨國會議員的關係上卻面對著更多的困難。共和黨重新控制參議院以後，麥卡錫擔任了常設調查小組委員會的主席，利用小組委員會來擴大他的反共調查。事實證明，對麥卡錫調查活動的政治支持仍然和以前一樣強烈：一九五二年當選的二百二十一位共和黨眾議員中，有一百八十五人要求眾議院共和黨領導人把他們分配到眾議院非美活動調查委員會裡。總統在競選期間避免與麥卡錫對抗，此時則集中利用隱秘的方式來削弱麥卡錫的影響。與此同時，在一九五四年三～四月間，哥倫比亞廣播公司的記者愛德華·默羅利用他的「此時關注」節目播出新聞剪輯，向這個節目的二千五百萬觀衆提供了有關麥卡錫暴戾恣睢、卑鄙伎倆的第一手材料。隨著其聲望下降，麥卡錫開始了一場非同尋常的活動，要鏟除陸軍裡的顚覆政府分子。參議院成立了一個特別委員會進行調查；該委員會組織了向全國進行電視轉播的聽證會，推翻了麥卡錫的指控，爲一項譴責麥卡錫從事與一個參議員身分不相稱的行爲的決議奠定了基礎。正像他一舉成名那樣，麥卡錫也迅速地從全國注目的中心消失了。麥卡錫仍然是參議員，但是已經沒有任何實際影響。他因酒精中毒而加劇了肝病，最終於一九五七年死亡。但是他幫助造成的那種政治氣候使美國的政治辯論實質上轉向了右翼。

在那個時期的美國，出現了改革情緒的思想眞空，一致的主要內容把共和黨和民主黨在對外政策和大多數國內事務上的觀點結合起來，麥卡錫主義和相關的「紅色恐慌」縮小了政治問題的討論範圍。這種局面爲正常政治舞臺之外的力量提供了影響改革進程的機會。在此進程中，權利自由主義開始活躍起來，民權方面出現了重大進展。民權事務顯然得益於國內政治和對外政策問題之間的聯繫。各種政治信念的美國人都讚揚他們的國家是同蘇聯進行冷戰鬥爭的自由堡壘，但是種族歧視的持續存在是和這種觀念相抵觸的。種族隔離的法規也爲蘇聯的宣傳，尤其是對正走向獨立的亞非國家的宣傳，提供了引人注目的材料。同時，那十年的經濟繁榮使黑人意識到他們在社會上的軟弱地位，也使許多白人相信美國能夠解決那個問題。文化的發展，尤其是電視的普及，產生了類似的雙重效果：表明理想的美國中產階級家庭是如何生活的，向許多非洲裔美國人證實了阻礙他們實現那種理想的巨大的法律障礙。第二次世界大戰期間的經濟造成了黑人從農業地區向城市的遷移，與此相關的人口統計變化為政治抗議活動提供了更富有戰鬥力的核心力量。最後，城市裡的黑人中產階級成熟起來，為即將出現的全國民權運動造就了一個更加強大的領導階級。

全國有色人種協進會、最高法院和基層民權積極分子組成的不同尋常的聯盟，利用了這種形勢。長期以來，全國有色人種協進會強調利用法律制度同美國生活中的種族隔離勢力作鬥爭。這個組織最初要求最高法院應保證普萊西控告弗格森一案裁決中認可的隔離設施也要符合這一裁決中有關平等的原則。這個組織的法律援助基金會最初由查爾斯·休士頓領導，後來由瑟古德·馬歇爾領導，擁有一批在哈佛大學——美國著名黑人法學院裡受過教育的優秀律師。這個基金會很快就在爭取種族平等的法律活動中聲名卓著。鑒於保守派聯盟——尤其是南方民主黨人——對國會的牢固控制，全國有色人種協進會加強了利用法院爭取在種族平等問題上取得進展的戰略。到五〇年代初，這個組織決定挑戰種族隔離本身的基地，這種策略變化出現在一九五一年立案的布朗控訴教育委員會一案的審理過程中。新任首席法官厄爾·華倫是做出裁決的關鍵人物。華倫就任首席法官時，最高法院在此案上正陷於嚴重分裂，但是根據社會學的、歷史的和法律的論據，最高法院以五比四的多數勉強推翻了普萊西控告弗格森一案的裁決，宣布設施隔離但平等的做法是違憲的。華倫擔任過加州州長，還曾被提名爲副總統候選人，深知種族隔離問題的政治含義，並且意識到維護現狀者會利用最高法院裡任何意見分歧的跡象來鞏固其地位。因此，在擔任首席法官的最初幾個月裡，華倫嘗試形成支持這一裁決的一致多數。這種努力迫使他做出了一個重要的妥協：只要求南方各州以「審愼的速度」實施最高法院的決定，而不是制定消除種族隔離的具體時間表。

除了布朗案的具體細節，最高法院一個時期以來已經轉化爲權利自由主義的堡壘。這一進程中的兩個關鍵人物是威廉·道格拉斯和雨果·布萊克，他們二人都是由法蘭克林·羅斯福在後期任命爲最高法院法官的。布萊克曾是阿拉巴馬州參議員，道格拉斯則是新政時期官員中直言不諱的反壟斷者之一，他們在羅斯福總統任職初期都曾強烈反對最高法院做出的反對新政的裁決。因此，他們懷有一種政治信念：二十世紀初期的司法系統過分強調財產權的首要地位，而不顧政府的管制。他們對法律的解釋證實了那種信念；羅斯福任命的較保守的法官，例如費利克斯·法蘭克福特，也持有那種信念。布萊克和道格拉斯從這種意義上著眼都支持限制最高法院的作用，同時又都設想最高法院在權利問題上擁有更大的權力，採納一種憲法復審的理論，即允許對涉及第一修正案的案件進行積極的司法審查。在五〇年代，艾森豪任命的兩位法官——厄爾·華倫和威廉·布倫南，和道格拉斯/布萊克集團一起推動最高法院在保護個人權利方面發揮積極作用。除了維護民權的良好記錄以外，以華倫爲首的最高法院也在另一問題上成就卓著，使公民自由權在權利自由主義中迅速取得了突出的地位。在這個問題上，布萊克和道格拉斯特別耗費了精力。一九五七年，在審理耶茨控告美國政府案時，最高法院排除了那個允許對共產黨員自動起訴的《史密斯法》的條款。在審理其他一些案件時，最高法院援引《第五修正案》裡規定的被告擁有不接收自認犯罪的權利，確認了被告的權利。一九五八年，在審理肯特控告杜勒斯案時，最高法院推翻了國務院拒絕發給共產黨員護照的決定。

最高法院的裁決引起了普遍的爭議。甚至在最高法院內部，保守派的法官費利克斯·法蘭克福特和約翰·哈倫也攻擊他們的同僚是在制定政策而非做出法律裁決。具有諷刺意味的是，儘管全國有色人種協進會和其他爭取公民自由權的組織希望最高法院成爲抵制強烈反共時代政治壓力的堡壘，最高法院的決定使其自身在某種程度上成了一個政治問題，這是自新政以來未曾出現過的情況。然而與三〇年代不同，保守派此時試圖限制最高法院的司法權，這種努力在此後四分之一世紀裡在政治方面越來越流行。敵視最高法院的態度，尤其是敵視華倫的態度，是約翰·伯奇協會等許多右翼基層組織的一致立場。約翰·伯奇協會成立於一九五八年，認爲共產黨人正滲透到國內的重要機構中。美國的絕大多數民衆拒絕約翰·伯奇協會的哲學，認爲那是危險的極端，但是社會主流卻普遍接受了它的許多具體觀點。例如，在五〇年代後期，國會裡的保守派做出許多努力來削弱最高法院的權威。參議員詹姆斯·伊斯特蘭（密西西比州民主黨人）說，最高法院對民權的支持證明它正「受到一些秘密的但是非常強大的共產黨或親共產黨力量的影響」。因此，約翰·伯奇協會等組織的地位類似於三〇年代休伊·朗恩等左翼平民主義者或農工黨政治運動的地位，過分誇張地看待基層設想的國家議程的基本態度。

華倫不爲取消種族隔離確定一個時間表的做法，實質上是把這個問題交給了國家政治領導人，因此導致了種種令人遺憾的後果。對於大多數國內問題，艾森豪總統避免採取積極行動的方針，他與南方的聯繫（他定期到喬治亞州度假，因爲能在奧古斯塔的「名人高爾夫球場」打球）也加強了他對政府行動能夠改變長期沿襲的社會慣例的懷疑。艾森豪實質上決定放棄自狄奧多·羅斯福時期開始的有關總統職位的傳統觀念，即利用白宮作爲討論有關國民良知的種種事務的第一論壇。意識形成傾向和個人偏好可以說明他做出如此決定的原因。南方議員在國會裡的持久勢力意味著立法機構不會支持民權事業。由於行政部門和國會幾乎都沒有對迅速實施最高法院對布朗案的裁決施加壓力，南方各州政府越來越寧願抵制消除種族隔離的命令。南方各州的頑固抵制在一九五七年達到了頂點。當時，阿肯色州州長奧華爾·福布斯抵制在小岩城的公立學校取消種族隔離，艾森豪被迫把阿肯色州國民警衛隊置於聯邦政府的控制之下。但是總統不願走得更遠。保羅·道格拉斯參議員（伊利諾州民主黨人）等北方自由主義者提出了嚴格的民權法案，但沒有得到行政部門的支持，最終在國會裡夭折，成爲南方議員強大勢力的犧牲品。行政部門和立法機構的這些缺陷反而突出了最高法院在實施權利自由主義規劃中的重要性，因此也增強了最高法院在整個政治生活中的作用。

權利自由主義的出現提供了一種更願意接受民權的知識氣候，但是假如沒有黑人中產階級的成長所促進的強大基層運動的發展，在民權方面就不可能取得進展。一九五五年出現了這方面的一個例子。在阿拉巴馬州蒙哥馬利市，一個叫羅莎·帕克的黑人女裁縫上了公共汽車後，白人汽車司機要求她服從當地的法規，到汽車的後部去，以便把座位讓給白人乘客。但是帕克拒絕了司機的要求，因此被捕入獄。這一事件促使全國有色人種協進會的地方支部組織聯合抵制公共汽車的行動。那場抵制行動持續了三百八十一天，得到蒙哥馬利黑人社區百分之九十以上的支持。蒙哥馬利市的民權活動家在運動初期提出相當溫和的要求：改變該市的人員雇傭程序，讓黑人司機在主要是黑人乘客的路線上服務；擴展爲黑人聚居區居民服務的路線。但是到聯合抵制活動結束時，民權活動家強烈要求完全取消市內公共汽車路線上的種族隔離規定。聯合抵制活動本身的勢頭有助於造成那種更加激進的立場，影響很大的當地黑人領袖金恩博士的出現也起了那種作用。金恩博士奉行甘地的原則，號召他的追隨者「保持尊嚴並以基督之愛進行抗議」。一九五六年，民權領袖們取得了重大勝利：最高法院確認他們的行動合法，判決公共運輸系統的種族隔離爲違憲。金恩博士的策略，即奉行甘地強調的非暴力原則，似乎非常適合於尋求與北方白人自由派聯繫以取消種族隔離的方針，因爲這種策略最大量地調動了民權抗議活動的潛在力量，謀求南方以外地區民衆的普遍支持。民權領袖強調消除阻止黑人享有平等權利的法律障礙這一明確問題，也充分調動了民權抗議活動的潛在力量。但是聯合抵制行動同時也表明了這種溫和方法的限度。作爲一種消極的策略，聯合抵制行動在挑戰旅館或飯店的種族歧視時似乎沒有什麼作用，因爲黑人本來就沒有多少機會去那些地方。爲了對付這類問題，顯然需要一種更多對抗性的方法。一九六〇年，北卡羅來納州格林斯伯勒發生的事件就表明了這種情況。北卡羅來納州農業與技術學院的四名黑人學生在一家實行種族隔離的飯店裡要求用餐時遭到拒絕，於是他們安靜地坐在那裡，拒不離開。格林斯伯勒的占座抗議引發了其他地方的類似行動。在兩個月裡，南方的九個州裡爆發了五十四起類似的抗議活動。不過，甚至占座抗議者也順應了民權界裡更廣泛的一致意見，即認爲黑人面對的問題能夠通過耐心和漸進方式來解決，並且認爲一旦白人正視種族歧視的明顯事例和黑人提出的溫和要求，他們會認識到民權運動議程的正當性。

民權運動是五〇年代社會運動、文化變革和改革情緒複雜混合的最突出的例子。從短期來看，那個年代的大多數文化發展加強了當時的保守趨勢。但是長遠看來，五〇年代的文化模式爲以後十年的廣泛改革運動做了準備。例如，在戰後年代，個人生活和家庭生活中出現了一系列的顯著變化，典型地表現爲核心家庭的發展（核心家庭包括夫婦及其子女，相對於本世紀初期常見的共居一處的較大家庭而言），也表現爲結婚率和生育率的迅速上升。五〇年代，人們希望經過第二次世界大戰的混亂之後回歸常態，或許希望在一個爲核武毀滅所威脅的世界上得到心理的安全感；由於這種願望的刺激，結婚率急劇上升。在那個年代，男人的結婚年齡平均爲二十二歲，婦女的結婚年齡平均爲二十點三歲。這兩個數字都是自十九世紀九〇年代開始進行此類統計以來最低的。結婚率的上升造成了所謂的「嬰兒潮」：一九五四～一九六四年間，每年有四百多萬嬰兒降生；儘管移民數量下降到創記錄的最低水準，美國的總人口卻增加了近百分之四十。

這些情況以及其他科學技術的、經濟的和社會的趨勢，顯著地改變了普通美國人的生活質量和生活方式。尤爲突出的是，那個年代出現了人口中心從城區向郊區的轉移，因爲工人階級和中產階級成員尋求更便宜的住所、更寬敞的空間、更幽靜的生活和重建的社區意識。一九五〇～一九六〇年間，郊區人口增加了一千八百萬——增加了百分之四十七；到五〇年代末，三分之一的美國人居住在郊區。郊區的發展爲住宅建設、基礎建設、汽車和消費品等產業創造了一個巨大的新市場，促進了戰後的經濟繁榮。五〇年代，消費支出顯著增長，一九五〇～一九五八年間年平均增長率爲百分之四點七。美國人越來越相信，他們能夠負擔起這些開支：一九四七～一九六〇年間，工人平均實際收入的增長量相當於此前半個世紀的增長量，而美國的國民生產總值，按一九五八年的不變價格計畫，從一九五〇年的三千五百五十三億美元迅速上升到十年後的四千八百七十七億美元。經濟繁榮加快了戰後反對期望政府發起社會和經濟改革的趨勢，並且在某種程度上說明了艾森豪在其任期裡保持了巨大個人聲望的原因。

郊區化也促進了大衆文化的迅速擴展。由於缺乏大城市裡的娛樂選擇，新建的郊區出現了各種不同的休閒活動。事實證明，電視特別適於塡補這一空缺。聯邦通訊委員會許可的電視臺的數量從一九四六年的六個迅速增加到十年後的四百四十二個。便利消費信貸的興起也有助於一九五七年銷售七百多萬台電視機，而一九四七年只銷售七千台。到五〇年代末，百分之九十的美國家庭擁有電視機。根據一項調查，在五〇年代，普通美國人看電視的時間超過了工作時間。毫不奇怪，電視占有廣播廣告的比重也直線上升，從一九四八年的百分之三上升到一九五二年的百分之七十，並且在此後的時間裡繼續有所增加。一九五一年前，所有的電視網都處於虧損狀態；到一九六〇年，三家主要電視網不僅轉虧爲盈，而且完全控制了節目編製，這些變化對電視節目的質量產生了影響。五〇年代初，藝術自由和高雅節目往往更爲常見。哥倫比亞廣播公司播出的節目，例如愛德華·默羅的「此刻關注」、陸軍—麥卡錫聽證會的轉播以及「九〇劇場」等所謂的「戲劇選粹」等，成爲一些電視評論家所說的這種媒體的「黃金時代」的基礎。但是一九五七年後，電視網主要播出公式化的西部片和犯罪驚悚片，把越來越多的節目內容控制權交給贊助人，製作的節目幾乎都不挑戰居主導地位的種族、知識和文化的陳規舊套。好萊塢文化同樣加強了那些主導模式，雖然也有少數例外，例如《沒有原由的反叛者》（一九五五）反映了那個年代許多年輕人經歷的放任自流的生活，而史坦利·庫伯利克的《沙灘上》（一九五九）描繪了核武戰爭的恐怖，儘管有些過於簡單化了。

這些文化趨勢使那個年代著名的知識分子日益陷入分裂。一方面，五〇年代發展了「一致」的歷史，低調處理種族和階級等問題在美國歷史上的作用，而論證對創造一種自由主義政治和經濟環境的探求使美國別具特色。理查·霍夫斯塔特概括了那一群體的論點。他寫道，儘管美國人偶爾有尖銳的意識形態分歧，但是他們「共同擁有關於財產權、經濟自由主義哲學、競爭價值的信念」。與戰後政治和文化的其他許多方面一樣，這種觀點在對外政策方面也有相應的表達。許多「一致」觀念的歷史學家也對冷戰做出了正統的解釋，指責蘇聯的擴張主義造成了美蘇之間的緊張關係。但是約瑟夫·史達林的去世，國際上日益對第三世界的關注，國內日益對美國社會中不公正現象的強調，使許多知識分子對冷戰「一致」觀念的基礎提出疑問。那些持不同政見的知識分子，例如金茨堡和傑克·凱魯亞克，被稱爲「垮掉的一代」，或許沒有多少人像他們走得那麼遠。但是在《異見》（於一九五四年創刊）和《時事評論》（於一九五九年創刊）等雜誌上確實出現了一種新的基調。這兩個雜誌都對美國社會持懷疑的觀點，麥可·沃爾澤的評論等文章讚揚民權運動（並且嘲笑保守派將民權運動與共產主義影響聯繫起來的企圖），哈林頓的早期作品集中探討甚至在五〇年代相對繁榮中普遍存在的貧困。這些人的文化批判和社會批判為六〇年代知識活動中更深刻的不同政見的出現奠定了基礎。

一九三六～一九五六年間的二十年，以一種對改革派似乎有利的政治經濟氣候為開端，以五〇年代更加保守的時期為終結，國際、經濟和文化方面都發生了深刻的變化。在對外政策方面變化最為顯著，因為美國成為世界上的主要大國，用核子武器武裝起來，實行圍堵政策，旨在擊退共產主義的進攻，無論那種進攻出現在何處。在經濟方面，三〇年代各種思想觀念的政治家都認為美國形成了一種無法持續增長的成熟的經濟，但是那時的悲觀主義讓位於五〇年代的樂觀主義，似乎能夠在可以預見的未來保證經濟持續的大幅成長。在文化方面，本世紀早期的一些趨勢一直延續，例如戰後時期電視的擴展加快了美國大眾文化的出現。但是戰後時期也出現了新的社會模式，例如民權運動的興起和郊區的發展都與以前的狀況形成了對照，並且會改變整個社會。

毫不奇怪，所有這些事態發展都顯著地影響了國家的政治局面。冷戰的開始證實了威爾遜總統時期以來國內政治和對外政策結合的模式。除了別的情況，韓戰爆發和國家安全委員會第六十八號文件實施以後，防務預算大量增加，長期確立了聯邦政府在國家經濟中的作用。在國內，反共立場成為國家議程的基礎，激勵了從眾議院非美活動調查委員會文化圍剿到麥卡錫主義的右翼運動。儘管「美國民主行動」努力進行抵制，但是事實證明，公衆越來越不願把自由主義和較激進的意識形態區別開來，因此改革情緒在總體上遭到削弱。戰後時期的經濟成長同樣削弱了改革情緒，儘管二者之間的聯繫並不那麼明顯。隨著蕭條形勢重現的前景被消除（具有諷刺意味的是，在很大程度上是由於同第二次世界大戰及冷戰相關的防務開支增長），美國人傳統上對一個強大聯邦政府的擔憂又顯示出來。杜魯門的「公平施政」規劃在國會裡受挫時，他感到了那種擔憂的刺痛，而一種滿足感卻補充了艾森豪的自由放任原則。沒有一個群體比有組織的勞工更淸楚地顯示出這種變化：勞工放棄了西德尼·希爾曼雄心勃勃的政治規劃，也放棄了華爾特·魯瑟的經濟哲學，卻接受喬治·米尼爲首的勞聯的綱領，即要求勞工接受經濟現狀並在其中謀求成功。在這種變化了的政治經濟氣候下，右翼力量而非左翼力量興旺發展，約翰·伯奇協會等好鬥的反政府組織或許是最極端的例證。

政治和那個時期文化發展之間的關係比較曖昧。從短期來看，社會變革和文化變革加強了戰後時期基本的保守結構。五〇年代電影電視中所反映的郊區和大衆文化的發展，展示了一個日益同質和滿足的社會景象。當然，在這種表面之下也存在不同的情況。在這些加強了滿足感的文化模式中，也有許多最終提供了支持廣泛改革的大量批判。民權運動和女權運動的發展就證明了這一點，儘管二者是以不同的方式。最高法院致力於維護和擴大個人自由權，民權活動家特別得益於這種情況的出現。最高法院在一九三六～一九五六年間的變化的確是顯著的：從法蘭克林·羅斯福第二任期開始時的保守主義堡壘轉化爲五〇年代末最堅決地致力於改革的政府部門。這種狀況卻促進了戰後自由主義的意識形態轉化：更突出地強調民權事務，而不再強調經濟改革問題。另外，最高法院捲入公民權利和公民自由等有爭議的社會問題，加劇了政府各部門之間謀求政治權力的競爭。那二十年裡發生的國際事件對總統直轄的政府機構有利：第二次世界大戰、冷戰和核武的發展有助於對總司令條款進行日益靈活的定義，使總統得到了在國際舞臺上前所未有的行動自由。但是行政權並非無所制約。麥卡錫主義表明了國會規定國家辯論議題的持久能力，而最高法院則表明了它迫使另外兩個部門考慮它們希望迴避的民權等問題的能力。三個部門在確定國家議程中爭奪突出地位的鬥爭爲六〇年代準備了條件。六〇年代將出現爲社會改革和對外政策改革積極活動的浪潮，但是其最大遺產最終可能是這些事態發展所激起的對抗性反應。那種反應又引起自由主義內部的危機，爲摧毀法蘭克林·羅斯福的新政聯盟鋪平了道路。

〔**第四章** 自由主義一致的崩潰〕

一九五六年的選舉提供了支配五〇年代政治的那種滿足感的最後一個證明。艾森豪輕鬆獲勝，贏得連任，儘管與一九五二年選舉相比，這次他沒能同時使共和黨贏得國會兩院多數席位。選舉之後不久，美國經濟遭受了一次短暫然而嚴重的衰退。儘管失業率從百分之五上升到百分之七，但是總統擔心輕率的開支方案會造成預算不平衡，因此不理睬民主黨的批評，堅決主張讓衰退自行發展。許多統計數字表明，戰後的經濟繁榮分布很不平衡。這次經濟下滑使人們更加關注那些統計數字。貧困率自一九四五年以來有所下降，但是仍然很高；就收入而言，百分之二十~百分之二十五的美國家庭處於貧困線以下，老年人的貧困率更高。另外，一九四五年以來，尤其是在艾森豪實行自由放任的經濟政策的六年裡，富人變得更富有。到五〇年代末，全國百分之一最富有的人擁有全國百分之三十三的財富，而且與年收入低於二千美元的人相比，年收入超過一萬美元的那些人實際上交納更低比例的稅。由於中產階級新近獲得的許多物質享受是基於消費信貸的顯著增長（一九五二~一九五六年間增長了百分之五十五），因此那些人也不能完全無憂無慮。人們擺脫大蕭條的信貸收縮只有二十多年的時間，那種財政依賴的長期含義可能確實令人擔心。

民主黨發現了一個政治機會，就發起了一場積極的競選活動，試圖把一九五八年期中選舉變成評價艾森豪六年政績的公民表決。經濟衰退和執政黨在國會期中選舉時的正常困難結合在一起，對一九五八年共和黨的選舉形勢是個不祥之兆。然而，民主黨勝利的程度還是令人吃驚，使一九三四年開始第二次新政以來最堅決支持改革的一些人進入國會。一九五八年期中選舉的結果對參議院的影響最大：選舉後，民主黨從超過共和黨兩席的多數變爲六十四席對三十四席的多數。一九一〇～一九三〇年間，參議院曾是最易於接受改革的政府部門，因爲持不同政見者往往利用該機構的弱勢領導體制和傳統上對其他觀點的容忍態度來推進他們的事業。以法院改革鬥爭爲開端，參議院裡呈現一種不同的局面：共和黨人和南方民主黨人一起組成了一個穩固的保守聯盟，日益利用阻撓議事的方式來阻礙進一步改革的努力，尤其是在民權事務變得更爲重要的時候。在這次選舉中，選民把許多中左人物選進了參議院，例如阿拉斯加州的恩斯特·格里寧、加利福尼亞州的克萊爾·恩格爾、猶他州的法蘭克·莫斯、達科他州的昆廷·伯迪克、明尼蘇達州的尤金·麥卡錫、密西根州的菲爾·哈特和緬因州的埃德蒙·馬斯基，自二〇年代以來第一次給予改革派在參議院裡得到多數支持的機會。

民主黨得到選民強有力的授權之後，便努力提出一個全面的規劃。關於國內問題，出現了三個可供選擇的主要方案。首先，一些民主黨參議員把本黨的勝利解釋爲由於回歸到有關經濟結構的問題，因此期望復興第二次新政尚未完成的反壟斷規劃。在埃斯蒂斯·凱弗維爾和保羅·道格拉斯的領導下，這些參議員建議把公共工程等項目的政府開支與強化反壟斷措施結合起來。他們的議程在國會裡得到大約四分之一民主黨議員的支持，但是它並沒有反映民主黨內甚至整個自由派內多數的立場。「美國民主行動」的理論家，例如哈佛大學教授亞瑟·施萊辛格和約翰·加爾布雷思，非常明確地反對反壟斷主義者提出的民主黨應當以經濟改革爲中心的論點，再次強調擴大自由主義議程，處理民權、環境保護和消費者事務等問題。他們的觀點在國會裡得到大多數著名民主黨人的有力支持，其中包括約翰·甘迺迪、亨利·傑克森（華盛頓州民主黨人）和休伯特·韓福瑞（明尼蘇達州民主黨人）等自由派知名人物的支持。但是這個國家自由主義綱領的一項重要內容繼續遭到民主黨國會議員中最大派別的強烈反對。南方民主黨人依然堅定不移地敵視民權立法：一九五六年，除了萊恩頓·詹森及田納西州參議員埃斯蒂斯·凱弗維爾和艾伯特·戈爾以外，來自原來南方邦聯各州的參議員簽署「南方宣言」，約定抵制聯邦強行取消種族隔離的任何企圖。儘管南方以外地區的民主黨人幾乎都不贊成這種觀點，但是以喬治亞州的理查·拉塞爾、密西西比州的詹姆斯·伊斯特蘭和北卡羅來納州的薩姆·歐文等頗有才幹的議員爲首，民主黨的南方議員由於國會的資歷制度而得到了權力，能夠阻撓他們認爲具有任何威脅性的民權法案。

在對外交事務的看法上，民主黨內也同樣出現了分歧。一些民主黨參議員繼續堅持作爲杜魯門對外政策特徵的冷戰自由主義原則，他們提出了替代「新視野」政策的最強有力的方案。這些冷戰自由派批評政府沒有積極地發動冷戰。在即將結束其第一任參議員任期的約翰·甘迺迪的領導下，他們抨擊艾森豪沒有充分地利用美國支持民族自決的傳統政策。麻薩諸塞州參議員甘迺迪過分簡單化地理解第三世界裡民族主義的力量，斷定美國支持民族自決的政策會阻止蘇聯把美國污蔑爲帝國主義國家，因此可以增加亞非新獨立國家在冷戰中站在西方一邊的可能性。冷戰自由派還指責艾森豪的大規模報復戰略導致美國常規力量方面開支過少。國家安全委員會第六十八號文件曾引起大規模的防務擴張，一些地區因此而得益；在那些選區裡，冷戰自由派的這種抨擊發揮了有效的作用。作爲冷戰時期的特徵，對外政策和國內政策又一次交織在一起。在一九五八年期中選舉之後，這也以另一種方式顯示出來：選舉的結果加強了一個正在形成的不同政見者群體，他們對冷戰自由主義進行了第一次持續的批判。恩斯特·格里寧、愛達荷州的法蘭克·丘奇、奧勒岡州的韋恩·莫爾斯和賓夕法尼亞州的約瑟夫·克拉克等人，抨擊政府利用反共來證明支持拉丁美洲和亞洲右翼獨裁政權有理的傾向；他們也擔心美國正在把太多的國家資源用於防務開支。和平運動在二次大戰後的十年裡瀕於消亡，但是在五〇年代後期又得以復興，從而加強了這種觀點。

部分是由於這些分歧（以及艾森豪經常使用其否決權），民主黨人沒能利用他們在國會裡的有利地位採取一致的行動，來迎接即將到來的一九六〇年選舉。同時，期中選舉後的十八個月裡出現了一系列國際事件，預示著將國內事務驅離其一九五八年時占有的主要政治地位，使對外政策和國家安全事務回歸中心舞臺，而共和黨在那些方面居於更穩固的政治地位。一九五九～一九六〇年間，美蘇關係急劇惡化。首先，前蘇聯領導人赫魯雪夫威脅要與東德單獨簽署和平條約，那樣就毀棄了《波茨坦協定》，並對西方國家繼續留在東柏林的權力構成威脅。接著，前蘇聯擊落飛越其領空的美國U—2型高空偵察飛機，艾森豪就美國偵察飛機的任務公開說謊，艾森豪和赫魯雪夫之間的高峰會議因而被取消了。在更靠近美國的古巴，卡斯楚領導的一支游擊隊推翻了巴蒂斯塔的專制獨裁政權。卡斯楚政府最初在美國的許多自由主義人士中激起了強烈的熱情，但是到六〇年代初，卡斯楚政府日益增強的共產主義趨向盡人皆知。因此，在離美國海岸僅僅九十英里的地方突然出現了潛在的安全威脅。

但是，甚至對外政策的危機氣氛最終也不能證明足以使共和黨在一九六〇年選舉中保持對白宮的控制。尼克森無法抗衡甘迺迪更爲出色的競選組織，沒能克服他自己的策略錯誤，也無法勝過甘迺迪的個人魅力。但是勝利者也認識到與其險勝相關聯的有限授權（以及民主黨在國會選舉中損失），這限制了新總統掌權後的幾個月裡指導其處理國內問題的方針。因此，儘管《新聞周刊》預言總統與民主黨控制的國會之間「長期友好的蜜月」，甘迺迪也認識到推行雄心勃勃的國內規劃的困難。無論如何，甘迺迪不願推行意識形態上純潔但政治上不可能成功的事業。他擔心，那樣的戰略只會削弱總統的職權，威脅他在國際問題上發揮有效領導的能力。甘迺迪在私下裡並不隱瞞他優先考慮的事務，他要求其主要撰稿人狄奧多·索倫森從其就職演說稿中「完全去掉國內事務」。在另一個場合，他對尼克森說：「對外事務是總統要處理的唯一重要問題，是不是?我是說，與古巴等事務相比，誰在乎最低工資是一點一五美元還是一點二五美元?」

甘迺迪對國際事務關鍵職位人選的任命，反映出他要優先處理的事項。一個旨在吸引「最優秀和最聰明人才」的政府將其最有才華的官員安排在涉及對外政策的職位上，甘迺迪期望他們貫徹他任參議員時所採取的冷戰自由主義原則。福特汽車公司前總經理羅伯·麥克納馬拉作為國防部長，可望採用更有效的新管理方法，因此可活用擴大防務預算資金。甘迺迪的軍事顧問——退休將軍馬克斯韋爾·泰勒，同樣主張大量增加常規武器方面的開支。新任國家安全顧問麥克喬治·邦迪同麥克納馬拉一樣屬於共和黨，曾擔任過哈佛大學文理學院院長，因此為華盛頓帶來無可挑剔的聲譽。甘迺迪選擇另一位同權勢集團具有牢固關係的人物迪恩·臘斯克擔任國務卿。於是，新政府結束了艾森豪在防務開支預算方面的謹慎方針。甘迺迪將他的新戰略思想稱為「靈活反應」，堅持認為增強常規力量將使美國能夠以更加有效的方式回應共產主義的威脅。按照「靈活反應」戰略，他主張增加用於「綠扁帽」等特種部隊的資金，以此加強反暴行動來對付第三世界的共產黨。作為冷戰自由派批判艾森豪的另一個反映，甘迺迪降低了國家安全委員會在制定政策中的作用，而突出了經過充實的從事國家安全事務的白宮人員，他們由邦迪領導。因此甘迺迪政府的國家安全政策表明，它將奉行對蘇強硬的方針。在甘迺迪任職的初期階段，美國的對歐政策明顯地表現出這一點。另一方面，甘迺迪任參議員時曾因對艾森豪進行第二種抨擊而以冷戰自由派聞名，即使共和黨保守派沒有認識到尊重美國關於自由和自決的基本理想也能提高美國在冷戰中的地位。這種觀念主導了甘迺迪政府初期對拉丁美洲的政策。甘迺迪向拉丁美洲國家提議建立「爭取進步聯盟」，許諾提供大規模的經濟援助（在十年內提供二百億美元），以促進拉美地區的社會、政治和經濟改革。總統希望「爭取進步聯盟」將促進拉丁美洲的和平改革，因此而削弱古巴卡斯楚共產黨政府所代表的更激進道路的吸引力。

實際上，正是在對古巴的政策上，冷戰自由主義議程的兩個方面——堅持美國的理想和國家安全問題上採取強硬姿態——非常明顯地相互衝突。甘迺迪政府處理國際事務的第一個重大舉措是決定實施推翻古巴政權的秘密行動。艾森豪時期曾有一個拙劣的計畫，到他離任時幾乎沒有成功的可能。甘迺迪在競選期間突出地利用古巴問題來表明「新視野」政策的無效性，但是不能因此而認為甘迺迪會放棄推翻古巴政權的行動。儘管滿腹憂慮，甘迺迪還是允許那項計畫繼續進行，儘管與古巴流亡分子和中央情報局特工人員的願望相反，他拒絕在入侵行動陷入困境時命令美國空軍進行空中打擊。卡斯楚的軍隊打垮了入侵的烏合之衆，入侵行動以慘敗而告終。這種結局使總統本人非常難堪（或許可以說明他為什麼在以後的任期裡幾乎把卡斯楚視為心腹大患），卻加強了古巴和前蘇聯之間的聯繫，也非常不吉祥地推動了「爭取進步聯盟」。具有諷刺意味的是，這一事件並沒有削弱總統的地位。甘迺迪在全國電視節目上露面並承認對此災難事件的個人責任之後，他在民意測驗中的地位卻提高了。這又一次證明了甘迺迪利用電視這種新媒體作為政治資產的能力，他在這方面的實力也支配了他處理其他問題的方法。在個性方面，甘迺迪總統強調風格勝過實質，超過了任何一個前任。艾森豪依靠類似於軍隊的等級決策體制，而甘迺迪則表現出更爲隨意的風格，依靠其主要顧問的非正式建議。如果說活力是甘迺迪風格的一個方面，那麼魅力和才智則是其他的方面。傑出的知識分子、音樂家和藝術家被邀請進白宮，總統及其嫵媚動人的夫人賈桂琳認眞觀看他們的表演。然而這種風格卻有點缺少實質內容，至少在國內事務方面如此。積極行動實際上成了目的本身，強調消除長期的危機氣氛代替了令人信服的政策遠見。

在甘迺迪頭兩年任期裡所面對的兩個主要國內問題上，即經濟政策和民權方面，其政府的政績相當有限，對風格的強調以及總統的意願可以解釋其中的原因。總統不願採取有風險的國內行動，以免妨礙黨的團結並因此而威脅他在國際舞臺上的行動自由。甘迺迪在競選時支持平衡聯邦預算，此後他逐漸接受了主要經濟顧問尤其是華爾特·海勒所持的凱因斯主義觀點。海勒擔任經濟顧問委員會主席，具有自由派特別是社會科學領域裡那些自由派的十足信心，認爲經過良好訓練的「專家」能夠利用政府管理好經濟。一九六二年出現了這方面最突出的例證：當時總統提出一個稅收法案，向企業提供投資稅信貸和慷慨的折舊補貼。甘迺迪堅持認爲，政府控制通貨膨脹的最有效的管理方法與利用稅收政策鼓勵投資的方法相結合，既能造成持續的經濟增長，又能達到充分就業。這個方案反映了意識形態和政治方面的重要發展。在意識形態方面，甘迺迪接受了減稅的觀念，使三〇年代以來日益盛行的凱因斯主義原則進入民主黨經濟思想的主流。在政治方面，甘迺迪的提議使共和黨人處於必須在他們的兩個主要經濟觀念之間，即在平衡預算和對美國大公司降稅之間，進行選擇的狼狽境地。如果說這項議案沒有其他含義的話，它確是一個高明的政治策略。

事實上，甘迺迪的經濟政策既遭到共和黨保守派的批評，也遭到本黨左翼——新政反壟斷傳統的支持者——同樣多的批評。一些民主黨人執著於新政時期加強管制和增加政府開支的自由主義觀念，對於甘迺迪政府的反托拉斯政策和管制政策感到不滿足。實際上，甘迺迪的經濟規劃繼續了日益縮小的改革觀念，六〇年代初的自由派幾乎只是關注利用政府刺激經濟增長的方法。總統也推行國家自由主義的另一個主要原則，即更有力地實施冷戰，但是在國家自由主義的第三個方面，即民權方面，他留下了比較矛盾的遺產。在任參議員時，甘迺迪表示致力於民權立法，曾參與抗議對金恩博士的監禁，這一舉動爲他在一九六〇年競選中贏得黑人的選票發揮了關鍵作用。他也承諾結束聯邦住房建設方面的種族歧視。他說，一旦他就任總統，就大筆一揮發布行政命令，實行取消種族歧視的政策。他的這一許諾也爲他贏得了黑人的選票。但是一發現履行這一許諾將引起南方民主黨人的對抗，他就退縮不前了。憤怒的民權積極分子把大量原子筆送進白宮，希望以此使總統困窘不安而採取行動。直到一九六二年，他才發布了這方面的行政命令。甘迺迪和艾森豪不同，似乎眞正關心民權問題，但是與其前任相比，他沒有表現出要利用其政治資本來實現這一目標的更多意願。只是在聯邦政府的權威受到直接挑戰時，例如一九六二年密西西比州州長試圖阻止黑人學生詹姆斯・梅雷迪思進入密西西比大學時，甘迺迪政府才採取了堅決的行動。

「自由乘客」是由黑人和白人兩種族成員組成的小組，他們乘公共汽車在南方各地旅行，試圖消除公共汽車站的種族歧視現象。他們的活動表明了甘迺迪和民權積極分子之間的緊張關係。「自由乘客」運動是一年前起源於格林斯伯勒的占座抗議策略的發展，主要是由「大學生非暴力協調委員會」組織的活動。「大學生非暴力協調委員會」的年輕成員實行分散的領導結構，採取較爲激進的方法，因此不同於金恩博士的「南方基督教領導人會議」。「自由乘客」在上南部地區遇到相對較少的抵制，但是在經過下南部的阿拉巴馬州和密西西比州時遭遇了野蠻的暴力。此後，「大學生非暴力協調委員會」和「爭取種族平等大會」的志願者在羅伯特・摩西的領導下，在密西西比州發起一場選民登記運動，他們又遭到當地的激烈抵抗。「大學生非暴力協調委員會」的活動確實喚醒了國民對種族不平等問題的良知，但只是在「自由乘客」遭受大量人身傷害及「大學生非暴力協調委員會」和「爭取種族平等大會」的基層積極分子與金恩的追隨者之間關係緊張後才達到這一點的。金恩博士在美國政治精英人物中間開展活動，因此需要與政府建立眞誠的關係以保持其有效性。「大學生非暴力協調委員會」和「爭取種族平等大會」的志願者也對羅伯・甘迺迪之流日益感到不滿。具有諷刺意味的是，羅伯・甘迺迪是內閣裡最積極支持民權的人。這位司法部長呼籲民權積極分子克制，沒有給「自由乘客」多少幫助，而他作爲聯邦調查局局長埃德加·胡佛的名義上司，其聲譽也遭到損害，因爲胡佛對民權運動深惡痛絕，認爲民權運動已爲共產黨人所滲透。胡佛得到民衆和國會議員的有力支持（他與立法機構裡的保守派保持長期的聯繫，並握有華盛頓大多數主要政治人物不可告人的隱私，這也加強了國會對他的支持），政府難以任命一個更同情民權運動的人接替聯邦調查局局長的職務，儘管總統私下裡暗示他在第二任期裡將免去胡佛的職務。

在甘迺迪任期的第二年裡，他與民權運動的緊張關係並非他面對的唯一問題。那年秋天，美國偵察飛機發現古巴正在部署核子彈頭。白宮裡的唯一爭論是美國應當如何反應。甘迺迪發表了一個公開講話，宣布發現了古巴的飛彈基地，並命令對古巴進行海上和空中封鎖，但是他抵制了要求採取公開軍事行動以摧毀那些飛彈的壓力。在同赫魯雪夫的幕後談判中，他也表現出了靈活性，同意公開承諾不侵犯古巴，並且在私下裡承諾撤走部署在土耳其的飛彈，換取前蘇聯撤除在古巴的飛彈。從多方面來看，約翰·甘迺迪解決古巴飛彈危機的方式成爲他處理國際事務記錄的一個頂點：外交的靈活性與強有力的領導相結合，將一場潛在的災難性挫折轉化爲美國的勝利。他也得了好運，因爲他不必在保持公開的強硬路線和信守通過外交途徑解決危機的願望之間進行選擇。無論如何，不但由於政府成功地解決了古巴飛彈危機，而且由於人們普遍認爲甘迺迪在其職位上已經成熟，民主黨得到了政治上的好處。民主黨從一九六〇年欠佳的表現中重新振作起來，在一九六二年期中選舉中增加了參衆兩院的席位，一反執政黨在期中選舉中遭受損失的慣例。

由於甘迺迪的政治地位得到加強，他繼續保持了解決古巴飛彈危機所形成的勢頭。兩個超級大國如此接近於核戰的事實，促使他超越主導其一九六三年前處理國際事務方針的冷戰自由主義原則。六月，總統在美國大學的畢業典禮上發表講話，講到與前蘇聯和平共處的長期政策，決心緩解兩個超級大國之間的緊張關係。爲了把新原則轉化爲實際政策，甘迺迪向參議院提交了一個同前蘇聯達成的部分試條約《核子禁試條約》。儘管這個條約遭到軍界裡的一些人和參議院裡以巴里·高華德爲首的共和黨保守派的強烈反對，但是卻得到了公衆的有力支持，也得到了批准條約所需要的參議院三分之二多數票。這個條約在概念上和實際結果上都有局限性，但是對於總統來說，它標誌著一個引人注目的變化，因爲他在上任時曾致力於增加防務開支，並且在對蘇談判中採取強硬路線。這是否會成爲甘迺迪第二任期對外政策的基礎，當然仍是一個推測性的問題。

然而在國際事務方面，甘迺迪政府最重要的遺產還是在於對東南亞的政策。六〇年代初以前，沒有多少美國人關注那個地區。法國在東南亞的行動於一九五四年失敗以後，日內瓦國際會議制定了一個解決方案：以北緯十七度線爲界在越南建立兩個國家，到一九五六年全國選舉時再統一起來。可是艾森豪政府卻支持建立了分離的非共產黨的吳廷琰南越政權，並且通過談判建立了他的最雄心勃勃的聯盟之一——東南亞公約組織，每個簽字國都把對「本條約區域內」的武裝進犯視爲對「本國和平與安全」的威脅。南越作爲有關議定書所涉及的國家，遵循那個條約，因此也得到了美國的大量財政援助和軍事援助。吳廷琰最初成功地鞏固了他的統治，但是此後卻沒能擴大其政治基礎，從來沒有進行美國援助所要求的政治改革和社會改革。吳廷琰政權發展成爲一個個人專制政權，將權力集中在吳氏家族手裡，終於引起了武裝反抗。反抗力量在一九六〇年聯合爲越南南方民族解放陣線。

對於甘迺迪政府來說，東南亞成了新的靈活反應戰略的試驗場。總統最初使用了與靈活反應戰略相關的外交工具，授權進行談判，使國際社會承諾寮國的中立化。然而具有諷刺意味的是，寮國問題的解決卻對要證明在其他地區堅持其反共形象的甘迺迪政府增加了壓力。爲了調查東南亞局勢，甘迺迪於一九六一年秋派顧問瓦爾特·羅斯托夫和馬克斯韋爾·泰勒去南越。他們兩人建議大量增加美國對南越的援助，並建議派遣八千人的「後勤輔助部隊」幫助南越軍隊。總統拒絕在那一地區部署美國戰鬥部隊，但是接受了泰勒—羅斯托報告中的其他大多數建議，把美國對西貢政權的援助增加到四千二百萬美元。第二年，美國和南越採取了一種雙箭齊發的策略，即把積極軍事進攻和戰略村計畫結合起來，試圖以此消除農民對民族解放陣線的支持。然而這兩種方式都沒能遏制暴動。到一九六二年底，美國已有九千名「顧問」駐札南越，承擔訓練南越軍隊的大部分責任。可是南越的政治、經濟形勢日益惡化，排除了美國增加援助能穩定南越局勢的任何可能性。一九六三年十一月六日，在美國的鼓勵下，一群持不同政見的南越軍官採取行動，發動了一場軍事政變，以楊文明將軍爲首的政府取代了吳廷琰政權。次日，吳廷琰及其弟吳廷儒被槍殺。雖然這並非美國政策制定者的初衷，但是他們顯然捲入了那場政變，把美國進一步拖進了越南的衝突。

儘管越南的事件具有長期的重要意義，但是在一九六三年夏季和秋季，東南亞問題，甚至《核子禁試條約》，並沒有成爲美國國民關注的焦點。國民關注的是民權運動。民權運動要激起與種族隔離主義當局的對抗，希望從外部迫使南方發生變革。正如所預計的，這種新戰略迫使甘迺迪在民權問題上採取更鮮明的立場，以避免完全失去對事態發展的控制。四月，金恩博士採用新策略，在阿拉巴馬州伯明翰市組織了一系列非暴力抗議活動。他之所以選擇伯明翰作爲抗議活動的地點，是因爲他相信爭取民權的任何抗議活動都會遭到當地政府和執法機構的暴力抵制。由於在抗議活動中的作用，金恩被當地警察逮捕。他在獄中寫了《寄自伯明翰監獄的信》，爲他的非暴力活動和公民不服從策略做了雄辯有力的辯護。另外，伯明翰市警察局長——被恰如其分地稱作「公牛」康納，做出了金恩博士所希望的反應：他命令警察用消防水龍頭向示威者噴射，還放出警犬撕咬婦女和兒童。他的辦法在四〇年代或五〇年代也許能成功地粉碎抗議活動，但是到了一九六三年，正如金恩博士所期望的，那些方法卻對種族隔離主義者造成了適得其反的結果。全國各地的報紙在頭版刊登了這一事件的照片。更重要的是，電視新聞不斷地播放抗議活動的場面，電視晚間新聞節目剛從十五分鐘增加到三十分鐘，擴大了收看者的範圍。除了播出抗議活動的情況，電視也開始對種族隔離問題進行更爲詳細的探討。更廣泛的文化變革又一次有利於民權運動。但是後來的事態發展表明，電視也有可能嚴重破壞對民權運動的支持，尤其是白人溫和派的支持。

那些抗議活動鼓舞了全國各地的民權積極分子。根據一個估計材料，僅五月份就有七萬五千人參加了爭取民權的遊行。六月，阿拉巴馬州州長喬治·華萊士違背法院的命令，試圖阻止兩名黑人學生進入阿拉巴馬大學，因此增加了危機的氣氛。羅伯·甘迺迪派出聯邦執法人員強行取消種族隔離後，華萊士後退了。但是這一行動似乎再一次證明需要實行決定性的全國領導。總統的反應是向全國電視觀衆發表講話，那是他在任期裡發表的最激動人心的演說之一。總統的講話得到報刊雜誌和公衆的普遍支持，進一步證明了電視在動員促進民權活動所必需的公衆支持中的威力。此後不久，甘迺迪提出了一系列法案，禁止商店、劇院、飯店和旅館裡的種族隔離，禁止就業方面的種族歧視，加強已通過的民權法規的實施。爲了表示支持，二十多萬抗議者在金恩博士的領導下參加了八月舉行的向華盛頓的和平進軍。這次和平進軍既是全國各地的自由派大力強調民權問題的頂點，也是民權運動多種族參與的非暴力階段的頂點。和平進軍以金恩博士的精彩演說達到高潮。金恩博士在演說中明確講述了他所嚮往的美國不再蒙受種族歧視重負的夢想。

儘管華盛頓和平進軍取得了成功，在民權運動團結一致的表面之下卻潛伏著種種問題：在和平進軍應表達的信念方面，民權積極分子之間出現了嚴重分歧。「大學生非暴力協調委員會」的領導人，例如約翰·路易斯，要求把這項活動組織成為在國會山莊的占座行動，迫使國會頒布強有力的民權法規。另外，路易斯計畫發表強烈批評政府在民權方面無所作為的講話，同時該組織希望只有黑人在和平進軍中發揮突出作用。金恩博士和「南方基督教領導人會議」的溫和派最終把和平進軍壓縮為一天的抗議活動，避免採取對抗戰略，以兩種族成員的參與為特徵，其中白人自由派發揮了突出作用。但是，各項活動儘管取得了成功，卻削弱了溫和派的地位。在一個方面，「全國有色人種協進會」——到那時還是一個穩健的溫和派組織，甚至也開始主張擴大反對種族隔離的運動，要求超越金恩博士所強調的法律問題。一九六三年夏，該組織通過了一個決議，要求消除社會和經濟方面實際存在的種族隔離。同時，在種族歧視不那麼突出的北方，出現了分離主義主張，反對金恩博士所堅持的取消種族隔離主義方針。一個叫麥爾坎·X的人強調黑人應在整個社會裡得到更大的經濟權力和社會權力。在另一個方面，南方保守派仍然像以往那樣抵制對現狀的任何變革，儘管私下進行的民意測驗表明，甘迺迪通過處理民權問題實際上贏得了支持，否定了白人的反彈將使民主黨失去南方而且可能使總統無法在一九六四年連任的預言。公開進行的民意測驗同樣證明了這一點，有百分之六十三的人支持政府的法令。民權運動的時代似乎已經到來了。

民權問題是甘迺迪任期裡的諸多問題之一；總統的象徵性行動，例如向全國觀衆發表的電視講話，使總統成爲可能實現改革的化身。從這種意義上說，甘迺迪和兩位羅斯福總統一樣，能夠使自己的個性成爲其總統職位不可或缺的組成部分。甘迺迪的活動勝過他的具體立法成就，使他的吸引力遠遠超越了他所主張的具體規劃。和六十年前狄奧多·羅斯福的情況一樣，甘迺迪的領導才能、個人魅力和電視形象使之成爲時代的象徵；其總統職位的這個方面與其具體政策建議一樣重要。因此，十一月二十二日發生的事件比其他任何事情都更強烈地震撼了國民的心靈。那天，總統去訪問極右勢力活動的基地——德克薩斯州的達拉斯，要緩和州民主黨內的緊張關係。他在乘坐敞蓬汽車行進時遭暗殺。一個前馬克思主義者——奧斯華因暗殺總統而被捕。電視臺對總統葬禮的情況進行了四天轉播，使那些畫面深深地印在國民的心裡，成爲賈桂琳·甘迺迪所說的「卡默洛特」時代的最後象徵。後來發生的騷亂事件增加了人們對甘迺迪時期相對和平、繁榮和樂觀的思念。公衆對甘迺迪的懷念超越了他作爲總統的成就，並且隨著時間的推移而變得更加溫馨。以後三十年裡進行的民意測驗常常表明，公衆把甘迺迪看作是美國歷史上最傑出的總統，甚至超過了喬治·華盛頓、亞伯拉罕·林肯和法蘭克林·羅斯福。

新總統萊恩頓·詹森本來不可能與其前任形成更突出的對比。詹森是一個有嚴重個人缺點的人，但是在五〇年代，他作爲參議院多數黨領袖曾展示了出色的立法才能，成爲二十世紀一流的參議院領導人。在甘迺迪遇刺身亡後的幾個月裡，這位新總統又以出色的表現證明了他的才能。他宣稱以全國團結一致爲目標，並選擇民權問題作爲重點，認爲民權問題的解決將標誌著全國的和解。在對國會的第一次演說中，新總統懇請國會支持甘迺迪提出的議案，同時利用他的國會知識迎合參議院少數黨領袖埃弗雷特·德克森（伊利諾州共和黨人），深知德克森控制的共和黨席位對於消除南方議員必然妨礙議事的行爲至關重要。結果證明，他的策略非常成功。在一九六四年春夏的八個星期裡，南方參議員企圖阻撓通過民權法案，但是共和黨人與北部和西部的民主黨人結成聯盟，堅決反對他們的企圖，從而保證了美國歷史上最全面的民權法案得以通過。喬治亞州參議員理查·拉塞爾是妨礙議事的幕後主謀，但是他也承認參議院裡自由派力量日益增強，正「慢慢地侵蝕掉我們的力量」。一九六四年的《民權法》從法律上結束了南方的種族隔離，實現了金恩博士的兩種族民權聯盟的主要目標，成爲六〇年代自由派最重大的勝利。回過頭來看，《民權法》的關鍵條款是成立平等就業機會委員會。這個委員會是公平就業實施委員會的後繼機構，但是它被賦予了執法的權力。具有諷刺意味的是，衆議院規則委員會主席霍華德·史密斯爲法案增加了一個條款（第七款），規定禁止工作場所的性別歧視，實質上擴大了《民權法》的內容。史密斯原來設想，民權法案中增加了有關婦女權利的條款，會使整個法案歸於失敗。然而平等就業機會委員會這個新機構卻因此得到了採取行動制止種族歧視和性別歧視的權力。平等就業機會委員會也表現出民權自由派日益依賴行政機構而非政治程序的趨勢。這種模式在七〇年代變得更加明顯。更諷刺的是，這也使公民權利規劃在失去民衆多數支持之後很久仍然能夠繼續進展。

民權方面的勝利是詹森就任總統後頭幾個月裡所取得的許多勝利之一。但是在對外政策上，總統則沒有那麼引人注目的成就，在許多重要方面不同於其前任。和甘迺迪不同，詹森爲總統職位帶來一系列的教訓，但是那些教訓沒有提出質疑與戰略思想相關的基本假設的啓示。詹森和甘迺迪政府裡的大多數成員一樣接受了《慕尼黑協定》類比的正確性：與發動侵略的極權國家談判，只會招致進一步的侵略。他更關注國內政治而非對外政策，但是他也擔心對共產主義顯得軟弱的政治後果。詹森於一九四九年成爲參議員，正好目睹了共產黨在中國的勝利對杜魯門政府造成的影響，也目睹了麥卡錫主義興起對杜魯門總統後期階段的破壞性衝擊。詹森在任期裡始終相信，共產黨在南越的勝利將會在全國各地引發類似的右翼浪潮。他擔心那種狀況會摧毀他的國內規劃。國內事務和對外政策繼續聯繫在一起，儘管與甘迺迪政府時期相比，二者之間聯繫的性質已有所變化。

政府更迭幾乎不可能影響美國對越南的承諾。一九六四年初，南越戰場上的形勢嚴重惡化。因此，美國加強了對南越的軍事援助，增派駐南越的美軍人數，而且支持南越海軍艦艇對北越沿海的襲擊行動，開始把戰爭擴大到北越。在一次襲擊行動之後，發生了一場混戰，北越的巡邏艇向正在東京灣航行的美國驅逐艦「麥達克斯」號開了火。這一事件促使詹森政府採取更有力的行動。一些主要政策制定者一直敦促總統爭取得到國會授權在東南亞使用武力的決議，指出杜魯門的教訓——杜魯門決定不爲美國軍隊在朝鮮半島的行動得到國會的同意，結果證明鑄成了不可挽回的政治錯誤。然而正值國會就其民權和經濟提議進行辯論的時候，詹森拒絕提出那樣的議案，惟恐引起國內對其政策的批評。那種批評既會來自想要更積極參與戰爭的保守派，也會來自那些擔心美國捲入戰爭的長期後果的自由派。但是此時，既然越南人自己挑起了敵對行動，總統就可以自由地採取行動了。他命令國家安全委員會擬定對北越進行報復性轟炸的目標名單。次日，他向國會提交了一個決議案：授權總統「採取任何必要措施，擊退向美國軍隊發起的任何武裝進攻，阻止進一步侵略。」衆議院一致通過了那個決議案，實際上沒有進行辯論。在參議院裡，阿拉斯加州參議員恩斯特·格里寧和奧勒岡州參議員韋恩·莫爾斯直言不諱，嚴厲批評那個決議案，對美國捲入越南戰爭的行動持懷疑態度。但是在最後的表決中，只有這兩位參議員投了反對票。詹森政府的支持者私下裡提出的兩個論點說服了自由派同事：一面倒的投票結果表明了美國面對共產主義威脅時的堅定態度；那個決議案的通過將抵消共和黨預計提出的民主黨對共產主義軟弱的指責，因此有利於總統的秋季競選活動。

實際上，在一九六四年的任何時候，詹森及其政策制定者都沒有忘記即將到來的競選。共和黨方面首先採取了行動。尼克森在一九六〇年大選中敗北，再加上共和黨在一九六二年期中選舉中遭受挫敗，對共和黨產生了激進化的影響。艾森豪在一九五二年總統候選人提名時擊敗塔虎脫，似乎已經壓倒了共和黨右翼，但是基層的右翼力量繼續增長，尤其是共和黨保守派將其對外政策觀點更加明確地融入了整個規劃。保守派放棄了對過分強大的政府和強有力的總統職權的抵制（至少是在對外政策方面），將鷹派的對外政策規劃與其國內的傳統原則結合起來。這種更為協調的思想體系和強大的基層活動，使保守派能夠壓倒東部比較溫和的共和黨人。東部的共和黨人曾是支持艾森豪的核心力量，在一九六四年則團結在爭取總統候選人提名的紐約州州長洛克菲勒周圍。保守派的寵兒巴里·高華德要求聯邦政府在實施民權法規和處理經濟事務方面發揮最低程度的作用，同時堅持一種好戰的冷戰觀點。這種政綱反映了右翼共和主義的實質，很快在經濟迅速增長的「陽光地帶」的許多地區占據優勢地位。高華德無意迎合黨內的反對者，在接受提名的著名演說中說：「捍衛自由的極端主義並非壞事，……尋求正義的溫和折衷絕不是美德。」

以高華德為競爭對手，詹森競選連任似乎是勝券在握。可是對於總統來說，也確實存在種種問題，儘管那些問題具有更多的長期含義。首先，詹森必須處理一些人爭奪副總統候選人提名這一麻煩問題，當時出現了對羅伯·甘迺迪的大量支持。由於總統和羅伯·甘迺迪二人之間的個人恩怨，總統無論如何要走出其前任的陰影，因此不可能做出那樣的選擇。詹森宣布，他將不提名任何一位內閣成員作為競選夥伴，從而笨拙地解決了這個問題。羅伯·甘迺迪最終辭去了司法部長的職務，去競選紐約州參議員。除了有關羅伯·甘迺迪的難題，在民權這一極易引起爭論的問題上，黨內出現了兩極分化的跡象。在預選階段，詹森面對著阿拉巴馬州州長喬治·華萊士的象徵性挑戰，華萊士曾因試圖抵制聯邦政府在該州大學取消種族隔離而揚名全國。幾乎沒有人懷疑華萊士會得到因總統支持民權而與之疏遠的南方白人支持，但是他在北方預選中的得票數（在威斯康辛州、印地安納州和馬里蘭州獲得百分之三十多的選票）表明，他攻擊自由主義文化議程的言辭在南方以外的地區得到了回應。

華萊士爭取總統候選人提名的活動顯示出民主黨聯盟在下層階級白人選民中的長期困難。同時，民主黨左翼內部也出現了不和的跡象。一九六四年夏季的城市暴亂突出了黑人遭受的經濟不平等的問題，對於金恩博士所主張的取消種族隔離的、漸進主義的、墨守法規的方法，其持續可行性受到威脅。在民權運動內，「大學生非暴力協調委員會」和「爭取種族平等大會」發起「自由之夏」運動，召集了六百五十名志願者（大多是北方的中產階級白人）從事黑人選民登記、政治參與、經濟進步等方面的工作。然而事態的發展並不像計畫的那樣。志願者的實地工作對黑人產生了激進化影響。由於「大學生非暴力協調委員會」的工作中心是農村窮人，其著重點日益強調賦予黑人權力的問題，而不是爲從法律上取消種族隔離而促進兩種族的聯盟。白人志願者普遍受到熱烈歡迎，但是由於他們對當地情況了解有限，他們與這一運動不斷發展的議程的關係含糊不清。許多白人志願者離開密西西比州時對民權運動完全失望了，因此轉向了更爲激進的運動，例如反戰運動。這場運動的黑人領袖，例如「爭取種族平等大會」的羅伯特·摩西，則走上了不同的道路，逐漸接受了黑人分離主義規劃。另外，這場運動引起了密西西比州一些白人的粗暴反應，出現了一些悲慘事件。「自由之夏」的三位工作人員——兩位白人安德魯·古德曼和麥可·施沃納，以及一位黑人詹姆斯·錢尼——被當地警察殺害。全國政治舞臺上的事態發展加劇了「自由之夏」工作人員對未能改變密西西比州局面的失望感。在法默和當地「大學生非暴力協調委員會」的積極分子範尼·哈默的領導下，「自由之夏」工作人員成立了密西西比州自由民主黨。這是一個兩種族成員組成的組織，要取代密西西比州民主黨推出的出席全國代表大會的代表團。在大西洋城，密西西比州自由民主黨積極分子提出了他們的代表資格，對州民主黨的代表權提出異議，其理由是在該州代表選舉過程中沒有給予黑人投票權。他們的要求得到全國自由派的普遍支持，但是詹森致力於「一致」的政治，不願讓種族對抗給他的總統候選人提名蒙上陰影。詹森決定選擇明尼蘇達州參議員休伯特·韓福瑞作爲副總統候選人，認爲他能召集他的自由派盟友抵制自由民主黨的挑戰，提出自由民主黨將得到兩個席位的解決辦法，並做出未來的南方各州代表團將在取消種族隔離的基礎上選舉產生的許諾。

秋天，高華德闡述了競選的議程，反覆強調其大量減稅的基本觀點，旨在減少聯邦政府在美國人生活中的存在。更具煽動性的是，他許諾總統直轄的政府機構將尊重州權原則，以此來迎合南方白人。民主黨以猛烈打擊和否定對手的競選活動予以回應。民主黨的競選活動在一個引起爭議的電視廣告中達到了巔峰：那個廣告暗示，如果高華德當選，將會引發一場核戰。民主黨還成功地把選民的注意力引導到經濟問題而非更多爭議的種族關係問題上。由於高華德言語失當，選民對國家經濟繁榮普遍感到滿意，以及詹森成功地聲稱繼承了甘迺迪的衣缽，因此民主黨取得了巨大的勝利。詹森在四十四個州獲勝，贏得百分之六十一的選民票。另外，他能夠分化共和黨的傳統基礎，使許多參加參議員和衆議員競選的民主黨人取得了勝利。南方以外的各州裡選出了四十七個民主黨新衆議員，爲總統的自由主義社會經濟規劃提供了堅實的基礎，同時參議院民主黨核心小組裡關心種族問題的自由派議員從六年前的二十一人增加到四十五人。從另一方面說，共和黨內的意識形態均勢顯著地向右翼傾斜；關心種族問題的二十二個共和黨參議員中有三十二人離開了參議院。確實存在一些未來問題的跡象：在民權問題上出現了對抗性的反應，因爲高華德在南方的五個州獲勝，而且共和黨自十九世紀以來第一次贏得喬治亞州、阿拉巴馬州和密西西比州的衆議員席位。（具有諷刺意味的是，從短期來看，這種結果將南方民主黨的許多老保守派趕下了重要的委員會主席職位，因此加強了全國自由派的力量。）另外，特別是在西部地區，競選活動傳播了以前限於約翰·伯奇協會等極端主義組織的反政府管制的強硬語言，這也表明了反對聯邦權力的對抗性反應在那一地區的吸引力。可是詹森及其支持者在獲得壓倒性勝利之後卻忽略了這些問題；

確實有一些評論家暗示，這次選舉的結果預示了共和黨的衰亡。

詹森擁有大多數選民的支持，還有自新政初期階段以來最堅決致力於改革的國會，便迅速推行他的國內規劃。詹森更願意處理國內問題而非對外政策問題，將政府的命運同「向貧困開戰」計畫聯繫在一起，這反映了他與甘迺迪的根本區別。「向貧困開戰」計畫要保持由甘迺迪實行凱因斯主義政策所刺激的經濟進步，同時要為戰後經濟繁榮所遺忘的人們加強新政建立的聯邦保障體系。六〇年代，貧困的長期影響這一問題又強烈地表達出來，尤為突出的是哈林頓的《美國的另一個》於一九六二年出版。哈林頓表明，與戰後美國普遍認為貧困是暫時現象的觀點相反，相當多的窮人處於結構性貧困狀態。哈林頓所描述的情況並非六〇年代初才出現的新現象，但是卻引起了新的反應。他的書在某種程度上是出於中產階級對長期存在一個下層階級的日益增長的擔心，其中包含著心照不宣的或者有時甚至公開的種族內容。但是對於大多數自由主義者來說，哈林頓的著作是要求政府採取更有力的行動。自由主義社會科學家提出了政府的行動怎樣才能滿足社會最迫切需要的理論，他們把貧困問題看作是驗證其理論的一個理想實例。另外，民權運動日益把經濟正義融入其規劃，強調種族歧視和貧困之間的聯繫。

詹森有作為新政民主黨人的背景，他本人也致力於擴大福利國家，因此比甘迺迪更努力地從事消除貧困的工作。他也得益於一九六四年選出的自由主義色彩顯然更加濃重的國會。

詹森政府展示出明顯的活力，在一九六五年推動通過了許多國內法規。以聯邦教育援助和醫療保健援助等法案爲開端，總統繼續採取行動，成功地推出了一系列法令：援助高等教育和城市公共交通運輸；制定以全國學齡前兒童爲對象的「善始行動計畫」、人員培訓計畫和教師團計畫；加強環境保護和其他有利於消費者的法規，增強聯邦政府保護消費者的能力。總統的「向貧困開戰」計畫表現出兩個方面的結合：既要擴大聯邦政府的作用，又不願走得太遠。詹森始終把「向貧困開戰」描述爲「扶助而非施捨」，不但利用了美國人傳統上對福利計畫會助長依賴政府的擔心，而且利用了近代自由派對支持政府採取大規模行動進行收入再分配的猶豫態度。詹森的規劃要求聯邦政府進行干預，消除阻礙窮人依靠自身努力取得經濟成功的制度障礙和文化障礙，例如質量低劣的教育、職業培訓和醫療保健。在國會於一九六八年通過《選舉權法》時，詹森也在民權問題上保持了他的銳氣。一九六八年《選舉權法》賦予聯邦政府廣泛的權力，規定聯邦政府不僅要保護南方黑人的選舉權，而且要保證白人控制的州立法機構不能採取剝奪黑人任何實際政治權力的行動。總統把這些措施結合在一起，將整套改革方案稱爲「大社會」。

從長遠來看，這些法令中最重要的兩項是《醫療保健法》和《選舉權法》。醫療保健方案向老年人提供聯邦醫療援助，是在健康保險方面對《社會保障法》的補充。美國所有的老年人都可得益於醫療保健方案，因此從嚴格意義上說這個方案並不是福利措施。然而和社會保障一樣，《醫療保健法》的對象包括全國窮人中相當大的一部分。儘管詹森決定把醫療保健方案設計成為一種權利而非一個福利措施，但是它還是遭到共和黨保守派和具有強大政治勢力的美國醫學協會的強烈反對。那些人曾有效地利用「社會化醫療」的指責扼殺了之前聯邦政府改善全國保健保險體制的一次嘗試，即杜魯門在一九四九年所做的嘗試，此時他們又進行那種指責，然而他們沒有成功。同時，《選舉權法》標誌著自由主義民權規劃的頂點。這項法令授權聯邦政府終止南方各州的選民識字測試及其他選舉限制，允許司法部長一旦判定南方的選區變化（例如重新劃分選區的措施）具有種族歧視的效果，就有權加以干預。

儘管總統希望集中精力推行他的國內規劃，但是在一九六五年初，對外政策問題繼續給他的政治地位帶來麻煩。和以前一樣，他的主要問題仍然是南越的局勢。他的主要顧問堅持認爲，如果不使用美國戰鬥部隊，越南的戰爭行動將會失敗。此時詹森開始表現出接受這種強硬邏輯的跡象，命令採取「雷鳴行動」，到四月底美軍轟炸機對北越進行了三千六百架次的轟炸行動。民意測驗表明，公衆支持他的行動方針。波來古事件以後，在所調查的人們中有百分之八十三贊成進行空中打擊，百分之六十九的人支持轟炸北越，以便阻止南越的政治崩潰。但是對於總統來說，民意測驗中支持轟炸行動的數字掩蓋了一些長期性的問題。一九六五年初，公開反對詹森的越南政策的人增多了，不只是《東京灣決議》的二個反對者——恩斯特·格里寧和韋恩·莫爾斯，而包括了政治影響更大的三個人：法蘭克·丘奇（愛達荷州民主黨人）、喬治·麥高文（南達科他州民主黨人）和蓋洛德·納爾遜（威斯康辛州民主黨人）。另外，那年春天出現了日益激烈的公衆抗議活動，反對美國捲入越南衝突。其中最著名的是「學生爭取民主協會」組織的集會，而這個學生組織在六〇年代初還幾乎只是關注國內問題。雖然這個學生組織宣布了新左派學說的誕生，但是其觀點似乎產生於類似的自由主義意識形態基礎。實際上，有組織的勞工爲「學生爭取民主協會」提供了許多資金，而學生積極分子特別關注民權活動。因此，越南戰爭開始對自由派造成激進化的影響，提供了隨著時間推移總統將要面對的那些問題的線索。

對於種種抨擊，尤其是那些對其國內選民具有重大影響的自由主義知識分子和參議員的抨擊，詹森始終是敏感的。四月七日，詹森在約翰·霍普金斯大學發表了一個重要演說，巧妙地嘗試平息日益增多的批評。他在演說中宣布，他願意進行無條件的和平談判，並且提出如果北越人結束戰爭，美國可以提供十億美元開發湄公河三角洲。五月初，總統爲實現這些想法採取了一個措施：對北越停止轟炸五天。並非巧合，詹森政策的這個方面曾引起參議院民主黨議員的公開批評。儘管詹森做出了讓步，越戰的美國化在一九六五年春夏兩季仍在繼續，沒有受到抑制。七月，總統做了一個重大的決定，他命令到年底把駐越的美軍戰鬥部隊從七萬五千人增至十七萬五千人，並且可能在一九六六年再增加十萬人。同時，他在公開場合有意識地低調處理這一政策變化，惟恐國會裡的保守派利用越戰爲藉口阻止向他的國內計畫提供資金。出於同樣的原因，總統拒絕爲支付更大規模軍事行動的費用而提高所得稅，也拒絕徵召後備軍人和國民兵參戰。對於詹森來說，這種策略從短期來看是有意義的。但是從長遠來看，這造成了政府承諾與其實際政策之間信用差距的擴大，激起了國民對整個政府可信性的懷疑態度。

詹森總統任期的頭兩年成爲國家自由主義的頂點。在對外事務方面，政府實行強硬的反共政策，不但使越戰不斷升級，而且總統在一九六五年五月向多明尼加派遣二萬二千人的海軍陸戰隊，遏制那裡的左翼力量。美國政府擔心，多明尼加的左翼力量已經被當地的共產黨滲透。在民權問題上，詹森成功地推動國會通過了許多民權法案，以《選舉權法》達到頂點，消除了美國種族隔離的最後一些法律殘餘。與任何前任政府相比，詹森政府也進一步擴大了權利事務的定義，特別是通過有關平等就業機會委員會的第七款接受了婦女權利運動。最後，在經濟問題上，自由派認爲美國的經濟繁榮會長久地持續下去，詹森把「向貧困開戰」視爲保證美國所有社會成員都分享經濟繁榮成果的一個途徑。總統比許多國家自由主義者更熱心於建立聯邦保險網路，但是他的計畫並沒有挑戰那些人的經濟理論，也沒有試圖恢復進步時代和新政時期以來更廣泛的經濟改革規劃。

然而在以後的幾年裡，那種意識形態從這個頂點導向政治崩潰。在對外事務方面，越戰使華盛頓乃至全國的改革派陷入分裂，使號召重新獻身於民族主義和愛國主義的保守派得到日益增多的支持。在民權問題上，以前被忽略的社會群體日益要求自己的權利，而且權利的概念繼續擴大，這兩方面結合在一起，引起了一種對抗性的反應，而那種反應促進了美國社會和政治中保守勢力的復興。同時，聯邦預算赤字增長，「向貧困開戰」計畫的許多項目沒能達到詹森選前的許諾，經濟增長率下降，這些問題使許多人越來越懷疑擴大福利國家是否明智。保守派又一次準備利用政治上和知識上的優勢。

華盛頓和東南亞的事態發展都越來越難以維持那種虛構的說法，即詹森沒有大量擴展他從前任們那裡繼承的義務。一九六六年初，詹森政府受到參議院對外關係委員會的強烈抨擊，這著實出人意料，因爲對外委員會主席是總統的老朋友博布萊特參議員（阿肯色州民主黨人）。在向全國進行電視轉播的一系列聽政會上，對外關係委員會探究政府政策的理論基礎，並在此過程中幫助證明不同政見是有道理的。同樣重要的是，日益增強的反戰行動，尤其是學生組織的行動，顯示出越戰對六〇年代初曾支持甘迺迪比較有限的自由主義規劃的知識分子造成的激進化影響。學生運動的發展成爲六〇年代社會史中最重要的事態發展之一。戰後出生的一代人開始成年（十八～二十四歲的美國人從一九六〇年的一千六百五十萬上升到十年後的二千四百七十萬），在大學註冊的學生人數大量增加。越戰的擴大使學生活躍分子變得更加激進，他們越來越關注國際事務；學生們比美國的其他社會群體更強烈地譴責越戰，將那場戰爭描述爲一個腐朽社會所進行的邪惡的帝國主義冒險行動。這種觀點又影響了他們對國內事務的看法。他們開始接受馬克思主義觀點，反對「自由主義體制」本身（這種觀點與七〇年代許多保守派的思想觀念相對應）。因此，詹森政府的對外政策破壞了總統和許多基層支持者之間的關係，這種結果很像近五十年前美國捲入第一次世界大戰時伍德羅·威爾遜所經歷的情況。

假如詹森的國內支持基礎不同時開始崩潰的話，他或許能夠經受其對外政策「一致」的破裂而安然無恙。總統要通過「一致」來進行其政務管理，但是由於出現了不可能取得「一致」的問題，總統的地位也就受到損害。一九六四年出現了問題的最初跡象：在安排密西西比州自由民主黨代表團席位的問題上出現了嚴重爭議，詹森沒有理解在雙方之間折衷並不能使任何一方滿意。在以後的幾年裡，非洲裔美國人及其他少數群體的積極分子更強烈地要求承認他們所說的被種族主義社會拒絕的權利。同時，最高法院的一系列決定大大擴展了美國人可以要求享有的權利的概念。當詹森發現在權利問題上難以達成一致時，保守派則開始論證戰後時期對少數群體權利的強調造成了威脅多數人權利的政治結構。從許多方面來看，這種事態發展是不可避免的。國家自由主義者假定，支持政府採取積極行動以保證機會平等的議程可以使以前遭受歧視的人滿意，同時又不疏遠多數人。在六〇年代初的許多時間裡，主要是由於民權運動具有兩種族的性質和強調消除阻礙黑人參與政治和經濟生活的法律限制，保持那種平衡證明是可能的。但是，當黑人和其他少數群體開始要求社會平等或特別保護的權利時——按照採取肯定行動的觀念——詹森和他所體現的謀求一致的國家自由主義就努力保持仍舊作為其政治基礎多數的民主黨白人的支持。歷史學家葛拉罕指出：「從有害意圖向不平等結果的轉化是制度性種族主義的新概念裡所隱含的。」然而這種觀念發展造成的對抗反應也是隱含的。

民權運動的摩擦清楚地表明了詹森政府在處理權利問題中的政治窘境。以任何標準來衡量，改善美國社會裡黑人命運的運動在六〇年代都取得了許多成就，超過了以前五十年的總和。最高法院繼續作為民權的有力維護者，取得了一些具體成果：到一九七〇年，南方百分之三十七的學校基本上取消了種族隔離，百分之八十六的學校正向那一目標前進。一九六八年，最高法院在審理格林控告新肯特縣教育委員會案時做出了一個關鍵性的裁決，反對南方最後一次抵制取消種族隔離趨勢的企圖，裁定僅僅採取取消種族隔離的象徵性行動是不夠的。在做出那一裁決的多數中，有一九六七年任命的最高法院第一位黑人法官瑟古德·馬歇爾。黑人也開始越來越多地進入政界。一九六六年，麻薩諸塞州選舉愛德華·布魯克作為參議員，他成為重建時期以來進入美國參議院的第一個黑人。次年，克里夫蘭市選舉卡爾·斯托克斯為市長，他是美國歷史上大城市的第一位黑人市長。羅伯特·韋弗被詹森任命為住房和城市發展部部長，成為第一位黑人內閣成員。同時，部分是由於那個年代的經濟繁榮，部分是由於民權運動所培養的對種族更加容忍的態度，越來越多的黑人進入中產階級的行列。然而在黑人中，尤其是在黑人青年中，這些成就造成了一種日益強烈的期望，使黑人提出了聯邦政府應爲消除種族歧視後果而採取更重大行動的要求。在此過程中，民權積極分子超越了最初要求清除法律障礙以便取消種族隔離的方針，開始對付經濟和社會生活中種族隔離的實際事例。由於那種情況在北方和南方一樣多，他們也就使北方第一次出現了種族問題，對北方自由派和黑人的聯盟構成了威脅，而他們的聯盟是六〇年代初民權運動取得成功的關鍵。一些黑人甚至開始質疑金恩所奉行的黑人和白人合作的策略選擇，拒絕接受在社會和經濟問題上兩種族結盟的可能性。例如，「大學生非暴力協調委員會」領導人卡爾麥可宣揚一個「黑人權力」綱領——黑人將確定民權運動的基調和步調。他堅持認爲，主導人類事務的是權力，而不是非暴力和人權等理想主義原則，因此要提高黑人地位，就需要保證由黑人而非由白人，甚至不是由白人自由派，來控制黑人自己的機構、綱領和規劃。到一九六六年底，民權運動中的許多人放棄了金恩博士所主張的取消種族隔離的觀念。「大學生非暴力協調委員會」通過投票表決將執行委員會裡的五名白人成員趕了出去，以卡爾麥可爲主席，取代了約翰·路易斯。「爭取種族平等大會」則從其章程裡有關成員資格的條款中去掉了「多種族」的字樣。

在雙方都出現了兩極分化。例如，在六〇年代初，美國的主流電視和報刊雜誌總的說來是支持民權運動的，但是隨著時間的推移，開始越來越多地譴責「大學生非暴力協調委員會」的激進傾向。對於這種新的意識形態潮流，一些白人的反應是加強與黑人溫和派合作的努力，從而保持民權運動的兩種族特徵。但是大多數白人或者追隨喬治·華萊士等保守派的路線，或者接受詹森本人等溫和派的主張：前者號召展開「法律與秩序」運動，鎮壓黑人暴力活動；後者在民權議程導向引起更多爭議和更少一致的道路時，與之拉開了距離。這兩種方針當然都代表了最安全的政治路線，尤其是在全國出現一系列城市暴動之後。在那些城市暴動中，最著名的是一九六五年發生在洛杉磯市瓦茨區的暴動。一九六五年年中的一項民意測驗表明，百分之七十五的白人選民認爲黑人走得太快了，而在一九六四年只有百分之五十的人持這種看法。

爲了保持他對摩擦日益增多的民權運動的領導權，金恩博士甚至也開始轉向引起更多爭議的方法，他以北方的住房問題爲目標，開創了他本人所承認的反種族歧視運動的「新起點」。他的活動集中在芝加哥，但是由於他是努力消除那些常常非常微妙的種族隔離現象，幾乎沒有得到白人的支持。那些現象是基於經濟和文化因素，不容易通過矯正性的法規來處理。實際上，這種規劃的對象是民主黨聯盟的另一個至關重要的成分——城市藍領白人選民。金恩博士試圖重新增強力量，將運動的主要目標限於要求開放住房，消除住房方面的歧視性習慣做法。但是，儘管住房方面存在比較明顯的種族歧視，金恩博士發動的開放住房運動還是進展艱難。這場運動最終對改善芝加哥黑人的命運沒有起多大作用，卻使白人開始重新考慮他們對民主黨及其奉行的自由主義的忠誠。通過突出種族問題在芝加哥政治生活中的重要性，開放住房運動也造成了芝加哥市市長理查·戴利聲望的衰落。他以前強調贊助以及社區服務問題而非社會公正或種族公正問題，保持了該市白人和黑人社區的有力支持。其他城市也將遭遇類似的命運，其支持基礎按種族界限兩極分化，使民主黨傳統力量的另一個堡壘崩潰了。因此，對於「南方基督教領導人會議」來說，芝加哥的教訓在兩個方面都是令人沮喪的：民權積極分子在處理經濟和文化方面的種族歧視現象時不但不能指望兩種族的共同支持，而且提出這一問題威脅了民主黨的前途，而他們是將其政治命運與民主黨聯繫在一起的。整個運動表明了民權自由主義的出現對法蘭克林·羅斯福新政聯盟造成威脅的另一個方面。

當民權運動內開始出現民族主義者和取消種族隔離主義者的分化時，其他社會運動卻增強了勢頭，這得益於六〇年代培養的對權利問題更加容忍的態度。隨著時間的推移，有兩個社會運動特別突出。第一個是爭取婦女權利運動，在傅瑞丹的《女性的秘密》於一九六三年出版後高漲起來。這本書描寫了「女性完善的秘密」——尤其是在郊區所期待的作爲妻子、母親和家庭主婦的角色——如何使婦女，尤其是受過高等教育的婦女，能夠實現自我。甘迺迪的政策促進了爭取婦女權利運動。甘迺迪政府的勞工部婦女局長兼助理部長埃斯特·彼得森，在爲成立婦女地位調查委員會等措施而爭取政府支持方面，在加強男女同工同酬立法方面，都證明是一位頗有能力的遊說者。另外，她的活動幫助彌合了爭取女權者和婦女勞工積極分子之間的傳統差距：前者強調男女權利平等，後者強調婦女保護法規的重要性。爭取女權運動在初期階段也和民權運動一樣，明確表達了一種相當樸素而又溫和的觀點：通過積極活動，突出歧視現象的存在，以及等待社會和文化價值觀念的變化，婦女能夠解決自己的問題。與這種觀念相適應，爭取女權運動在六〇年代的許多時間裡強烈要求更嚴格地執行《民權法》第七款，致力於消除阻礙工作場所實現男女平等的法律障礙。但是也和民權運動的發展進程相似，爭取女權運動開始進入引起更多爭議的領域。傅瑞丹和一些志同道合者認為平等就業機會委員會的活動毫無生氣，因此感到失望，於是在一九六七年成立了「全國婦女組織」，其主要目標是支持通過一個婦女平等權利修正案。婦女平等權利修正案的概念始於二〇年代和艾麗斯·保羅等婦女的活動。那項修正案通常得到受過良好教育的職業婦女最有力的支持，「全國婦女組織」的大多數高級職務也是由那類婦女擔任的。彼得森要求以第五修正案和第十四修正案作為消除性別歧視的活動根據，而不是通過一個新的婦女平等權利修正案。「全國婦女組織」超越了彼得森較溫和的立場，其新的著重點也有使婦女運動按階級界限分裂的風險，如同戰後時期日益強調權利自由主義而不關注經濟問題而使整個自由主義分裂一樣。

當婦女運動不斷高漲但是也表現出長期分裂的跡象時，另一個社會運動也發展起來。一九六二年，瑞秋·卡森的《寂靜的春天》出版，使人們恢復了對環境保護的興趣。環境保護論是進步時代出現的一種主張，但是第二次世界大戰後從政治屏幕上消失了。卡森的著作描述了殺蟲劑DDT造成的後果，證明自約翰·繆爾那個時期以來環境保護論者所抨擊的侵害大自然的現象也對人類健康造成了威脅。進步時代的自然資源保護運動本質上是一場專業人士和管理人員的運動，主要是在上層和中上層階級積極分子中展開的，而六〇年代的環境保護運動與其說是一場專業人士的不如說是民衆的運動，改革的動力從基層擴展開來。環境保護運動依據戰後時期的一個主要的自由主義假定：正如「美國民主行動」的許多理論家所堅持的，生活質量和閒暇時間的創造性利用等消費觀念對於生活質量也和經濟問題一樣是不可缺少的。環境保護運動也得益於戰後嬰兒潮，因爲那時出生的一代人爲基層活動提供了力量。和那個時期的其他社會運動一樣，新的環境保護運動最初也是提出溫和的觀點，要求對政策進行輕微的調整，對在環境保護和經濟成長之間進行選擇的必要性輕描淡寫。由於人們普遍接受這種觀點，環境保護運動幾乎沒有引起批評，至少在六〇年代和七〇年代初是如此。

然而，隨著時間的推移，有關種族歧視的定義造成了更多的爭論，權利問題也就引起更多的爭議。雖然在六〇年代公衆依然強烈支持政府採取行動消除種族隔離，但是在六〇年代後期，國會和作爲民主黨政治基礎關鍵成分的白人種族社會則不那麼支持新的改革提案。在此進程中，民權積極分子將其注意力轉向了避開民主程序影響的機構——行政官僚機構，例如平等就業機會委員會，也轉向了最高法院。在六〇年代，最高法院擴展了權利自由主義的原則，加劇了權利問題對詹森政府造成的政治窘境。一九六二年，最高法院在審理貝克控告卡爾案時裁定，州立法機構劃分選區的安排有利於農村地區（通常是較保守的地區），違背了憲法中有關一人一票的規定，因此是違憲的。同年，最高法院在審理恩格爾控告維塔爾案時裁定，紐約州要求公立學校學生背誦非本教派的祈禱文的規定違背了第一修正案中規定的政教分離原則。一九六五年，在審理格里斯沃爾德控告康乃狄克州一案時，最高法院引用保護隱私權的原則，以多數表決裁定康乃狄克州禁止利用生育控制方法的法規違背憲法。最高法院的許多決定擴大了被指控犯罪者的憲法權利。其中引起最大爭議的裁決也許是有關米蘭達控告亞利桑那州政府一案的裁決；最高法院的決定要求警察在審問犯罪嫌疑人之前必須告訴嫌疑人他所享有的憲法權利。民主黨與國家自由主義者強調民權問題是相關的，最高法院的那些決定就爲民主黨招來了選舉上的危險。正像法蘭克林·羅斯福所理解的，強調經濟問題避免了文化問題上的嚴重鬥爭。與此相反，權利自由主義的政治演算卻大不相同：從某種意義上說，日益強調權利根本上是反民主的，因爲這種觀點假定政府需要保護少數的地位，即保護黑人、婦女以及被控犯罪者的地位，以防止多數的侵越。在權利議程的核心蘊涵著使其最堅定的擁護者失去其政治基礎支持的條件。如果把權利議程推向極端，它就不可能與詹森的一致政治相調和。六〇年代中期和後期出現的權利問題造成明確的贏家和輸家。另外，最高法院的決定將民權、宗教、犯罪和生育控制等引起爭議的問題置於國家政治議程，也就不可能重複法蘭克林·羅斯福在三〇年代完全忽略文化問題以便在經濟事務方面保持其聯盟團結的策略。

與權利問題上的嚴重鬥爭相關的國家自由主義規劃的自我破壞，有關越戰方針的分歧，以及對「向貧困開戰」計畫的可行性日益增多的懷疑，除了損害總統的政治地位之外，還幫助了共和黨的復興。甚至一九六四年選舉的結果也證實了詹森的擔心，即《民權法》給共和黨造成了在南方擴大勢力的機會。同時，在出現城市暴動時，共和黨不是從反對結束種族歧視而是從支持「法律與秩序」方面來實施反對民權的計畫。這種策略增強了該黨在南方的吸引力，同時又避免顯示出公開敵視民權的外表。按照這種方式，共和黨開始利用尊重州權或支持嚴格解釋憲法等口號來吸引南方的白人，表明在共和黨的治下將會減緩民權規劃。在經濟問題上，人們越來越懷疑聯邦政府維持福利國家的能力，共和黨由此而得益。就詹森願意投入的資源來說，他許諾的太多了，「向貧困開戰」計畫因此而蒙受了損害。詹森政府沒能兌現其許諾，激起了美國人對龐大的政府機構能否推行社會和經濟改革的固有懷疑。除了上述觀念，六〇年代末也出現了對福利國家頗有理論說服力的批判。《時事評論》和《公共利益》等雜誌刊登了丹尼爾·莫伊尼漢、丹尼爾·貝爾、諾曼·波德霍雷茨等人的作品。這些人被稱爲「新保守派」。他們告誡詹森，擴大政府管理的範圍會造成一個過分強大的聯邦政府機構，阻礙未來的經濟成長和企業家的能力。新保守派的出現具有重大意義，這並不在於他們所得到的政治支持——那種支持仍然是相當有限的，而是因爲他們能夠爲共和黨提供一個一致的意識形態結構，以此發起對民主黨經濟規劃的批判。最後，在國際事務方面，共和黨得益於其反對黨的地位。共和黨能夠像五十年前亨利·洛奇在掀起一場類似的共和黨復興浪潮時所做的那樣披上愛國主義的外衣，圍繞一個要求徹底勝利的綱領而團結起來，儘管那一綱領在政治上有吸引力但在戰略上卻有許多問題。在國家安全問題上持鷹派的反共立場，暗地裡迎合白人種族主義，敵視擴大政府管理範圍，這些構成了共和黨復興的意識形態基礎。沒有一個政客比隆納德·雷根更充分地表現出將這些方面結合起來的能力。在四〇年代和五〇年代，雷根是一個二流電影演員，最初是支持新政的民主黨人，把法蘭克林·羅斯福視爲頭號政治英雄。但是隨著冷戰開始，雷根轉向了右翼；到一九六四年，他熱情支持高華德。他代表共和黨總統候選人在電視上露面，爲競選活動提供了一些激情的場面。兩年後，他參加加利福尼亞州州長競選。他指責現任州長派特·布朗在打擊犯罪方面軟弱無力，因此一舉贏得選舉，並且頗有可能成爲一九六八年的共和黨總統候選人。但是在一九六六年選舉的保守浪潮中，並非只有雷根一人勝出。在衆議院裡，從南方以外地區選出的第一任民主黨議員多數沒能贏得連任，成爲共和黨復興浪潮的犧牲品。共和黨在衆議院裡增加了四十七個席位，在參議院裡增加了三個席位。

除了共和黨復興的政黨影響和意識形態影響，與國家自由主義崩潰相連的政治騷亂也對國家政治生活造成了重大影響。在美國的大部分歷史上，平民主義觀念是和政治左翼聯繫在一起的，從最初的人民黨到進步時代的反壟斷活動家，再到三〇年代和四〇年代的產業工會聯合會的組織者。但是，對權利問題的日益強調使國家改革觀念與平民主義關注的經濟不平等的基本問題脫節。隨著時間的推移，開始出現一種不同的平民主義語言，在基調上（如果說不是在極端性上）類似於二〇年代三K黨的要求，因爲它抱怨權勢集團，強調回歸美國的傳統文化價值觀念，反對那個時期出現的過度行爲。這種觀念從許多不相同的方面得到了支持，其中的一些方面也促進了共和黨的復興，但是有三個方面發揮了特別重要的作用，即宗教、犯罪和種族問題。日益發展的福音派宗教復興運動主張回歸到被六〇年代文化變革侵襲的傳統價值觀念。同時，下層和中層階級白人選民證明易於接受鎭壓暴力犯罪的號召，尤其是在一九六五年出現城市暴動之後更是如此。對犯罪的抨擊也利用了種族的擔心；右翼平民主義者反對擴大學校取消種族隔離範圍的嘗試，也利用了種族的擔心。例如，平民主義者抨擊最高法院所做出的利用校車接送學童以便取消種族隔離的命令，把那種做法描述爲文化精英（他們中間有許多人把子女送進私立學校）企圖將其價值觀念強加於其他社會成員。隨著六〇年代文化、政治和社會的變化，與其他問題相比，用校車接送學童的做法引起了中產階級和下中階級白人種族選民的更多怨恨。

喬治·華萊士是將新右翼平民主義的政治力量團結起來的政客。與其他堅持種族隔離的州長相比，華萊士的要求超越了公開的種族主義。他持有一點經濟自由主義觀點，認為擴大權利議程造成了犯罪率上升，猛烈攻擊知識分子、聯邦政府官員、共產黨人、自由主義者、無神論者、學生抗議者和民權工作者。他把這些觀念集於一身，成為那些感到被政府日益增多的存在和傳統文化習俗的解體所壓制的下層階級和中產階級白人的代言人。他利用平民主義的語言擴大美國種族迫害政治的範圍，遠遠超過了斯特羅姆·瑟蒙德之流在一九四八年拓展的界線。在南方，華萊士能夠召集起來且已經轉化了的勞工階級白人選民，不但包括支持南方文化保守運動的傳統基礎——貧窮的農民，而且包括工人。另外，不久就可以清楚地看到，南方以外的地區也有那類選民。隨著六〇年代美國政治和文化的深刻變化，與美國政治舞臺上的其他任何人相比，華萊士更明確地表達了北方白人種族選民和南方貧窮白人及下中階級白人的怨恨，而那些人曾是法蘭克林·羅斯福和新政所建立的多數聯盟的主要成分。

政治和意識形態重新組合的緊迫感成為一九六八年諸多事件的背景：那一年發生的政治、社會和國際事件超過了二十世紀美國史上的任何一年。事情從一九六七年年中開始展開，當時阿拉德·魯溫斯坦領導的一群青年積極分子提出了拒絕提名萊恩頓·詹森連任總統的計畫。在羅伯·甘迺迪的領導下，幾位比較著名的參議員拒絕了魯溫斯坦提出的利用現有政治結構的建議，此後明尼蘇達州參議員尤金·麥卡錫表明他願意挑戰詹森。在一九五八年選舉中，許多著名的自由派人士進入參議院，尤金·麥卡錫就是其中的一個民主黨人。他在參議院裡工作了十年，很難明確地歸入哪一種類型。他聰明、機智、幽默，對哲學和詩歌感興趣。在一九六〇年民主黨全國代表大會上，他爲提名艾德萊·史蒂文森作爲總統候選人發表了一個精彩的演說，因此引起全國的關注。從許多方面來說，麥卡錫的信仰體系代表了史蒂文森五〇年代意識形態的發展。只是在國際事務方面，他脫離了史蒂文森的體系。在越南問題上，他倡導不同政見者的原則——支持在海外推行民主和人權，對使用美國軍事力量的做法持懷疑態度，因此獲得了更大的聲望。另外，麥卡錫以越戰引起的對冷戰自由主義的批判爲基礎，質疑通過強大的總統直轄機構來實現改革的效力。他又回到了二〇年代的思想傾向，主張國會在美國政治生活中發揮更大作用。但是在國內事務方面，麥卡錫的建議和所推行的改革規劃之間的關係並不那麼明晰。麥卡錫支持「向貧困開戰」計畫以及詹森的大多數國內事務立法建議，但是他對經濟問題沒有表現出多少熱情，而是關心國際事務以及公民自由權等權利問題。麥卡錫的綱領表明了左翼民主黨人中日益突出的權利規劃，包括反映美國傳統理想的對外政策，例如支持民主和人權；強調公民自由權和選舉改革等國內問題；避免作爲詹森政府特徵的強硬反共路線和以經濟事務爲中心的方針。

國際事件激勵了麥卡錫的挑戰。一九六八年一月三十日，越南衝突雙方宣布停火以便慶祝越南新年的第一天，即標誌著陰曆年開始的傳統節日。但是那天清晨，越南南方民族解放陣線的一支游擊隊攻進西貢的美國大使館，作爲一場全面攻勢的組成部分。在同樣猛烈的反攻中，美國軍隊和南越軍隊擊退了這場全面進攻。但是他們用了近三個星期的時間，在此期間犧牲了多達一萬二千五百名平民的生命，造成了一百萬難民，並且進行了殘酷的戰鬥，例如在越南古都順化進行的戰鬥。恰當地說，威廉·威斯特摩蘭和其他軍官爲美國取得了這次軍事行動的勝利，但是和整個戰爭期間一樣，威斯特摩蘭嚴重地低估了軍事行動的政治後果。詹森政府進行了一年的宣傳，向美國人民保證美國實際上正在贏得這場戰爭，然而此時敵人在美國大使館裡展開肉搏戰的情景使人們普遍懷疑政府的信用。許多電視媒體的反應表明了美國輿論的巨大變化；公衆對詹森的越南政策的支持率在一月下降到百分之二十六，爲美國參戰以來的最低點。這種事態發展的政治含義在三月十二日新罕布什州總統預選中表現出來：詹森僅獲得百分之四十九的選票。麥卡錫獲得百分之四十二的選票，同時也贏得該州出席全國代表大會的大多數代表的支持。

麥卡錫的表現促使羅伯·甘迺迪重新考慮他早些時候的決定，也加入了競選的行列。儘管他和麥卡錫參加競選的理由表面上相似，都把參加競選的決定歸因於希望逐步結束美國在東南亞的軍事參與，但是他們實際上吸收了美國改革傳統中兩個不同的部分。羅伯·甘迺迪雖然也關心越南戰爭的後果，但是他將競選活動集中於社會正義，而非國際問題或權利問題。甘迺迪自擔任司法部長以來顯著地轉向左翼，他試圖把致力於經濟改革的多種族基礎力量集合起來，使新政聯盟適應現代的需要。只有少數幾位政治家向大學生、非裔美人、墨裔美人及白人種族成員提出了相同的基本觀念，羅伯·甘迺迪則是其中之一。他譴責家庭解體和福利日益盛行，同時也宣揚需要實施慷慨的社會計畫以保護窮人。同時，在他的規劃中，經濟方面的內容回應了新政聯盟中因民主黨的對外政策和權利觀點而疏遠的那些選民，即喬治·華萊士爲爭取一九六四年總統候選人提名而進行最強烈競爭的那些地區的選民。

此後，現行的政治智慧受到其他的打擊。越南春節之後，詹森委派新任國防部長克拉克·克利福德（民主黨的一位老活動家，曾在一九四八年策劃了杜魯門的意外勝利）著手研究將來美國對東南亞的政策。和對外政策方面的「賢哲」狄恩·艾奇遜、埃夫里爾·哈里曼等人商談後，克利福德斷定，越南戰爭的進一步升級不但對美國的經濟和軍事地位構成威脅，而且對美國在歐洲承擔的更緊迫的義務造成無法接受的危險。詹森接受了克利福德的建議，提出停止對北越的轟炸，表示願意同北越進行和平談判。三月三十一日，詹森在對全國發表的電視講話中宣布了上述決定，並且在講話結束時宣布了一個更令人吃驚的決定：爲了將全部精力用於新的和平計畫，他將不謀求連任。詹森的決定改變了國家的政治局面，而四天後發生的事件則打碎了美國大部分的社會結構。四月四日，金恩博士在到田納西州孟菲斯市支持黑人清潔工人的罷工時遭到暗殺。這一暗殺行動除掉了這位堅決採取非暴力方針的民權領袖，卻激起了全國黑人社會的普遍憤怒。一百三十多個城市裡發生了暴動，二萬多人被逮捕，財產損失超過一億美元。四十六人死於暴力事件——全部是黑人。那些暴力活動表明金恩博士所主張並由國會通過的取消種族隔離的措施幾乎沒有緩和黑人的情緒，卻加強了白人對整個民權運動的排斥。

國內和國際事件的嚴重危機感成爲民主黨總統候選人提名競爭的背景。詹森退出競爭之後，副總統休伯特·韓福瑞參加了競選。韓福瑞曾是明尼蘇達州參議員，是一九六〇年謀求總統職位的人們中最堅定的自由派，此時則代表了維持現狀的力量，這證明了民主黨（如果說不是全國）在過去的八年裡向左翼走了多遠。韓福瑞的戰略使麥卡錫和甘迺迪在一系列預選中爭奪民主黨左翼的忠誠。甘迺迪的綱領，激動人心的競選風格，以及其姓氏的魅力，使那位紐約州參議員逐漸擺脫了他的同事——明尼蘇達州參議員麥卡錫。麥卡錫似乎提不出具體的政策建議來解決美國在一九六八年所面對的問題。甘迺迪在預選中取得了一連串的勝利，但是在奧勒岡州預選即倒數第二場預選中失利了。奧勒岡州有一支強大的和平力量，環境保護和政治改革等觀念頗受歡迎，而且白領選民在民主黨選民中占相當大的比例。由於奧勒岡州預選的結果，加州預選就成了麥卡錫和甘迺迪之間最後的較量。結果，二人得票接近，甘迺迪險勝。但是甘迺迪在洛杉磯大使館發表獲勝演講後，被一個精神錯亂的阿拉伯民族主義者槍殺了。這一暗殺事件使民主黨自由派聯盟失去了一個最佳的也是最後的復興機會，往後的發展將證明這一點。

羅伯·甘迺迪之死結束了一個反戰的候選人獲得民主黨提名的任何可能。羅伯·甘迺迪曾擔任其兄約翰·甘迺迪的競選活動總幹事，以後又擔任司法部長，自那時起就和民主黨的忠實支持者廣泛交往，因此他本來有可能在全國代表大會上贏得總統候選人提名，但是甚至他也會遭遇一場惡戰。在芝加哥召開的民主黨全國代表大會上，事態的發展使民主黨已經分裂的結構進一步破碎了。理查·戴利市長和他所代表的工人階級白人選民一樣，根本不同情民主黨聯盟中較激進的成分，因此他決心不讓他們擾亂會議。許多較溫和的抗議者在得知戴利市長的意圖後便離開了芝加哥。但是戴利的策略實際上引起了青年國際黨等邊緣群體的興趣，他們利用這個機會來表明他們對美國政治和社會的腐朽基礎的看法。四天的激烈對抗在八月四日達到高潮。當時抗議者試圖走進會場，卻遭遇數千名警察的阻攔。警察撕掉他們的徽章，大打出手。調查人員後來把警察的反應描述爲一場警察暴亂。全國的電視節目播出了整個事件，似乎充分展示了一個已經失控的政黨、意識形態和社會。以外面的混亂爲背景，民主黨代表大會極力爭取達到似乎預定的結局。由於韓福瑞的提名幾乎大局已定，反戰力量便把注意力集中在民主黨政綱上，但是經過激烈的鬥爭之後，強調結束戰爭的條款還是因一千零四十一票對一千五百六十七票的結果未獲通過。芝加哥大會後的民主黨似乎沒有可能集合其士氣低落的力量，更不可能在秋季展開一場能夠獲勝的全國競選活動。

然而韓福瑞確實有一個優勢：他的對立面也分裂了，因爲喬治·華萊士作爲獨立候選人參加總統競選。儘管華萊士已經離任兩年，但是這既沒有減弱那位前州長的激烈言辭，也沒有削弱他的政治吸引力。在民主黨全國代表大會後的民意測驗中，華萊士的支持率達到百分之二十一；這麼高的支持率似乎足以實現讓任何一個主要政黨的候選人都不能得到選舉團多數的目標。華萊士針對智能不足者、反戰者和爭取女權者，提出了一個吸收了新政遺產的經濟綱領，主張實行聯邦職業培訓計畫，保證由工會代表勞工進行勞資談判，提高最低工資標準。這種折衷的混合物表明了最強烈的反動平民主義。但是隨著競選活動的進展，華萊士的候選人地位開始削弱。那位前州長的政治錯誤，尤其是他選擇退休將軍寇蒂斯·李梅作爲競選夥伴，在某種程度上使他付出了代價。但是華萊士最終還是受挫於第三黨候選人通常遇到的兩種力量。第一，當形勢開始表明華萊士不可能獲勝時，選舉團的動力使華萊士的許多邊緣性選民重新考慮他們支持的對象。第二，也像以前的許多第三黨候選人一樣，華萊士發現自己的觀點被其中的一個主要政黨採納了。在這種情況下，他的候選人身分就完全成爲許多南方白人和城市種族集團重新考慮他們對民主黨忠誠的媒介。

此時，共和黨竭盡全力爭取那些猶豫不決的民主黨人。然而這種策略的設計師是一個有點出人意料的人物：理查·尼克森。在六年前競選加利福尼亞州州長失利之後，尼克森曾告訴記者：「你不會再看到我到處奔走了。」可是在那些年裡，他重新集結了政治力量，在全國各地爲共和黨候選人助選，並且在高華德失敗後成爲能夠吸引共和黨各派力量的候選人。那位前副總統希望利用民衆對暴力蔓延的不滿和白人與民權法規的隔閡，以「法律與秩序」

的綱領進行競選。他選擇斯皮羅·阿格紐作爲競選夥伴，也證實了他的觀點。阿格紐是馬里蘭州州長，曾因鎮壓巴爾的摩市的黑人暴動而開始在全國知名。他猛烈攻擊自由派，凶狠程度不亞於華萊士的許多言語。爲了進一步吸引華萊士的支持者，尼克森譴責利用校車接送學童的做法，並且許諾支持一個保守的最高法院。尼克森以此觀點使選民兩極分化，同時能夠保持領先地位。他向選民保證，他將在國內恢復穩定，在國外體面地恢復和平。他甚至宣稱他有一個結束越南戰爭的「秘密計畫」，但是拒絕透露「秘密計畫」的具體內容。儘管他沒有多少個人激情或個人魅力，是一個蹩腳的競選人，但是他募集了大量競選資金，他的競選活動以巧妙的利用電視而聞名。九月末，尼克森在民意測驗中遙遙領先，超過韓福瑞十五個百分點，而韓福瑞的支持率甚至未能突破百分之三十。

接著，競選活動的勢頭發生了變化。尼克森對勝利信心十足，開始進行消極競選，拒絕韓福瑞反覆提出的進行全國電視辯論的要求，因爲他難以忘記八年前的糟糕表現。作爲副總統，韓福瑞意識到他幾乎不會有什麼損失，便許諾在越南問題上採取更靈活的方針，從而與政府拉開了距離。這種變化雖然引起詹森的反感，但是最終使韓福瑞得到了麥卡錫勉強的認可，也得到了其他反戰的民主黨人的更大支持。韓福瑞的競選活動也突出了他的競選夥伴——緬因州參議員埃德蒙·馬斯基。馬斯基是一個富有思想的溫和派，與夸夸其談的阿格紐或李梅形成了特別鮮明的對照。韓福瑞一直同工會領導人保持密切的關係，因此工會領導人開始動員其力量至少再一次為選舉而保持新政聯盟。當有關美國同北越即將達成和平協議的謠言傳播開來時，韓福瑞似乎能夠完成他的政治反攻。但是美越雙方的談判最後功虧一簣，主要是由於南越總統阮文紹蠻橫無理的要求。阮文紹擔心，通過外交途徑結束戰爭的辦法最終會導致其政權垮臺。美越談判的失敗也停止了韓福瑞上升的勢頭，這足以使尼克森堅持到取得勝利，儘管他贏得大選的票差微不足道。尼克森獲得百分之四十三點四的選民票（韓福瑞獲得百分之四十二點七，華萊士得到百分之十三點五），但是在選舉團裡則以三百零一票對一百九十一票的較大票差獲勝（華萊士獲得四十六票）。選民投票率為百分之六十點六，比八年前下降了近百分之四。但是選舉結果並非偶然；尼克森後來所說的「沈默的多數」，即美國中產階級的大部分人，已經捨棄了民主黨，相信民主黨發動了它無法控制的變革力量，脫離了它長期依賴的基礎。

在某種程度上由於尼克森只是險勝，民主黨保持了對國會兩院的控制，使一九六八年選舉在二十世紀第一次形成這種局面：控制白宮的政黨出現更替，卻沒有在國會裡造成類似的結果。隨著選民投票率下降，這次競選成為美國政治中一個長期趨勢的先兆：選民在國會議員選舉中寧願選民主黨人，而在總統選舉中則支持共和黨人。在民主黨人的理政方式和自由派的意識形態變化方面（贊成加強立法機構的權力，削弱總統直轄的政府機構），民主黨變成為一個國會黨，從而促進了那種趨勢的發展。同時，正如共和黨富有創見的政治戰略家之一凱文·菲利普指出的，在總統選舉方面，一九六八年的結果預示了一個「新興的共和黨多數」取代新政聯盟。爲了取得大選的勝利，共和黨除了依靠中西部和東北部的經濟保守派支持基礎，又增加了兩種力量。在南方，增加的是下層階級，大部分是因民主黨支持民權法規而與之疏遠的農村白人選民。許多人在一九六四年選舉中支持高華德，在一九六八年支持華萊士，但是他們的命運似乎明顯地和共和黨聯繫在一起。與此同時，對於共和黨反共、敵視權利自由主義和削減稅收及聯邦開支的三種觀念，西部地區做出了積極反應。在那三個方面，第一個問題在加利福尼亞、亞利桑那、內華達等州發揮了特別有效的作用，因爲那幾個州的經濟繁榮有賴於同冷戰相關的防務建設。同時，在主要是中產階級白人居住的地區，人們對城市暴力活動和種族緊張關係越來越感到厭惡，因此要求減緩民權問題幾乎不會引起擔心。共和黨對「遙遠」的聯邦官員的抨擊也發揮了作用。在西部大多數州裡，大片土地處於聯邦政府的控制之下（在阿拉斯加州，聯邦政府控制的土地面積最大，高達百分之九十），多數人贊成放鬆而非加強環境保護限制，要求允許對那個地區的自然資源進行更大規模的經濟開發。

國家自由主義的實施，那種思想體系的衰變，以及這兩種情況所造成的保守派反彈，構成了六〇年代美國政治、文化和國際事務的主題。在經濟方面，甘迺迪和詹森時期提出了一系列雄心勃勃的計畫，以「向貧困開戰」和「大社會」達到高潮。然而從許多方面來看，六〇年代的經濟遺產暴露了戰後自由主義議程的局限。甘迺迪政府和詹森政府都努力利用財政政策的微幅調整，例如增加政府開支或略微減少稅收，以刺激經濟增長，希望使戰後消費支出的繁榮長期持續下去，同時使國家政府能夠在不進行收入再分配的情況下解決貧困問題。但是在六〇年代行將結束之際，戰後的經濟繁榮也開始結束了，聯邦赤字和通貨膨脹隱約出現。甘迺迪政府和詹森政府都以保持政治和經濟的一致爲重點，但是都沒有回答國家可以怎樣處理這些事態發展，也沒有回答經濟衰退可能怎樣影響民主黨選舉聯盟的持續穩定這一問題。

在權利問題上，六〇年代顯然取得了巨大的進步。僅從法律上消除種族隔離這一個方面，就標誌著那個年代是美國歷史上最重要的時期之一，而甘迺迪和詹森時期還激勵了爭取女權運動、環境保護運動和學生運動的積極活動。在政府內，最高法院成爲堅決維護個人權利和自由的機構，使人權方面的進步成爲可能。但是六〇年代初的樂觀情緒很快就讓位於分裂和悲觀。六〇年代的重大社會運動中一個接一個地出現了分離主義和遷就主義派別之間的分裂，那個年代到來時似乎很容易進行的選擇突然變得困難起來。尤其是萊恩頓·詹森發現，不存在巧妙處理權利問題的輕鬆捷徑：肯定行動、環境監控和文化變革等事務都造成明顯的贏家和輸家，這種局面不適合總統尋求一致的方針。一些人認爲自己是權利事業進程中的輸家，權利事業的進展或許不可避免地在他們中間引起一種對抗性反應。喬治·華萊士這類人物在政治上的崛起，新政聯盟的崩潰，以及最高法院在美國政治體系中引起的諸多爭議，都反映了那些人的憤怒。

國際事務無助於保持民主黨的團結。古巴飛彈危機的成功解決，在美國大學的演講，以及部分禁止核子試驗條約的簽訂，都爲約翰·甘迺迪創造了一個機會：他可以彌合冷戰自由主義和六〇年代出現的一些較激進的對外政策替代方案之間的差距。然而這一機會轉瞬即逝。美國在越南的軍事介入一旦在一九六四和一九六五年升級，詹森證明無力調和冷戰自由派和懷疑派之間的分歧：前者在其政府裡占據大部分高位，而後者則利用對越戰的懷疑，質疑冷戰自由主義本身的基礎。另外，具有諷刺意味的是，在國會裡和在全國的學生運動及和平運動內，反戰積極分子日益強烈的要求引起了一種對抗性反應，類似於詹森的經濟和社會規劃所引起的對抗性反應。到六〇年代末，對外事務與經濟和社會問題一起造成了民主黨的分裂和幻想破滅。

此時在政治光譜的另一端，共和黨卻團結起來，並且採取了攻勢。儘管高華德的失敗似乎對共和黨的長期活力造成了威脅，但是他的失敗卻爲制定一個意識形態上更加一致的保守規劃鋪平了道路。那種規劃將國際事務方面的強烈反共觀點和國內事務方面敵視政府任何積極行動的立場結合起來。共和黨右翼的這種轉化是使該黨能夠在一九六八年選舉後宣稱其多數黨地位的三種事態發展之一。此外，六〇年代後期出現了許多新問題：犯罪問題、宗教問題和種族問題上的肯定行動。這些問題促進了一種右翼平民主義。那種意識形態由喬治‧華萊士最有力地表述出來，實際上到七〇年代末很容易地融入共和黨的全面規劃。再者，六〇年代出現了右翼知識活動的創新，主要是新保守主義的發展，爲共和黨在國內懷疑大政府的立場和在國外實行武斷的對外政策的要求提供了理論基礎。

民主黨的聲勢開始於一九五八年期中選舉，到詹森於一九六四年的壓倒性勝利達到頂點，使該黨獲得了自二十多年前羅斯福總統以來最堅實的選民基礎。但是事實證明，民主黨無力在六〇年代中後期的經濟、社會和國際混亂中維持黨內團結。華萊士的右翼平民主義觀念有效地分裂了民主黨聯盟，而理查‧尼克森在一九六八年把分裂出來的選民巧妙地吸引過去。到那時，保守派——不管是華萊士類型的保守派還是尼克森類型的保守派——正在確定國家辯論的議程。新問題，從對外政策上的民族主義到國內的法律與秩序或者對最高法院的抨擊，占據了中心地位。當尼克森從詹森手裡接管白宮時，剩下的唯一問題是共和黨的勝利是不是知識上和政治上重新組合的產物。這一問題的答案將在十多年後出現。

〔第五章　保守主義的勝利？〕

冷戰顯然使對外政策成爲美國政府關心的主要問題，但是理查・尼克森對國際政策的關注達到了其前任無法相比的程度。尼克森本人充當對外政策設計師，以現實政治的構想來重新規劃國際事務的結構，並且在此過程中表明美國總統能夠怎樣開展均勢外交，儘管美國的傳統與此相反。尼克森以非比尋常的方式實施了這種對外政策構想。他不信任國務院，認爲國務院已經爲敵視其政治命運的東部知識分子所控制，因此他在一切重要的對外政策問題上都繞過國務院。他設立了一個相對的官僚機構，該機構在白宮裡居於中心地位，由其國家安全顧問亨利・季辛吉來領導。季辛吉以前是哈佛大學的教授，也贊成旨在保持國際力量均勢的對外政策。

可是在涉及東南亞的軍事衝突時，卻難以將這一理論構想轉化爲實際政策：尼克森和他的前任一樣，執意維持美國在冷戰世界上的信譽，在其任期的最初幾個月裡幾乎沒有減少美國在東南亞的活動。因此，越南仍然是美國對外政策和國內政治中的關鍵問題。在某種程度上是爲了遏止公衆對反戰立場日益增多的支持，尼克森終於公開了他長期以來不肯洩露的秘密計畫，宣布他將繼續實行從詹森那裡繼承的「越南化」政策，逐步撤出美國軍隊，把他們的責任移交給南越軍隊。接著，他代表「沈默的多數」講話，指責和平運動的積極分子是不負責任的少數，指責那些人一心破壞他通過談判來體面地結束戰爭的努力。當民意測驗表明公衆支持他的政策時，尼克森非常高興地說：「我們使那些自由派雜種抱頭鼠竄了。」同時，由於擔心在國際上失去信譽，總統也利用他作爲總司令的權力，命令軍隊定期採取激烈的軍事行動來騷擾北越領導人。然而在此過程中，他認識到，要制定既能滿足對外政策需要又能滿足國內公衆要求的越南政策並非易事。一九七〇年初，尼克森命令美國軍隊進攻北越人在柬埔寨的「庇護所」，希望以此壓迫河內政府在和平談判中表現出更大的靈活性。從力量均勢的觀點看，那一行動或許是有意義的。但是消息很快洩露出去，激起了大規模的反戰抗議活動。五月四日，俄亥俄州國民兵按照州長共和黨人約翰·羅茲的命令，向州立肯特大學的一群抗議者開槍，殺害了四名學生，其中包括兩名只是從那裡經過去上課的學生。此後不到兩周，在密西西比州傑克遜大學發生了類似的事件，造成兩名學生死亡。一時間，整個社會秩序似乎都在崩潰。

權威危機長期以來一直在發展，美國大學生中日益增長的激進主義或許充分地表現了這一點。新左派積極分子自稱繼承了民權運動和反戰運動的意識形態，在一九六八年的騷亂之後變得更加堅定。一九六九年，加州大學學生積極分子和學校當局爭奪所謂的「人民公園」，那場鬥爭使整個學校兩極分化，而學生運動在主流文化中的形象，尤其是在一九六八年投票支持尼克森或華萊士的那些人心目中的形象，依然是完全反面的。反主流文化藐視普遍認可的有關行爲舉止、服飾外貌、性生活態度的社會準則，因此反主流文化的發展加劇了那些人對社會衰敗的憂慮。反主流文化支持吸毒，尤其是使用大麻，因此也增加了那些要求密切關注法律與秩序的人的憂慮。（實際上，正是毒品的違法性吸引了反主流文化的成員。）反主流文化的運動引起了許多人的排斥，也毫不奇怪：就其基本形態來說，反主流文化是從根本上挑戰戰後年代中產階級的主流價值觀念。

然而那種動蕩不安的局面也加強了國會裡反戰力量的地位。作爲公衆對戰爭努力日益不滿的標誌，國會兩院廢止《東京灣決議》——該決議是在越南衝突期間批准的幾乎等於宣戰的決議。尼克森不理睬國會的行動，堅持認爲東南亞公約組織以及他作爲總司令的權力使他有權繼續在東南亞派駐軍隊。於是反戰力量開始利用國會控制的撥款權。喬治·麥高文參議員（南達科他州民主黨人）和馬克·哈特菲爾德參議員（俄勒岡州共和黨人）提出一項修正案，要在一年內停止爲越南戰爭行動撥款。儘管他們的提案未能成功，但是它得到了令人注目的三十九票；參議院實際上通過了一個類似的反對入侵柬埔寨的提案。就個人關係而言，總統和自由派長期以來關係緊張，雙方在越南戰爭問題上存在深刻的意識形態分歧。但是到七〇年代初，尼克森與其對手在一個涉及憲法的根本問題上也出現了分歧：是總統還是國會應擁有制定美國對外政策的主導權。《麥高文—哈特菲爾德修正案》和《庫珀—丘奇修正案》的表決結果確定了行政部門和立法部門之間越來越敵對的關係，而那種緊張關係成爲尼克森任期內的主要問題之一。

對於尼克森來說，邊緣的事態，甚至越南的事態，是令人分心的問題。總統關心的主要問題是世界大國之間的三角關係，即美國、前蘇聯和中國之間的關係。尼克森上任後不久，就開始對前蘇聯實行緩和政策，希望更爲密切的經濟、文化和外交聯繫將使莫斯科相信美蘇雙方在維持國際現狀方面具有共同利益。一九七二年，尼克森的努力達到了一個高潮。當時，兩個超級大國通過談判達成了《限制戰略武器協定》，把洲際飛彈數量凍結在現有水平上。與此同時，尼克森採取了其任期裡最果敢的對外政策行動，期望打開同中華人民共和國的外交關係，從側翼包圍前蘇聯。此前，美國不但不承認中國政府，而且千方百計在國際上孤立中國。一九七一年年中，總統派亨利·季辛吉秘密訪問北京，爲總統訪華鋪平道路；尼克森還宣布美國將不再反對中華人民共和國作爲中國的合法政府取得在聯合國的席位。或許只有尼克森這樣一個具有強烈反共背景的人能夠成功地實行同中國建立外交聯繫的方針，而對於任何民主黨人來說，那種行動會造成太多政治風險。

與對外事務相比，尼克森對國內問題幾乎沒有表現出興趣。在競選活動中，尼克森許諾政府將更加關注維護法律與秩序，對轉移華盛頓的權力和恢復傳統的價值觀念等籠統的觀念表示支持。除此之外，總統很少談及國內事務。另外，由於民主黨對國會的持續控制，尼克森無法得到全面的政黨支持。各種因素結合在一起，使總統在國內問題的記錄上前後矛盾。三個重要因素支配了尼克森處理國內事務的方式：希望利用國內問題來取得黨派的優勢；和甘迺迪相似，相信需要調和國內事務的爭議，以便在國際事務方面保持相對的行動自由；個人的不穩定感導致他過分關注其政敵實際的和想像的行動。這三種理政方針不會提供始終一致的國內構想。實際上，從多方面來看，尼克森在國內問題上大概是二十世紀中最缺少思想體系的總統。

在入主白宮之前，尼克森早就有惡劣黨徒的那種恰如其分的名聲，因此政黨偏見成爲尼克森總統職位的一個主要內容也並不奇怪。凱文·菲利普在《新興的共和黨多數》一書中堅持認爲，通過保持其傳統的支持基礎，強調一種反政府的觀點來吸引西南部和西部迅速發展的地區，並且爭取那些對民主黨支持民權感到不滿的南方白人，共和黨就能成爲一個多數黨。根據菲利普斯的觀點，達到這種多數的關鍵是鞏固尼克森於一九六八年在陽光地帶下令人印象深刻的表現。菲利普斯建議，通過抨擊聯邦政府的權力來吸引西部地區鼓吹公民充分自由權的人；強調軍事和國家安全問題，因爲那些問題可能在傳統的南方鷹派地區和關心防務的加利福尼亞發揮有效的作用；實行突出「楔子」問題的「南方戰略」，那些問題將迫使民主黨在疏遠民權人士和疏遠南方白人選民之間進行選擇。共和黨的另一位重要戰略家是派特·布坎南，他是競選活動和白宮的撰稿人。布坎南本人作爲一個愛爾蘭天主教教徒，理解反戰的民主黨人的活動在白人選民中所造成的反感。和菲利普斯的南方戰略一樣，他的策略強調利用引起嚴重爭議的問題驅使民主黨進一步疏遠那些關鍵的選民。在這方面，對民權的敵視發揮了作用，但是布坎南也敦促總統將華萊士的競選活動中的兩極化，用來描述使充滿活力的保守派多數對抗處於守勢的自由派少數的過程。

尼克森南方戰略的最重要事例是他處理司法問題的方式。與詹森政府不同，尼克森明確建議司法部抵制執行最高法院取消學校種族隔離的命令，同時他繼續強烈地（如果說是徒勞無益地）反對法院決定的用校車接送學童以消除種族隔離的措施。對於用校車接送學童的做法，白人特別反感，以超過三比一的比例表示反對，因此尼克森能夠利用這個問題抨擊法院及其民主黨自由派盟友維護民權的活動，從而同時吸引其子女常常受制於法院決定的南方白人和城市種族選民。在尼克森任命最高法院法官方面，政治和原則構成了類似的協調關係；他利用法官任命權來鞏固南方對共和黨的支持，並改變最高法院的意識形態傾向。然而他在那方面的記錄至多是勝敗參半。他提出的兩個人選——南卡羅來納州法官克萊門特·漢斯渥和佛羅里達州法官哈羅德·卡斯韋爾——被認爲不夠資格，因此沒有得到參議院的認可（上一次參議院拒絕批准總統對最高法院法官的提名是在一九三〇年）。但是，尼克森於一九六九年提名華倫·栢格爲首席法官（取代厄爾·沃倫），此後於一九七一年提名亞利桑那州極端保守的法官威廉·倫奎斯特填補空缺，從而開始了最高法院向右轉的進程，而那一進程持續了以後的二十年。從政治方面來說，尼克森開創了一種選擇法官的方法：被提名人的政治條件和司法觀念，而非廣博的法律學識，成爲最高法院法官任命的關鍵條件。最終結果是形成了一個充滿更多意識形態的最高法院。

總統得益於六〇年代引起大量爭議的社會運動內部的持續分裂，即學生運動、和平運動和民權運動的持續分裂。各個運動仍然經受著從詹森總統後期階段就遭受的意識形態兩極化。例如，在「學生爭取民主協會」完全解體之後，存續下來的一個派別自稱為「氣象員」，開始實施一個國內恐怖主義計畫。加州大學伯克萊分校的「人民公園」抗議事件之後，暴力活動擴散到全國各地的大學校園，許多學生完全退出了政治進程，轉向反主流文化。反主流文化活動的高潮之一是一九六九年在紐約伍茲塔克舉行的大型搖滾音樂會，典型地表現出學生日益失去對政治事件的興趣。民權運動內部也出現了類似的意識形態緊張局面，反映為取消種族隔離主義者和分離主義者的嚴重分歧。其他少數群體也開始提出激進的觀點。例如，一群年輕、好鬥的「本土美洲人」發起「美國印地安人運動」，要求政府履行對印第安民族所承諾的長期然而通常被遺忘的條約義務，或者向印第安人提供大規模的聯邦援助，或者恢復印第安人對西部大片土地的控制。六〇年代後期和七〇年代初期，拉丁美洲移民也更強烈地爭取自己的權利。由於詹森政府時期美國移民法規的變化，他們的人數迅速增加。民權積極分子中的基調變化和進一步擴大的民權規劃一樣重要。民權運動日益努力提出不妥協的要求，採取更加強烈的分離主義立場，反對六〇年代初民權活動中主張取消種族隔離主義者的觀點。無論哪一種事態發展都不可能阻止美國白人多數對民權活動發展方向日益增加的懷疑。實際上，所引起的對抗性反應使共和黨能夠確定全國討論民權問題的議程，共和黨強調賦予法院過多權力的危險，譴責新的民權規劃是反過來損害白人的歧視。

如果說南方戰略、眞保守假激進的運動和明確兩極化的競選活動反映了「老尼克森」最強烈的黨派觀念，那麼總統在國內規劃的其他方面則使評論家感到困惑。由於尼克森希望維護推行他所期望的對外政策的能力，因此他在選定的國內事務方面安撫其對手。總統也像約翰·甘迺迪那樣，不那麼關心國內事務。正像他後來說的：「我總是認爲，即使沒有總統，這個國家也能夠自行運轉。你們所需要的只是一個稱職的內閣來管理國內事務。」但是尼克森的對外政策規劃需要一個強大的總統直轄政府機構，它能夠在不受國會阻礙的情況下採取行動，而不是詹森政府後期的那種混亂局面——國會越來越積極地參與國際事務。不僅那種趨勢在一九六八年以後沒有減退，而且許多民主黨自由派依據麥卡錫競選活動的基本思想觀念，致力於弱化總統直轄的政府機構，要由強大的國會制約國際政策的制定和實施。尼克森認爲沒有必要在他不那麼關心的國內問題上同民主黨自由派進一步對抗，因此他領導的政府容忍了聯邦開支的大量增加——對於一個總是宣稱堅持共和黨保守原則的人來說，聯邦開支的增加是驚人的。總統簽署了擴大一九六五年《選舉權法》的法規，還簽署了繼續爲「良好啓蒙計畫」和「經濟機會局」等「向貧困開戰」項目提供資金的法規；他甚至提出了一個激進的福利改革方案——「家庭援助計畫」，這是美國歷史上唯一由總統提出的聯邦政府保障最低收入的議案。由於民主黨對尼克森的意圖持懷疑態度，國會沒有通過那項議案。尼克森提出的一項類似的議案——「歲入分享計畫」，得到了立法機構的批准。根據「歲入分享計畫」，聯邦政府把部分收入返還給州和市政府，用於它們認爲合適的方面。政府用於社會保險的總支出從尼克森上任時的二百七十三億美元增加到他離任時的六百四十七億美元。那筆開支產生了很大影響：到一九七三年，貧困率下降到百分之十一點一，是政府開始進行此類統計以來的最低數字。尼克森於一九七一～一九七二年的預算和詹森政府最後一年的預算相比，社會保險開支增加了百分之五十五，非防務開支增加了百分之四十五，而防務開支實際上下降了百分之三。

同樣重要的是，除了民權問題，尼克森拒絕挑戰日益強大的聯邦官僚機構。聯邦官僚機構仍然致力於實行民權規劃，儘管得到的政治支持在下降。尼克森的這一決定使一些社會改革運動，特別是環境保護運動和女權運動，能夠在進入七〇年代後興旺發展。六〇年代末出現的環境保護運動是一個涉及面廣、內容多樣的運動，使許多人聯合起來，例如關心保持傳統獵場的狩獵者，批評大企業浪費自然資源並且污染空氣的活動家，主張保護野生動物和自然物種、遏止人口增長或停止建設大壩及其他改變環境現狀的基礎建設項目的自由派積極分子。環境保護組織成員的人數從一九六〇年的十二萬四千人迅速增加到一九七二年的一百一十二萬七千人。大衆文化的變化必然產生政治影響：一九六三年國會通過了《空氣清潔法》，一九六五年通過了《水清潔法》，一九六六年通過了《瀕危物種保護法》。一九七〇年，國會通過那個時期最重要的一個法案，建立了環境保護局。這個環境保護機構類似於勞工方面的全國勞工關係局和民權與女權方面的平等就業機會委員會。

婦女運動是六〇年代的另一個重要的社會運動，在一九六八年的創傷之後並沒有失去活力，到七〇年代初得到進一步發展。更多的、各種年齡的婦女加入勞動大軍，同時婦女運動本身激發了文化態度上的廣泛變化，尤其是大學生中文化態度的變化，從而產生了巨大的影響。更多的婦女也開始進入研究所和職業學校，而在七〇年代以前，那些院校傳統上只是男人的領地。但是在經濟問題上以及在六〇年代民權積極分子所關注的更加敏感的歧視形式上，還需要取得實實在在的進步。令人驚奇的是，爭取男女平等主義者甚至得到了尼克森的一些政治支持。一九七二年，總統簽署了第九條法令，該法令禁止高等教育方面的性別歧視，因此成爲大學的許多活動中，特別是大學體育活動中，性別平等的根據。也是在一九七二年，國會通過了《平等權力修正案》，並希望各州迅速予以批准。這個修正案需要得到至少三十八個州的批准；實際上，在一年內就得到了二十八個州的批准，由此表明了爭取女權活動的強大基層力量。爭取男女平等主義者非常成功地仿效民權運動初期的策略，依靠最高法院的裁決、政治上的勝利和基層活動這三方面的結合。一九七三年，最高法院在審理羅控告韋德案時做出了一個最重要的裁決，闡述了隱私權的原則，從法律上認可了人工流產的權利。最高法院的這個裁決提供了另一個例證：民權積極分子的活動日益趨向於超越選舉過程，利用政府行政機構或法院來實施其規劃。

除了黨派偏見和對外政策領域之外，尼克森反常的國內事務記錄中經常濫用總統職權的情況也超過了美國歷史上的任何一屆政府。當然，尼克森企圖擴大其職權的行動在某種程度上是第二次世界大戰以來總統擅權這個大格局的組成部分。但是，尼克森在這方面遠遠超過了他的前任。他在六〇年代後期的政治和社會動亂中上任，認爲日益增加的激進主義跡象威脅國家的生存，因此有必要採取非常的對應措施。在對尼克森擴大其權力的傾向做出解釋時，一個更重要的因素是他過分猜疑的個性。尼克森把政治視爲一種鬥爭，一直自認爲是敵對的東部權勢集團的局外人，堅信必須攻擊他的敵人，並且在一小批專斷而又非常忠誠的工作人員所包圍的白宮裡傾向於自我孤立，因此他非常願意利用其制度上的權力來打擊現實的和想像的政治對手。那些制度的、歷史的和個性的傾向結合在一起，造成了尼克森利用總統職權的一系列事件。一九七二年六月，有五人潛入設在華盛頓特區水門旅館的民主黨全國委員會總部，結果被警察逮捕。其中一個人同中央情報局有聯繫，並且是尼克森「競選連任委員會」的安全協調人；其他四人與邁阿密強烈反對卡斯楚的古巴社團有聯繫——邁阿密是中央情報局招募人員的一個主要基地。在此後的幾個月裡，《華盛頓郵報》的兩位記者——卡爾·伯恩斯坦和鮑勃·伍德沃德——把各種證據線索連在一起，表明潛入民主黨總部事件和白宮有關係。雖然《華盛頓郵報》對此事進行了大量報導，但是在競選期間幾乎沒有引起人們的注意。

實際上，總統及其助手與其說是擔心潛入水門旅館事件的直接影響，不如說擔心「水門事件」的調查正揭露出「支持總統競選連任委員會」所參與的不正當活動，例如通過外國銀行非法轉移捐款和以國內稅務局和中央情報局調查的威脅作爲獲得更多捐款的手段。民主黨確實試圖使人們關注「水門事件」，但是在這方面，尼克森還是得益於民主黨內的持續混亂。經過一九六八年芝加哥的那場災禍之後，民主黨全國委員會任命了由喬治·麥高文和明尼蘇達州衆議員唐納德·弗雷澤共同領導的一個委員會，研究改革民主黨選擇總統候選人的規則。該委員會的主要目標是提出一個公開提名的程序，突出預選在選擇總統候選人中的作用。它希望減少黨內派系在提名過程中的影響，保證代表團裡有一定數量的成員代表婦女、青年和少數群體。這次改革產生了革命性的結果：在一九七二年民主黨全國代表大會上，有百分之三十八的代表是婦女，而在一九六八年，婦女代表只占百分之十三；黑人代表的比例從百分之五增加到百分之十五；三十歲以下的代表則從百分之二點六上升到百分之二十三。該委員會的建議改變了選舉程序，提高了自由派積極分子的作用（他們在預選中往往積極參與投票），嚴重削弱了該黨的基層組織，儘管那些變化在當時還不明顯。選舉改革派實際上控制了選舉過程，因此有助於確定預選的結果。該委員會的活動在許多方面把自由主義權利規劃應用於政治進程，因此民權積極分子從這些變革中獲益頗多，也就沒有什麼奇怪的了。經過爭論頗多的預選以後，在爭取一九七二年民主黨候選人提名的人們中，最堅定的自由派喬治·麥高文最後獲得提名。

秋天的競選活動沒能提高那位南達科他州參議員的地位。麥高文的競選綱領是提倡政府採取更重大的行動來維護婦女和少數群體的權利，推進政治改革和選舉改革，結束美國捲入越戰的行動。他的規劃反映了六〇年代鬥爭中出現的權利自由主義的本質。但正是這種規劃的意識形態純潔性使尼克森能夠實現拉攏心懷不滿的白人選民的菲利普—布坎南規劃。當美國勞工聯合會—產業工會聯合會拒絕支持麥高文作爲總統候選人時，麥高文同民主黨傳統基礎力量的疏遠程度達到了頂點。另外，尼克森和季辛吉加快了結束越戰的談判，季辛吉在十月二十六日宣布那個地區和平在望（事態發展表明，他的預言爲時稍早），這也削弱了麥高文作爲總統候選人的基礎。大選的結果證明總統的政治策略是正確的，如果說不能證明具體細節都是正確的話。尼克森獲得的選民票大大超過了麥高文，領先百分之二十一；在麻薩諸塞州以外的全國其他各州都取得了勝利。尼克森的得票數是共和黨歷史上其總統候選人的最佳成績。

但是對於尼克森來說，問題很快就顯現出來。儘管總統在競選活動中極力宣揚其對外政策的成就，但是尼克森總統任期內最重要的國際事態發展表明了美國力量的限度，而且那些發展主要是在經濟而非大國政治方面。在六〇年代，美國的國民生產總值年平均增長率爲百分之三點六。在美國，甘迺迪政府後期階段經濟業績斐然，但是到詹森政府時期經濟逐漸衰退，那種局面一直持續到尼克森政府時期。一九七一年，爲了減少通貨膨脹的壓力，尼克森使美元脫離金本位，實行工資和物價控制，從而結束了布雷頓森林會議體系。兩年後，美國的經濟實力受到更嚴重的挑戰。爲報復美國在中東「六日戰爭」中對以色列的支持，石油輸出國組織開始實行石油禁運，造成世界石油短缺，使燃料油和汽油價格上升了百分之三十三。這些情況加劇了美國經濟失調的長期趨勢，尤其是加劇了美國製造業的衰退。早在一九六八年，美國的汽車進口就超過了出口，這成爲海外經濟競爭加劇的一個跡象，也是美國二十世紀經濟快速增長的支柱產業——汽車業和鋼鐵業——未來將遭遇困難的不祥之兆。

此外，在尼克森取得巨大勝利的時刻，他本人的麻煩又使他心神不安。大選之後，「水門事件」的五名被告開始同檢察官及北卡羅來納州民主黨參議員薩姆·歐文領導的一個參議院特別委員會合作。那些潛入者的供詞中涉及政府裡的一些重要官員，其中包括白宮顧問約翰·狄恩，而狄恩在抗辯中又把內政助理約翰·埃爾利希曼和白宮辦公廳主任霍爾德曼牽連進去。不久就揭露出兩個相互關聯的醜聞。第一個醜聞涉及尼克森總統任期內特有的濫用總統職權的現象。那些潛入者是由「支持總統競選連任委員會」雇用的，而且調查資料揭露出尼克森在謀求連任的活動中非法籌集資金的許多例證。第二個醜聞引起了更麻煩的問題，因爲有證據表明總統竭力掩蓋罪責，包括總統試圖向中央情報局施壓（違反該局的工作條例），要求該局命令地方警察機構和聯邦調查局停止調查潛入事件。與此同時，行政部門和立法部門之間的關係全面惡化了。在某種程度上是由於水門危機，尼克森放棄了在國內問題上遷就民主黨核心成員的方針，提出一系列擴大行政部門處理國內事務權力的方案。一九七三年，總統開始提出一個引起嚴重爭議的憲法理論：尼克森以限制聯邦開支爲名，援引其執行國家法律的總統權力，開始削減或完全排除國會通過的規劃。以前，沒有一個總統聲稱具有那種「扣留」資金的權力。以前，總統職權在冷戰期間的增長基本上並未觸動國會對撥款的控制權，而尼克森此時實際上是通過威脅立法機構的撥款控制權，來削弱國會的權力。隨著水門危機逐漸展開，行政部門和立法部門之間的關係進一步惡化，歐文委員會加緊調查，衆議院司法委員會開始考慮對總統實行彈劾程序。然而即使沒有水門事件，兩部門之間的關係也已處於一個世紀前安德魯·約翰遜總統時期以來的最低點。

一些國會議員力圖鞏固國會的權力，對抗評論家們所說的冷戰時代的「超級總統職權」，水門事件的出現加強了他們的地位。和國內事務方面的情況一樣，尼克森對秘密外交的強烈愛好無疑曾促使國會採取了一些行動，但是在一九七三年，強化國會權力的努力又加強了，當時國會兩院以壓倒多數通過了《戰爭權力法》，授權國會在六十天內批准向海外派遣美國軍隊進入戰鬥狀態的行政指令。那項法令的制定表明了紐約州的雅各布·賈維茨等共和黨溫和派和密西西比州的約翰·史丹尼斯等民主黨保守派對總統的背叛。他們同意了同事們的意見，認爲行政部門和立法機構之間的權力平衡已經陷入失常的危險。

國會越來越經常地推翻總統對一些具有重大憲法意義的法案的否決，這表明水門事件在多麼大的程度上削弱了總統的政治地位。雖然尼克森再次向全國保證「我不是騙子」，但是有關白宮和橢圓形辦公室的秘密錄音設備的事被揭露之後，總統遭到了最後的打擊。當受命調查此案的特別檢察官阿奇博德·考克斯要求得到那些錄音帶時，尼克森撤了他的職。但是接替考克斯的里昂·賈瓦斯基證明同樣毫不留情，地方執法官員和歐文委員會也絕不會寬容。七月，最高法院一致拒絕有關「行政特權」的要求，命令白宮交出錄音帶。此後，衆議院司法委員會提出彈劾總統的三個理由：妨礙司法公正，藐視國會權威，濫用聯邦機構侵犯美國公民的權利。由於只有少數共和黨參議員堅持認爲總統無罪，尼克森除了辭職別無選擇。一九七四年八月八日，尼克森宣布辭職，成爲第一位自願放棄職位的美國總統。

副總統傑拉德·福特長期擔任衆議院少數黨領袖，此時成爲美國歷史上第一位未參加全國競選而獲得職位的總統。不到一年前，副總統斯皮羅·阿格紐因言行不當而被迫辭職，於是福特被任命爲副總統，取代名譽掃地的阿格紐。因此，福特就任總統後處於非常弱勢的政治地位，這一問題又因民主黨自由派對總統直轄的政府機構的持續攻擊而加劇。在對外政策問題上，民主黨通過了限制中央情報局獨立性和制止美國捲入安哥拉內戰的法案。國會改革派的這些活動表明，越戰和水門事件的結果如何從根本上改變了美國的政治局面。在美國政治文化方面，出現了兩個極爲重大的變化。第一，隨著美國出現二十世紀最嚴重的緊張局勢，選民對政治程序和政府產生了一種嘲諷的態度。第二，越戰和水門事件促使民衆要求進行政治、道德、機構和對外政策方面的改革。就短期來看，後一種情緒更強烈，並對民主黨有利，因爲那些問題補充了要處理選舉改革等問題，並使美國對外政策充滿更強烈的理想主義意識的權利議程。但是從長遠來看，這些政治事態發展進一步擴大了民主黨在經濟問題上的傳統支持基礎和該黨更加活躍的左翼之間的隔閡。

尼克森的辭職鼓舞了那些曾幫助通過戰爭權力法和預算管理法的自由派。此後，自由派把注意力轉向選舉改革。鑒於尼克森於一九七二年謀求連任的競選活動中的弊端，國會通過了《聯邦競選活動和選舉法》，確立了聯邦爲總統競選提供資金的制度，限制個人爲國會競選和總統競選捐款的數量。這項法令是進步時代以來最重大的政治改革嘗試，證明了越戰和水門事件後謀求政治改革的強烈願望，其目標是實現分權，以便最大限度地增加公民個人對政府日常活動施加影響的機會。然而，這種政治改革的願望卻爲兩個相互抵觸的方面做出了預料之外的評注：一是新政時期以來民主黨支持更強大政府的傳統議程，二是七〇年代民權自由主義的基本思想批判。和二〇年代出現的情況一樣，改革派反對濫用聯邦權力，對他們此前一致支持加強國家政府的主張提出疑義。然而也像那個年代出現的情況一樣，這種不安定感爲保守派提供了一個機會：他們能夠利用反對增加聯邦政府權力的情緒來增強民衆對他們自己的政治規劃的支持。

在一九七四年期中選舉到來之際，與共和黨面臨的政治困難相比，民主黨內正在出現的意識形態衝突就相形見絀了。共和黨希望尼克森的辭職能夠使黨的整體免受水門事件醜聞的影響，但是福特上任僅僅一個月之後就赦免了其前任的罪名，結果使共和黨的希望受到嚴重的打擊。另外，新政府努力對付所承繼的經濟問題，即由於石油輸出國組織將油價提高百分之四百多的決定而造成的問題。民意測驗表明，只有六分之一的選民認爲自己比四年前富裕，超過五分之二的人持相反的觀點。一些人認爲，國家已經失去了對其經濟命運的控制。這種意識在一九七四年期中選舉中從政治方面顯示出來。在衆議院裡，民主黨贏得了以前由共和黨占據的四十八個席位，包括共和黨勢力強大的密西根州選區的那個席位。在尼克森任命福特爲副總統之前，那個選區曾連續二十年把福特選入國會。基礎廣泛的政治改革和對外政策改革（而非經濟問題）使一大批民主黨新議員聯合起來。這些新議員被普遍稱爲「水門派」，開始推動一項雄心勃勃的計畫，要限制衆議院領導人和各委員會主席的權力。這種制度改革的結果類似於麥高文－弗雷澤委員會對民主黨總統候選人提名程序的改革，推動了民主黨中間派向左轉，使民主黨增強了對權利問題的認同。這些新議員的規劃超越了機構改革。但是與一九一〇年、一九三四年和一九五八年的民主黨新議員形成了鮮明的對照，「水門派」幾乎沒有對經濟問題表現出興趣。這一群體中的大多數成員或者關注對外政策問題，主張實行軍隊改革、人權外交和增強國會在制定對外政策方面的作用，或者關注公民權利方面的事務，例如環境保護、婦女權利或政治改革。這些問題反映了自由主義在前十年的發展進程中所形成的基本信條，也反映了中產階級選民的利益，那些選民在一九七四年期中選舉中的投票爲許多民主黨人的當選提供了獲勝的票差。他們一般是受過大學教育的郊區居民，甚至對戰後時期較爲有限的規劃中的經濟問題也沒有多少興趣，但卻特別懷疑詹森擴大福利國家的政策的明智性。他們爲民主黨所吸引是因爲他們認爲民主黨在社會問題和對外政策問題上更寬容。

因此，「水門派」在團結於經濟問題上出現破裂，也並不奇怪：新當選的民主黨議員中，一些人仍然忠實於民主黨傳統的新政規劃，但是相當多的人懷疑美國是否能負擔福利國家的進一步擴大，甚至懷疑那樣一種政策是不是政府財力的恰當使用。來自科羅拉多州的新參議員蓋里·哈特說，越戰使新民主黨人越來越懷疑一個更加強大的政府在內外事務上的作用；選民不是把「一幫小休伯特·韓福瑞」選進國會。他的話反映了那一群體中許多人的思想。民主黨自由派對利用政府來促進社會正義的明智性提出疑問，這還是羅斯福總統時期以來的第一次。但是新當選的民主黨議員們盡力提出一個一致的意識形態替代方案，結果使保守派確定了辯論的基調。

這種新思想傾向所產生的最突出的影響或許在於許多新當選的民主黨議員日益支持減少

對經濟的管制，完全改變了民主黨多年來支持加強聯邦政府在經濟方面發揮管制作用的立場。七○年代中期和後期，美國能源系統和運輸系統的一些部門，例如天然氣和航空運輸業，解除了管制。保守派支持限制聯邦政府在經濟方面的作用，因此都歡迎這一措施。然而最有諷刺意味的是，愛德華·甘迺迪等姿態鮮明的自由派也支持解除管制。他們堅持認爲，解除管制的觀念是提高經濟效率並因此而降低消費物價的途徑。因此，戰後對消費者權利的強調得到充分的體現，使自由派放棄了與進步時代和新政時期反壟斷議程相連的整體規劃。解除管制的動向表明經濟事務方面的自由主義規劃如何進入了放任自流的階段。只要全國的關注點依然是政治改革、環境保護等權利問題或者對外政策事務，民主黨內的這些分歧就不會造成嚴重的問題。但是冷戰時期自由主義一致的終結使民主黨在經濟問題上缺少一種定見，這種狀況最終會困擾民主黨。

實際上，隨著福特看守政府的工作進展，經濟問題的重要性日益增加。一九七三年初，通貨膨脹率爲百分之八，到年底達到百分之十。預算赤字達到四百億美元，而以汽車和鋼鐵工業爲中心的工業生產率繼續下降，其原因在於國際競爭加劇和國內經濟不健全。在戰後的那些年裡，工資高的藍領工作曾使產業工人開始進入中產階級的行列，但是新的經濟秩序減少了那些工作崗位。即使保住工作的工人也蒙受了損失：一九七三～一九八○年間，產業工人的實際工資下降了百分之十八。零和經濟觀念加劇了資方和工會之間的緊張關係，因爲企業領導人要求工會領導人在工資和解雇工人方面不斷做出讓步。然而從短期說來，這些事態發展削弱福特的地位。作爲總統，福特沒有一個自己的積極的政策規劃，並且面對著由反對黨控制的國會，因此他在短暫的任期裡以頻繁使用否決權而聞名。另外，他不久就面臨重新提名的嚴峻考驗，面對隆納德·雷根的挑戰。這一考驗涉及那位加利福尼亞州前州長頗爲動人的個人魅力，以及要利用越戰和水門事件之後人們的嘲諷態度的企圖——懷疑政府在任何重要問題上擁有採取建設性行動的能力，遭到削弱的福特勉強得到了總統候選人提名，但是他進入秋天的競選活動後，實際上沒有獲勝的可能。一位民主黨工作人員戲言：「即使我們今年推出一個土豚參加競選，還是會獲勝。」

況且民主黨內的競爭使一個頗有能力的候選人出人意料地獲得了提名：他既能利用水門事件引發的政治潮流——選民的嘲諷態度，又能利用要求更多政治改革的願望。吉米·卡特的從政經歷有限，但是擔任過一任喬治亞州州長——這使他置身於華盛頓的混亂局面之外，實際上成爲他一九七六年競選的資本。卡特在競選活動中幾乎沒有提出具體的經濟計畫，但是他許諾實行一種推進人權的對外政策，並且許諾要努力使政府事務具有更強烈的道德意識，因此得到了在過去十年裡作爲民主黨積極活動基礎的那些人的支持。雖然卡特在預選後期地位不穩，但是其對手的分裂使他也像福特那樣終於獲得了提名，然而二人在各自黨內的得票率大不相同，卡特的得票率超過福特三十三個百分點。由於水門事件揮之不去的影響，福特的競選夥伴——堪薩斯州參議員羅伯·杜爾給人們留下的惡劣印象，以及福特本人因在全國電視轉播的辯論中宣稱前蘇聯並沒有控制東歐而犯下的重大錯誤，卡特最終贏得了大選的勝利，但是票差很小。從理論上說，卡特的勝利使民主黨得到一個扭轉頹勢、重新集結新聯盟的機會，可以把少數群體選民、作爲民主黨傳統基礎的下層階級白人選民以及爲民主黨七〇年代的社會觀念和國際立場所吸引的中產階級選民組合在一起。如果這一組合過程取得成功，就能扭轉一九六八年選舉時開始出現的黨派重組。但是民主黨選民們的各種議程差別太大了。

實際上，卡特沒能扭轉民主黨頹勢的根源就在於他用來贏得選舉的戰略本身。調和其規劃中相互矛盾的要求壓倒了他統轄政務的能力。卡特繼續突出他作爲人民一員的形象——走進其就職遊行的行列，穿著運動衫而非正式服裝在電視上露面，召開「城鎮會議」以便讓個別公民講述他們的緊迫問題。但是那種突出形象的做法只能持續政府的任期，而在實質性問題上，卡特最終證明是嚴重不足的。他實行小範圍的經濟規劃，對其職位固有的權力持有限的構想——這些都是六〇年代後期改革自由主義的主要原則；二者結合在一起，使卡特看起來只是對以勝任和誠實的方式管理政府日常事務感興趣。在對外政策問題上，卡特最初較好地保持了黨內的支持。卡特的外交明顯地背離了冷戰時期的前幾位民主黨總統，強調人權問題，這正是尼克森政府和福特政府時期民主黨國會議員所強調的。卡特停止了美國對阿根廷、智利等「無賴」國家的援助，這標誌著卡特政府開始奉行新的對外政策原則。但是卡特也希望通過更積極的行動來貫徹他的對外政策觀念。他要解決那些懸而未決的事務，最雄心勃勃的嘗試是解決美國和巴拿馬關係的問題。卡特把這一問題作為優先處理的事務，於一九七八年初向國會提交了有關巴拿馬運河的條約，其中美國同意到二千年將運河的控制權交給巴拿馬。這個法案遭到雷根和其他共和黨保守派的強烈反對，他們發動了一場大規模的直接郵件活動，對猶豫不決的參議員施加壓力。白宮發起了一場成功的政治反攻，最終挽救了《巴拿馬運河條約》。參議院以六十八票對三十二票批准了條約，比所需要的三分之二多數票多一票。儘管卡特在這次直接的政治衝突中取得了勝利，但是他在爭取公衆輿論的鬥爭中最終失敗了。在一九七八年期中選舉中，一些支持這個條約的參議員紛紛落馬。從更廣泛的意義上說，《巴拿馬運河條約》之爭顯示出對外政策事務上公衆輿論的變化。越戰之後，民衆對美國因實行冷戰的遏制政策而承擔的海外軍事義務感到厭煩，因此國會推動人權外交的努力得到民衆的大量支持。然而這種改良主義政策也引起了國家主義力量的反對；那些人堅持認為，這種思想觀念忽視了前蘇聯的持續威脅。《巴拿馬運河條約》之爭明確反映出那種對抗情緒，為國家主義者提供了一個易於理解並具有政治效力的問題，來表明他們對政府對外政策的批判。另外，不久又出現了其他問題，表明卡特在強調人權和民主時使美國失去了在冷戰中對抗前蘇聯的地位，換句話說，陷入了軍事衰弱的危險地位。

在第一次世界大戰後十年裡，當改革派在經濟改革問題上出現分歧時，曾轉向對外政策和權利問題。改革派的這一弱點和對戰爭造成的社會、經濟和國際混亂的對抗性反應結合起來，曾爲文化問題的出現鋪平了道路，推動了政治語言中向右轉的顯著變化。七〇年代後期也出現了類似的情況，政府在經濟事務方面無所定見，並且因其對外政策立場而遭到日益強烈的抨擊。左翼的地位遭到削弱，保守派便乘機填補空白，確立了此後二十年裡支配全國文化問題辯論的結構。在新的環境裡，有兩種力量特別活躍：宗教基本教義派和「新右派」。正像六〇年代的政治產生了右翼的對抗性反應，七〇年代的文化發展刺激了那些讚揚傳統道德和宗教價值觀念的對抗運動。在七〇年代，宗教保守派，尤其是福音派基督教徒，也像其二〇年代的前輩那樣轉向了國家政治生活。但是他們此時利用電視的力量來動員以前游離於政治進程之外的選民。傑瑞·法韋爾、派特·羅伯遜、吉姆·貝克等基本教義派牧師主持的電視節目，每周吸引近一億觀衆來收看牧師們鞭笞色情文學、同性戀和女權運動的影響。雖然宗教右翼從來沒有成爲選民的多數，但是他們針對敏感問題的戰略以及福音派信徒在左翼力量收縮其政治活動時卻積極參與基層政治活動的意願，使基本教義運動具有與其實際人數不相稱的影響。在政治領域裡，一些人對文化變革感到憤怒，也對最高法院在審理恩格爾控告維塔爾、羅控告韋德等案件中的裁決感到憤怒，社會保守派對那種憤怒加以引導，獲得了他們的基本力量。他們斥責最高法院的裁決是國家文化精英利用法院的例證，說那些精英人物要通過法院來實現難以通過立法程序達到的自由主義規劃。具有諷刺意味的是，最高法院在做出一系列反映權利自由主義邏輯發展的裁決時，卻引發了一系列削弱自由派政治地位的事態發展。

當《巴拿馬運河條約》成爲刺激國家主義者反對人權外交的問題時，《平等權利修正案》爲宗教右翼提供了將其敵意轉入政治領域的根據。在羅控告韋德案的審理之後，反對《平等權利修正案》的活動也使保守派更普遍地抵制女權運動。《平等權利修正案》順利地得到北部、中西部和太平洋沿岸大多數州的立法機構的批准，但是到七〇年代中期，在傳統上較保守的南部和西南部各州開始考慮這個修正案時，批准的勢頭就停了下來。菲利斯·謝夫利的「鷹論壇」（該組織有五萬多成員）等組織看到了一個機會，成功地改變了修正案辯論的進程，把關注婦女平等權利的問題變成了維護傳統價值觀念的問題。在新的知識氣候下，修正案的支持者不會有成功的機會。到卡特任期結束時，《平等權利修正案》已成一紙空文；最初批准了修正案的一些州的立法機構甚至公開表示推翻原來的決定。

一批保守派活躍分子以「新右派」聞名，他們的出現至少最初是和宗教右翼的出現相呼應的。「新右派」的信條可以追溯到一九六四年高華德的競選活動。「新右派」的政治哲學把強烈的反共立場、對聯邦政府的敵視和文化問題上的保守主義結合在一起，沒有提出什麼新東西。但是在策略方面，「新右派」在利用直接郵件動員其選民方面卻有更多創新。保守派活躍分子一心鼓動全國的不滿感，那種策略加強了他們的支持基礎，保證了保守派候選人在州和地方選舉中籌集資金的巨大優勢。「新右派」還組織了一些具有思想傾向的政治行動委員會，其中實力最強的是全國保守派政治行動委員會。在一九七八年的一些國會議員競選活動中，該委員會顯示了它的力量。「新右派」和宗教保守派強調了許多問題，其中最突出的是人工流產、稅收和聯邦管制等問題，從而改變了政治辯論的性質。在以前的二十年裡，人們很少或者說沒有關注那些問題。宗教保守派最初把支持人工流產的規劃中最容易受到責難的方面作為攻擊目標，例如醫療補助方案為人工流產提供資金等問題。由於反對人工流產的衆議員亨利·海德（伊利諾州共和黨人）的活動，醫療補助方案為流產提供資金的做法被宣布為不合法。在政治方面，「新右派」的活動集中於國會議員競選，其基層活動在競選中具有極大的影響。流產問題給民主黨造成了一個特別的難題，因為最可能因候選人在流產問題上的立場而投票的選民是天主教徒，也就是那些工人階級白人種族選民：他們作為六〇年代做出對抗性反應的一部分，開始離開民主黨。流產問題受到高度重視，使白人種族選民向共和黨的轉移繼續下去。在一九七八年的一些重要的參議員選舉中，尤其是在兩黨勢力接近的中西部地區，就顯示出白人種族選民向共和黨靠攏的情況。

如果說人工流產問題是造成共和黨優勢的最重要的文化問題，那麼稅收問題則是經濟方面最重大的問題。自實行新政以來，對加強聯邦規劃的敵視態度是共和黨經濟觀念的一個主要內容。但是從艾森豪到理查·尼克森，幾位精明的共和黨總統都知道，大多數新政方案並非傳統意義上的福利方案。既然對於法蘭克林·羅斯福來說「權利」表示選擇的途徑，他的那些存續到七〇年代的方案擁有廣泛的選民基礎——選民們決心維護那些方案的繼續存在，反對保守派削減開支的任何企圖。作爲法蘭克林·羅斯福的政治和意識形態追隨者，萊恩頓·詹森效法那種模式，提出了一些方案，醫療保健方案是其中最成功的例子。但是在七〇年代，「新右派」積極分子不是把抨擊的火力集中在政府開支上，而是集中在需要爲聯邦方案提供資金的稅收上。這種手段反映了一個精彩的策略變化：自第二次世界大戰以來，聯邦稅收顯著上升，儘管主要是由於防務開支的增加，而不是因爲聯邦福利制度的發展。（僅從一九六五年到一九八〇年，各層次的稅收從國內生產總值的百分之二十六點五上升到百分之三十點七。）在經濟艱難的時期，反稅收的說敎頗爲有效，尤其是與越戰和水門事件造成的對政府的嘲諷態度結合在一起時。「新右派」積極分子成功地表明，他們活動的主要受害者將是那些利用政府管理的擴張而侵入普通人日常生活中的官僚。

除了意識形態方面，「新右派」也改變了保守派對付政府開支問題的方式。七〇年代的保守派不是從聯邦政府下手，而是集中在州和地方的稅收問題上。在州和地方的層次上，他們可以利用創制權和公民表決程序使要求減稅的議案付諸全州公民投票。一九七八年，他們的活動驚人地顯示出其政治力量。那一年，加州選民通過公民表決程序批准了要求減少州財產稅的第十三號提案（財產稅主要是為教育和公共保險計畫提供資金）。在戰後時期裡，加利福尼亞時常為更廣泛的社會和經濟模式首開先例，此次投票也激發了一場全國性的反稅收運動。保守派還試圖改變美國人考慮政府開支的方式。在六〇年代，自由派成功地強調了實行聯邦方案的必要性，而此時保守派不是辯論是否需要聯邦方案，而是把辯論的焦點日益轉向那些方案的代價。自一九一三年設立聯邦所得稅以來，減稅問題從來沒有在全國政治生活中占有如此突出的地位。「新右派」找到了如何兜售其經濟規劃的方式，而不詳細闡述減少受歡迎的聯邦政府方案的方法。

「新右派」強調的最後一個問題是政府管制問題。與聯邦開支問題的情況一樣，共和黨反映了其選民中企業界的利益，長期以來對政府管制持懷疑態度。但是在戰後時期，政府管制問題幾乎沒有引起公衆的注意。反壟斷的自由派，而非保守派，極其熱情地支持政府管制。但是在七〇年代，主要是由於美國西南部和洛磯山以西地區的發展，這一問題引起更多的注意。那些地區人口密度小，種族相對一致，經濟結構單一，主要是牧場、飼養和採礦業，這種狀況使該地區的政治生活具有不同於美國其他地區的特徵。在西部地區，對「遙遠的」聯邦政府的抨擊和對個人主義的頌揚總是大有市場，幫助激發了七〇年代的塞奇布拉什叛亂。叛亂者要求減少政府管制，特別是減少那些旨在保護環境的管制，要求開發那個地區的聯邦土地以促進經濟發展。部分是由於退休者從氣候不那麼溫和的東北部和中西部的湧入，部分是由於那個地區較低的工資水準和集中的軍事企業造成的經濟成長，亞利桑那州、加利福尼亞州、新墨西哥州、內華達州和德克薩斯州經歷了特別迅速的發展。那些州被稱爲「陽光地帶」，不久就開始對國家政治生活造成相當大的影響，證明易於接受共和黨的經濟觀念和反管制觀念。由於「陽光地帶」沒有東北部和中西部那樣的人口問題和經濟問題，例如產業衰退、內城凋零、空氣和水源普遍污染以及貧困的少數群體普遍存在等問題，因此來自那個地區的政客（不僅是共和黨人，也包括民主黨人）往往反對慷慨的聯邦福利計畫。因此，那個地區的崛起也加快了國家政治向更加保守的方向轉移。

在卡特的任期裡，對六〇年代自由主義的抨擊來自許多不同方面，改變了政治局面。隨著時間的推移，卡特似乎越來越爲經濟問題所困擾，但是他把那些問題歸咎於國家的一個「微恙」。共和黨針鋒相對，攻擊卡特的經濟規劃爲「滯脹」——此時，兩位數的通貨膨脹率和失業率前所未有地結合在一起。在福特政府的最後一年，通貨膨脹率爲百分之四點八；到一九八〇年通貨膨脹率則達到百分之十八的高點，而最優惠利率爲百分之二十一。這些數字證實了共和黨指責的合理性。同時，對外政策問題也開始損害總統的政治聲望。評論家特別指出在伊朗發生的事件，抨擊卡特的外交。在伊朗，何梅尼所領導的伊斯蘭革命運動推翻了巴勒維王朝獨裁但親美的政權。一九七九年十一月，伊朗激進學生在何梅尼政府的鼓勵下，占領了美國駐德黑蘭大使館，扣押五十三名美國人作爲人質，開始使美國人經受四百多天的折磨。十二月，在阿富汗國內發生一系列複雜的事件之後，前蘇聯決定軍事入侵。

面對國內和國際的敵對形勢，卡特在任期的後期階段突然改變了行動方針，開始奉行強硬的反蘇政策。然而在一九八〇年選舉臨近之際，知識狀況和政治形勢都有利於一九六八年開始的黨派重新組合進程繼續下去。「新右派」的力量只是需要一位他們擁戴的領袖。他們不久就在隆納德·雷根身上實現了願望。一九八〇年，雷根成爲共和黨總統候選人，充分證明了國家政治顯著向右轉。此時，民主黨則是以軟弱的地位參與競選，因爲非常明顯，卡特因其對外政策立場疏遠了保守派，同時因其經濟觀點疏遠了自由派。由於在民意測驗中總統的地位明顯下降，愛德華·甘迺迪克服了個人的政治限制，開始爭取黨內提名。這位麻薩諸塞州參議員是一個頗有魅力的演說家，又是一個影響力很大的立法者。他早已放棄了冷戰自由主義，儘管自由主義曾是他在參議院裡的早期立場的特色，並且使之成爲黨內自由派的領袖。但是他也有自身的弱點。沙帕奎迪克事件的回憶使人們對其品格提出了嚴重的疑問。接著，他在一九七九年後期接受了一次電視採訪，努力闡明他成爲總統候選人的基本理念。那次採訪成了對自由主義懈怠狀態雖非故意但卻很有力的批評。最後，在對扣押在伊朗的人質採取營救行動之後，全國重新集合在總司令的周圍，卡特的地位在民意測驗中又有些回升。總統在初期的預選中取得連續勝利，但是由於人質危機持續未決，經濟形勢繼續惡化，甘迺迪的競選活動在春天又突然有所起色。到民主黨在紐約市舉行全國代表大會時，甘迺迪發表了熱情洋溢的講話，號召回歸民主黨的傳統原則。他的講話吸引了傳媒的注意。

雖然卡特在本黨的會議上略欠風采，但是在初秋的全國民意測驗中仍然領先雷根：他得益於人們對雷根意識形態的質疑，同時也是由於共和黨溫和派國會議員約翰·安德森出人預料的出色表現。安德森作爲獨立候選人參與競選，吸引了在社會問題上持自由派觀點但在經濟問題上持保守立場的選民，也就是水門事件後在民主黨取得國會選舉勝利中發揮關鍵作用的那部分選民。但是回想起來，雷根在整個競選過程中都具有優勢。在民意測驗中，幾乎多數人把卡特的政績評價爲「差」或「平均以下」，同時總統政策建議中的陰鬱色彩同雷根政綱中歡愉的樂觀主義形成了鮮明的對照。那位共和黨候選人也得益於保守派智囊團和知識分子的發展，因爲他們賦予各政治階級以前摒棄的許多右翼觀點一種合法性。在雷根競選活動中出現的最突出的思想也許是供應學派的理論，即建議大規模減稅以刺激經濟增長，否定由此造成預算赤字的可能性。這種方案的政治吸引力顯而易見：它提出國家的經濟危難可以得到解決而沒有實際損失，並且促進了在全國日益增強的反稅收運動。在兩主要政黨的候選人面對面的辯論中，雷根表現出色，此後便順利取勝，獲得了百分之五十一的選民票和四十四個州的選舉人票。另外，與艾森豪或尼克森的勝利不同，雷根的表現推動了參加衆議員和參議員競選的共和黨候選人。在全國保守派政治行動委員會等組織籌集資金優勢的幫助下，共和黨實際上擊倒了他們所針對的每一位傑出的自由派參議員，在參議院裡增加了十二個席位，自一九五五年以來第一次重新取得了對參議院的控制。

雷根的勝利標誌著從一九六八年大選開始但後來拖延的重新組合的第二階段。一九六八年的政治形勢打破了新政聯盟，使共和黨成為新興的多數黨。但是尼克森決定專注於對外政策，加上水門事件醜聞，停止了共和黨上升的勢頭，造成了兩黨都不能居支配地位的十年。雷根把喬治·華萊士的右翼平民主義吸引力併入了共和黨的意識形態，從而結束了七〇年代的政治體系。在此過程中，他造成了一種新的政治現象──「雷根民主黨」，也就是那些為新總統的國家主義對外政策、文化保守主義以及政府有限管制和減少稅收的經濟綱領所吸引的北方種族選民和南方白人。另外，雷根在國際問題上的立場斷然結束了共和黨右翼同新孤立主義的調情，使吉恩·柯克帕特里克、保羅·尼采、尤金·羅斯托夫等冷戰自由派歸屬共和黨。最後，雷根主要是通過巧妙地操縱形象的力量，恢復了總統職位本身的制度。他將其思想觀念傳達給美國人民的能力，消除了他以前作為一個極端分子的名聲，為其成功的管理鋪平了道路。

在經濟事務方面，雷根就職時以幾項基本內容作為其信條：他認為社會計畫方面的聯邦開支太大；減稅會刺激足夠的經濟成長，因此不會增加預算赤字；政府的管制正在阻礙企業的生產能力。總統利用他在國會兩院裡的意識形態多數，推動國會通過了一項計畫，削減四百億美元的社會開支，並減少百分之二十五的個人所得稅和企業稅。由於實行那項計畫，再加上增加軍費開支和決定不削減政治上受歡迎的福利方案，結果造成了一千多億美元的預算赤字。那項計畫至少在短期內沒有減緩卡特總統任期結束時已經開始的經濟下滑的趨勢。實際上，雖然通貨膨脹率確實有所下降，但是失業率上升到近百分之十一，達到四十年來的最高水準。雷根政府在一九八二年期中選舉中蒙受了由此產生的後果：民主黨在衆議院裡增加了二十五個席位，使衆議院議長湯瑪斯·歐尼爾（麻薩諸塞州民主黨人）成爲闡明該黨規劃的一個主要人物。從短期來看，民主黨成功地將共和黨描述爲富人的黨，減弱了共和黨進一步削減社會計畫的欲望。然而更重要的是這種結果的更廣泛的含義。民主黨能夠挽回在國會裡的許多損失，這證明了八〇年代初政黨忠誠的鬆散狀態。那個時期出現了一個聯盟解體的過程，越來越多的選民拒絕始終如一地支持一個政黨，常常登記爲無黨派人士，並且表現出分票的傾向——在總統選舉中投一個政黨的票，而在國會議員選舉中投另一政黨成員的票。在意識形態方面，歐尼爾的戰略表明，到八〇年代中期，民主黨如何從幾乎完全否定的方面來界定自己的立場；深刻的意識形態分歧使民主黨不能提出任何具體的經濟綱領。在政治上，他的戰略加強了以保持國會裡的力量爲重點的國內政治方針，因此至少從短期看來是有意義的。但是從長遠來看，把民主黨限定爲一個國會黨，就影響了民主黨推出一位可能當選的總統候選人的能力，同時幾乎不能扭轉六〇年代後期以來已經明顯的由共和黨確定政治議程的進程。

雷根計畫裡前後矛盾的內容，以及他統轄政見分歧的政府時所遇到的政治困難，最終產生了在經濟問題上有些含糊的長期遺產。一方面，在一九八三年期中選舉的挫折之後，經濟業績確實出現好轉，失業率下降，通貨膨脹率保持低點，國民生產總值以近百分之四的速度增長。聯邦儲備委員會降低利率，刺激了消費借貸和支出。世界石油市場供大於求，限制了石油輸出國組織操縱石油價格的能力。總統得益於這些因素。另一方面，美國的國債從一九八〇年的九千零七十億美元上升到八〇年代末的近三萬五千億美元。在雷根總統的八年任期裡，聯邦政府的借貸超過其所有前任政府借貸的總和。雷根就職時許諾，他的強調供應、減少稅收的計畫將會完全消除預算赤字。然而實際結果頗有諷刺意味。但是從長遠看來，這些預算赤字使自由派更難獲得為增加社會計畫資金所需要的政治支持。因此，雷根的經濟政策以一種並非故意設計的方式扭轉了聯邦社會計畫的發展。

這種事態發展體現在對於福利的深刻政治變化和民眾態度變化上：聯邦政府在六〇年代和七〇年代初關注如何幫助窮人，而在八〇年代的華盛頓，著重點是如何削減開支。尤其是在一九八二年眾議院選舉的挫折之後，雷根在政治上非常精明，不會為社會保險或醫療補助方案等民眾歡迎的福利方案爭取經費，但是他確實實施了專門針對窮人的計畫，例如兒童撫養家庭援助方案、職業訓練隊、聯邦殘障補貼等方案。新保守主義知識分子的宣傳加強了這種有所限制的反福利規劃。他們論證，「向貧困開戰」計畫促使家庭破裂，造成對福利的長久依賴，使城市貧民區風氣敗壞。（統計數字似乎支持新保守派的指責：到八〇年代中期，百分之四十五的黑人家庭以婦女爲家長，百分之五十七的黑人兒童爲非婚生子女，儘管這種狀況和聯邦福利政策之間至多只有非常有限的聯繫。黑人失業率也是直線上升，在某種程度上是由於政府有意識的政治決定，實際上沒有關注城市的種種災難。）雷根本人既利用公衆的嘲諷態度，又進一步促進了那種態度的發展。他利用白宮的第一論壇譴責福利欺詐行爲，聲稱聯邦的反貧困計畫中存在普遍的浪費現象。同時，在那種反政府的氛圍中，自由派越來越不願捍衛政治上不得人心、理論上易受責難的計畫。雷根的福利規劃與其經濟政策結合在一起，加快了社會兩極化的發展。一九七七～一九八七年間，底層百分之十的人收入下降了百分之十點五，而上層百分之十的人收入上升了百分之二十四點四，最上層百分之一的人收入增加了百分之七十四點二。在美國八〇年代經濟繁榮所創造的財富中，百分之九十四多歸於百分之二十最富有的人；最上層百分之一的人得到百分之五十多。同時，中間百分之四十的人富裕程度實際上下降了。

與他的共和黨前任不同，雷根對自由主義的抨擊超出了聯邦開支問題，開始攻擊民權積極分子的最後堡壘——聯邦政府官僚和法院。坦率地說，雷根沒有發起一場充滿意識形態的運動來取消環境保護局、全國勞工關係局、平等就業機會委員會等管理機構。在他的八年任期內，雷根沒有解除對任何一個行業的管制，也沒有取消任何重要的政府機構。但是他任命敵視那些機構的工作目標的人擔任管理者，近乎惡意地忽視他所統轄的政府機構，以此來達到他的目的。詹姆士·瓦特是一個公開宣稱反對環境保護論的人，卻被雷根任命為內政部長；瓦特就職後放鬆了對石油和煤礦利益集團的開礦權的限制。安妮·伯福德執掌環境保護局局長的大權，卻遲遲不對排放有毒拉圾的化學公司進行懲罰，而且忽視酸雨問題等緊迫的事務。克拉倫斯·湯瑪斯被雷根任命為平等就業機會委員會的主管以後，任由大量案件積壓，削弱該委員會作為婦女和少數群體權利的保護者的作用。在此期間，商業部制訂了一套深為企業界怨恨的規章（被戲稱為「恐怖的二十條」），卻建議不予實施。具有諷刺意味的是，那些管理機構的拙劣表現為雷根提出的政府無力採取有效行動的論點提供了證據，因此對雷根更加有利。

對於仍然致力於民權自由主義規劃的另一政府部門——最高法院，雷根也予以打擊。雷根在社會問題上為國家機構帶來一種新基調，抨擊肯定行動和女權運動，支持一項准許公立學校進行祈禱活動的憲法修正案。他繼續利用尼克森的方式，精心進行法官的遴選，包括聯邦下級法院法官的遴選，其標準是在意識形態方面可以接受，尤其是在流產問題上的立場可以接受。雷根政府公開迎合重新恢復活力的社會保守派，進一步限制聯邦政府為人工流產提供資金，禁止利用胎兒進行醫學研究，阻止在聯邦提供資金的醫院裡工作的醫生同病人討論人工流產的可能性。總統還確保他所提名的最高法院法官反對人工流產。例如，雷根於一九八四年提名最高法院裡最保守的法官威廉·倫奎斯特擔任首席法官，並且選擇強硬的保守派安東尼·斯卡利亞填補空缺，從而使最高法院裡的力量均勢向右翼傾斜。經過激烈的鬥爭之後，參議院批准了倫奎斯特的提名；斯卡利亞的提名也在一次表決中得以一致通過，許多自由派後來爲此後悔不已。

從比較長遠的觀點來看，雷根在國際事務方面的記錄同樣是旣有成功又有更多的問題。儘管有巨額預算赤字，總統仍拒絕削減將防務開支增加百分之四十一的計畫（五年裡總額爲一萬六千億美元，包括製造一萬七千件新核子武器）。他也不肯放棄對「戰略防禦計畫」的支持，要利用那項複雜而且耗費巨資的計畫來構築抵抗來犯的核武的防禦體系，而那一計畫同他堅持的核威懾戰略觀念是不一致的。同時，雷根積極支持阿富汗、安哥拉、尼加拉瓜、衣索比亞和薩爾瓦多的反共力量，並且扔掉任何人權外交的幌子，加強與南非、智利、菲律賓等獨裁國家的關係。雷根的國家主義對外政策與美國的經濟復興結合在一起，恢復了對美國軍事和經濟實力的信心。在一九八四年的大選中，這一點對總統非常有利。民主黨總統候選人——前副總統華爾特·蒙代爾，提出了增加稅收的競選綱領，迎合有組織的勞工、爭取民權的組織、男女平等主義者、和平運動積極分子等傳統的民主黨選民。他加強了努力，選擇紐約衆議員吉拉汀·費拉蘿爲競選夥伴；費拉羅成爲美國歷史上第一位參加全國競選的女性副總統候選人。任何民主黨人本來都會努力擊敗總統，而總統採用了「美國的早晨」這一競選主題，極力呼喚美國國家主義，在洛杉機奧運會上達到了高潮（美國運動員贏得了大多數獎牌），事實證明這在政治上頗得人心。他以百分之五十九的選民票獲勝，贏得了蒙代爾的家鄉明尼蘇達州之外其他各州的選舉人票。雷根決定取消他在一九八〇年大選時的那種意識形態色彩較濃的活動，但是這也無助於共和黨的國會議員競選。民主黨實際上在參議院裡增加了兩個席位，使參議院裡的共和黨多數從五十三席減少到四十七席。

實際上，雷根的競選策略表明他缺少第二任期的具體規劃，此後四年裡的事態發展證明了這一點。同時，人事變動暴露了總統管理風格的嚴重缺陷。在雷根的第一任期裡已經彌漫著一種醜聞的氣氛。勞工部長雷蒙·多諾萬在被指控敲詐勒索之後辭職。曾任白宮顧問和司法部長的埃德溫·米斯在職期間始終籠罩在行爲不檢的陰雲中，最終也像多諾萬那樣辭職。然而雷根似乎對那些事件無動於衷，批評他的人，例如衆議員帕特里夏·施羅德（科羅拉多州民主黨人），稱他爲「鐵弗龍總統」，因爲對他的種種指責似乎絕不會沾到他身上，但是一九八六年有人揭露了雷根政府的秘密活動之後，那種奇特的政治現象就不復存在了。雷根政府向伊朗秘密出售武器，換取釋放扣押在黎巴嫩的美國人質，然後又將出售武器的收入交給尼加拉瓜的反共叛亂分子。總統承認知道以武器換人質的決定，但是否認他曾批准向尼加拉瓜反政府武裝提供援助，那樣做違背聯邦法律。這種說法起初似乎難以置信，但是漫長的國會聽證會以及特選陪審團的調查表明了另一種情況。實際上，對於雷根的支持者來說，兩種結果都是不利的：或者雷根了解那些情況，因此可能受到彈劾，或者他的管理風格是非常懶散的，用一位評論家的話說，他可以被描述爲「有時生活在夢幻世界裡的人」。大多數共和黨人寧願相信後者。

「伊朗門事件」是困擾雷根第二任期的諸多事件之一。八〇年代經濟復興的不平衡，爲民主黨在一九八六年期中選舉中利用傳統的平民主義論點提供了一個機會。民主黨在選舉中增加了八個參議員席位，重新控制了參議院。接著在一九八七年十月，證券市場在一天之內就下降了五百多點，是下跌最多的一天。另外，社會經濟的兩極化繼續發展，政府忽略窮人和內城區的需要也加快了社會分化的進程。例如，在八〇年代創造的新工作崗位中，有半數的工資對於四口之家來說是在貧困線之下。內城區的中學輟學率超過百分之五十，而黑人中以婦女爲家長的家庭數量上升了近百分之六十，拉美裔美國人中上升了百分之五十。在那種淒慘的環境裡，到八〇年代末，吸毒人數直線上升，日益增多的無家可歸現象成爲城市的一大危機。同時，民主黨對參議院的重新控制削弱了總統的政治地位，在一九八七年後期這已顯而易見。當最高法院裡出現空缺時，雷根提名羅伯特·博克。和斯卡利亞一樣，博克是一個聲名顯赫的保守派知識分子，而且還很年輕，對最高法院的意識形態影響足以延續到下一世紀。但是博克又和斯卡利亞有所不同，他曾撰寫了許多法律著作，否認憲法保障隱私權，挑戰最高法院對羅控告韋德案裁決的論據，抨擊一系列民權法規。民權積極分子在八〇年代的大部分時間裡處於守勢，此時卻對南方溫和派民主黨人施加了有效的壓力，使他們反對批准博克擔任最高法院法官，於是參議院否決了對博克的提名。雷根最後提名溫和派安東尼·甘迺迪填補了空缺。那場鬥爭是六〇年代以來自由派在主要文化問題上取得的第一次勝利，表明美國人對社會事務的看法出現了變化，雖然文化保守派仍然採取攻勢，但是圍繞博克提名問題的鬥爭表明，他們的攻勢有在文化鬥爭中把他們自己而非他們的自由派對手塑造爲極端分子的危險。

雷根的任期是國家在經濟和文化上處於放任自流的狀態中結束的。在國際方面，主要是由於前蘇聯新總書記戈巴契夫的活動，形勢已趨於緩和。一種不穩定的情勢支配了一九八八年的大選：現任總統不參加競選——一九六八年以來第一次出現這種情況。總統競選實際上只是在民主黨人麥可·杜凱吉斯和現任副總統喬治·布希之間進行選擇：前者是麻薩諸塞州州長，沒有多少個人魅力，以能力超越意識形態的綱領進行競選；後者主要是由於保證不增稅（其黨內的主要對手堪薩斯州參議員羅伯·杜爾拒絕那種承諾）並通過迎合日益強大的基督教右翼而得到了黨內提名。在競選的初期，布希落後於杜凱吉斯，但是他採取了強烈否定杜凱吉斯政見的競選策略，抨擊杜凱吉斯持採取過度的民權自由主義措施，包括大肆宣揚麻薩諸塞州黑人在押犯威利·霍頓的經歷——他在周末休假時逃跑，並強姦了馬里蘭州的一名婦女。從另一方面說，杜凱吉斯讓共和黨確定了競選的議程，儘管他在民意測驗中的聲譽超過四年前的蒙代爾。實際上，這位民主黨候選人在東北部、中西部和西部的力量暗示，一個正在興起的民主黨聯盟將對抗控制了陽光地帶的共和黨。

布希超乎尋常地繼續了冷戰時期大多數總統關注對外事務而對國內政策缺少興趣的傾向。新總統得益於冷戰結束造成的國際局勢變化，而且他本人也證明擅長外交。一九八九年，美國入侵巴拿馬，旨在推翻諾瑞加政權。諾瑞加被指控進行毒品走私。結果證明，美軍的入侵行動在國內頗得人心，並且達到了預期的目的。在國務卿詹姆斯·貝克的協助下，布希同戈巴契夫進行合作，同意全面削減兩國的核子武器。布希政府處理一九九〇年伊拉克入侵科威特事件的方式，大大加強了他的對外政策信譽。在最初的躊躇之後，布希確定由美國作爲一個國際聯盟的首領，堅決把伊拉克趕出科威特。如果可能，就通過聯合國對伊拉克實行經濟制裁；如有必要，就對伊拉克使用武力。爲了確立那種威脅的可信性，聯合國在沙烏地阿拉伯部署了大量軍隊（人數達到六十九萬），布希不斷表現出動用那支軍隊的傾向。一月，國會兩院勉強通過了決議，授權總統使用美國軍隊；四天後，美軍開始轟炸伊拉克。經過短暫的地面戰之後，伊拉克於二月底屈服。和布希的大多數其他對外政策方案一樣，這場戰爭得到了美國國內的有力支持，而戰爭的勝利使布希的支持率上升到百分之九十以上。

總統極力將他得到的支持轉移到國內事務方面。在布希的整個任期裡，國會始終處於民主黨的控制之下。布希與國會合作，使一項反對工作歧視的民權法案得以通過。但是使布希上臺的那些政治策略，例如反對增稅的承諾和否定杜凱吉斯的宣傳活動，也使他沒能得到一種授權。爲了減少雷根時期的赤字，他同意把增稅作爲整體預算案的組成部分，因此違背了他在一九八八年做出的一項重要承諾。此後，布希的政策沒能使經濟從一九九〇年開始的急劇衰退中復興，他的支持率也就開始下降。布希還面對著其前任留下的文化遺產。最高法院曾以七比二的多數做出有利於羅的裁決，但是到一九八八年那種多數消失了，反映了基督教右翼在選擇最高法院法官中日益增長的勢力。密蘇里州的一項法規禁止在公共醫療機構裡進行人工流產，不許將公共資金用於流產諮詢，對進行流產手術的醫生施加許多要求。一九八九年，最高法院對密蘇里州的這項法規是否符合憲法進行復審。最高法院拒絕利用這一案例完全推翻有關羅控告韋德案的裁決，但是確認了那些限制。法院的決定具有直接的政治影響，儘管政治影響是多方面的。一些共和黨人，尤其是婦女，以前與其說是爲共和黨在社會問題上的強硬立場所吸引，不如說是爲共和黨在經濟問題上鼓吹公民充分自由權的哲學所誘惑，此時則開始投向民主黨。在其任期的後期，布希對司法問題的處理，尤其是任命克拉倫斯·湯瑪斯（一個極端保守派，曾被以前的雇員指控性騷擾）爲最高法院法官，擴大了時事評論員所說的「性別差距」：男人贊成共和黨，但是婦女越來越表現出對民主黨的偏愛。自六〇年代以來，文化問題第一次不再必然在政治上有利於共和黨。

但是，文化政治的性質變化和經濟衰退對布希政治地位的破壞性影響，直到一九九二年民主黨預選開始以後才變得格外明顯。民主黨的主要人物都沒有參加競選，認定波灣戰爭的勝利將會保證總統的連任。於是，民主黨轉向阿肯色州州長比爾‧柯林頓。儘管柯林頓的議程模糊不清，而且他有許多令人尷尬的個人和財務醜聞，但是他承諾要「像雷射光般」集中於經濟，因此得到了提名。德州億萬富翁裴洛作爲獨立候選人參加競選，其綱領把平民主義的辭藻與倡導政治改革和縮減預算赤字的觀點結合起來。他的參選使競選形勢進一步複雜化了。在某種程度上由於其對手的弱點，裴洛在春末的民意測驗中一度領先，可是此後他突然退出競選。他於十月再度參加競選，可是再也沒有得到以前那麼多的支持。柯林頓最終取得了穩固的，雖然並非壓倒性的勝利：他得到百分之四十三的選民票，而布希獲得百分之三十八的選民票，裴洛的得票爲百分之十九。柯林頓依靠了杜凱吉斯在一九八八年大選的聯盟，在加利福尼亞州、伊利諾州、密西根州和俄亥俄州獲勝，又一舉拿下東北部、工業迅速發展的中西部和西部各州。那些地區在全國選舉中越來越支持民主黨。在參議員選舉中，卡羅爾‧莫斯利—布朗決定參加競選，以抗議任命克拉倫斯‧湯瑪斯爲最高法院法官的決定；她取得了競選的勝利，成爲第一位黑人女參議員。對於時事評論家所說的政治上的「婦女年」，她的勝利成爲最具體的證明。

柯林頓成爲這十年裡第一位擁有國會兩院有效多數的總統，但是他的管理卻反覆無常。上任之初，柯林頓總統雄心勃勃地努力擴大民權議程，提議終止長期以來不許同性戀者在軍隊服役的禁令，支持內政部長布魯斯·巴比特和環境保護局長卡羅·布隆納強化環境保護法規的積極努力，大力宣揚競選籌資制度改革，許諾更加重視政府道德，並且在初期任命了許多民權積極分子到司法部任職。但是在保守派以及本黨內一些人的猛烈反擊下，柯林頓最終在那些問題上全線後退了。他的政府也蒙受了尼克森總統任期以來無可比擬的道德醜聞的損害。在國際事務方面，柯林頓的表現同樣前後不一致，改變了競選時要實行以促進人權爲基礎的對華政策和對海地政策的承諾，也改變了要更有力地援助在波士尼亞內戰中遭到圍困的回教徒力量的承諾。在經濟事務方面，柯林頓有比較實在的記錄。他提出了通過提高高收入美國人的所得稅稅率以減少赤字的預算案。儘管沒有得到共和黨的一張支持票，柯林頓還是使國會批准了那個預算案。同時，他簽署了頗受歡迎的法規，許可工人享有長達十二周的無薪假期以便處理急迫的家庭事務（布希認爲此類法規侵犯企業自主權而予以否決）。他還堅決抵制了本黨內一些人的反對意見，尤其是勞聯—產聯的反對意見，維護了《北美自由貿易協定》，消除了美國、墨西哥和加拿大三國之間的大多數貿易障礙。他提出對美國保健制度進行徹底改革，以保證醫療範圍和減少醫療費用，但是這個姿態最鮮明的方案沒有得到國會的批准。柯林頓政府政治上的無能、這個方案的複雜性以及共和黨和私人保險公司的有效反對活動等因素結合在一起，使他的方案歸於失敗。

那個整體保健方案沒能得到民主黨控制的國會的批准，這表明民主黨向國會黨的轉化牽制了該黨圍繞一個明確的經濟綱領團結起來的能力。柯林頓和民主黨將蒙受其後果。在一九九四年期中選舉中，共和黨以「與美國簽約」爲口號進行競選，許諾進行選舉改革、減少稅收和縮減開支，結果是自一九五五年以來第一次成爲衆議院多數，並且重新控制了參議院。從多方面來看，選舉的結果標誌著從一九六八年選舉開始，並由一九八〇年雷根當選所繼續的政治重新組合的第三階段。以前只要共和黨控制白宮，民主黨就能保持在國會裡的勢力，但是此時選民也通過把民主黨人逐出國會來表明他們對自由主義的敵視態度。柯林頓對此大爲震驚，在一九九五年的講話中不得不宣布大政府的時代已經結束，並且公開聲稱，作爲總統，他依然關注政治進程。從短期來看，對國家議程的控制權轉到了國會，而國會在衆議院議長金瑞契（喬治亞州共和黨人）強有力的領導下採取行動。但是，當金瑞契及其盟友爲迫使柯林頓同意共和黨的預算案而認可聯邦政府停擺時，他們就超越了權限。由於更穩固的國際地位，以及公衆日益將共和黨視爲經濟和社會問題上的極端分子，柯林頓則大受裨益。參議院多數黨領袖鮑勃·杜爾是一個頗有才幹的立法人，但是當共和黨提名杜爾爲總統候選人時，他卻不能明確闡述其競選的觀念，此時柯林頓的政治命運也就進一步好轉了。儘管有許多在財務和道德方面的醜聞，柯林頓在秋季選舉中還是取得了勝利；共和黨則保持了國會兩院的多數，證明了美國長期的意識形態趨勢。

一九六八年以後的歲月成爲二十世紀美國政治生活中改革力量未能確定國家辯論議程的

唯一漫長時期。在政治方面，這一時期裡出現了驚人的重新組合。一九六八年選舉打破了民主黨新政聯盟的基礎，但是共和黨依然是把促使南方白人和北方種族選民不滿的右翼平民主義與該黨傳統的經濟觀念結合在一起。由於那項任務的複雜性，再加上水門危機的影響，民主黨能夠在七〇年代中期有所恢復。但是卡特沒能鞏固他所得到的授權，於是開始了共和黨重新組合的第二階段——一九八〇年的「雷根革命」。「雷根革命」使共和黨成爲全國選舉中的多數，並且使民主黨變爲一個國會黨。當選民使共和黨成爲國會兩院的多數以對抗柯林頓總統頭兩年的管理時，民主黨最終失去了在國會這一層次上的優勢。但是伴隨著共和黨勢力的增強，也出現了選民不認同任何一個主要政黨的傾向。這一發展趨勢反映在國家機構越來越經常爲兩黨分別控制上，也反映在這個時期的幾次總統選舉中獨立候選人的出色表現上。

一九六八年以來的歲月也表明了第二次世界大戰後自由主義議程持續的知識局限和政治局限。在國際問題上，人權外交使自由派能夠根據越戰後的政治和國際環境修訂其對外政策規劃，但是改革派卻無力維持其政治支持的基礎。在民權問題上也出現了類似的情況：基督教保守派和「新右派」日益確定辯論的範圍。只是在八〇年代後期和九〇年代初期，自由派才開始嘗試重新控制國家文化議程的中心議題，尤其是通過利用婦女問題以及能夠得益於環境保護論的重新流行。同時，在國家自由主義衰退之後，改革派再也不能依據任何明確的經濟規劃聯合起來，從支持大量的社會開支轉變爲接受政府管制的削減，再轉變爲強調通過政府與企業之間更密切的合作以促進經濟成長。實際上，在國家政府內部，只有最高法院始終如一地設計改革規劃，但是在八〇年代中期任命了共和黨法官之後，最高法院也從以前的積極活動中後退了。自由派的混亂與保守派反對政府計畫、支持減少稅收和維護傳統文化價值觀念的一貫信念形成了對照。但是到九〇年代中期，由於選民在兩黨之間劇烈地搖擺，政治的發展處於不斷變化之中。

〔結論〕

自進步時代以來，美國政治語言發生了一系列顯著的變化。在經濟問題上，進步時代和新政的諸多決定爲戰後歲月確立了基本結構。平民黨的衰落，伍德羅·威爾遜在建立聯邦貿易委員會和削弱《克萊頓法》的過程中所做的妥協，以及此後反壟斷主義者在新政時期無力提出一致議程的表現，都注定了政府爲改革美國經濟的公司基礎而採取的行動的命運。另外，新政初期主要利用不挑戰國家和地方政府權威的方法，制定了許多福利計畫，特別是社會保障和失業保險計畫，作爲權利法案而非作爲試驗手段的議案，從而建立了美國福利國家的基礎。這些決定，再加上對政府嚴格管制經濟的支持日益下降，限制了戰後時期改革派考慮經濟問題的視野。評論家談到一九六〇年兩黨政綱之間的相似之處，基本上是切中要點的。此外，戰後最雄心勃勃的自由主義規劃——萊恩頓·詹森的「大社會」沒有成爲現實，因此激發了公衆對政府行動的嘲諷態度，而這種態度成爲一九六八年以後美國政治生活的主要方面之一，並且使共和黨自二〇年代以來第一次能夠確定經濟議程。以前是注重政府在管制企業或刺激經濟增長中的作用，而此時爲一系列不同的問題所取代，主要是關注減稅和平衡聯邦預算。隆納德·雷根象徵了一種新的知識環境，使美國人對經濟事務的看法明顯地轉向右翼。

和經濟方面的情況一樣，美國處理二十世紀國際事務的基本框架在第二次世界大戰之前，特別是在進步時代的兩個階段裡，就建構起來了。首先，在一九〇〇～一九一七年間，當時的兩個主要人物——狄奧多·羅斯福和伍德羅·威爾遜，試圖將其國內意識形態轉化為一個一致的國際規劃：羅斯福極力主張致力於力量均勢外交；威爾遜主張傳播具有那個時代特色的理想主義，支持國際聯盟、公開外交和民族自決。第一次世界大戰後，威爾遜擴展了進步派的國際主義觀點，突出地體現在他的《十四點計畫》中。但是，他此時遭遇了左右兩方面的挑戰：右翼的挑戰來自亨利·洛奇等人，左翼的挑戰主要來自和平進步派。與經濟改革不同，隨著時間的推移，國際事務對國家政治越來越重要。在兩次世界大戰之間的大部分時間裡，對外政策上的爭論——關於胡佛的歐洲政策和美國在加勒比海地區的干預——代替了經濟問題上的爭論。隨著冷戰開始、反共政治以及國家安全委員會六十八號文件所引起的防務擴張，對外政策的動力實際上減弱了。但是對冷戰時期「一致」的挑戰繼續存在。四〇年代後期和五〇年代，右翼的挑戰來自「院外援華集團」、羅伯特·塔虎脫周圍的那些人、韓戰期間的麥克阿瑟將軍以及後來的約瑟夫·麥卡錫，他們主張實行一種國家主義和單邊主義的對外政策。接著，在六〇年代，左翼猛烈地抨擊冷戰結構，那種抨擊在越戰期間達到了高潮。在七〇年代和八〇年代，兩種力量之間的辯論繼續進行；自共產主義崩潰並由此而結束冷戰時期的兩黨一致以來，雙方之間的辯論從許多方面來說都變得更加激烈了。

在文化事務上，擴展與對抗這一主題始終占居支配地位，而且也是在進步時代確立了那種格局。雖然最強大的進步主義傾向是集中在經濟改革問題上，但是進步運動也在擴大個人權利的問題上，例如在爭取婦女權利、公民權利、生育控制和公民自由等問題上，引發了更大規模的活動，尤其是基層的積極活動。然而，進步時代同時也造成了爭取社會更加凝聚的願望，增強了對戒酒和限制移民等主張的支持。第一次世界大戰引起的騷亂有利於政府採取行動以建立一個更加一致的社會；排外主義、禁酒主義和基本教義派都在二〇年代顯示出令人注目的力量，儘管那種保守主義浪潮隨著大蕭條的到來而減退，美國政治和社會的焦點又回歸到經濟問題上。文化方面擴展與對抗的下一個重大浪潮出現在四〇年代和五〇年代。美國自由主義的關注點從經濟問題轉向民權事業，這種轉化爲民權成爲美國政治生活中的關鍵問題提供了一個有利的知識環境；人口方面的變化加快了這一進程。但是戰後的自由主義也引起了一種反作用，五〇年代的反共環境促進了文化的一致，郊區的發展、結婚率和生育率的上升以及那十年的電視和電影中都顯示出文化的一致性。隨著六〇年代的一些事件，開始了二十世紀裡最後一次也是最重要的一次文化浪潮。民權運動把強大的基層社會活動與更加宏大的意識形態規劃結合起來，同時女權運動和環境保護運動也採取類似的策略和思想路線。在政治領域裡，這三個運動最初都得到了相當廣泛的支持，但是最終都更多地依靠直接政治程序以外的機構實施它們的規劃，尤其是依靠聯邦行政機構和最高法院。但是，特別是在六〇年代後期的騷亂之後，超越政治進程也爲文化方面強烈的對抗性反應奠定了基礎。評論家把那種對抗性反應公正地或不公正地歸咎於六〇年代的自由主義議程。七〇年代出現了宗教基本教義派的復興，阻止了《平等權利修正案》的通過，阻礙了女權運動在流產等問題上的進展。那個年代也出現了保守派對民權運動和環境保護運動議程的挑戰。另外，「新右派」和基本教義派都顯示出對政治進程施加其影響的能力。

具有強烈意識形態傾向的利益團體的出現，例如基督教右派的出現，證明了進步時代以來美國政治的性質變化。羅斯福和威爾遜的時代結束了鍍金時代的制度，使意識形態在政治事務中發揮更重要的作用，使利益團體在設計國事辯論中取得突出的地位。共和黨人在理論上控制了新的政治制度，但是他們蒙受了內部尖銳分歧的損害，結果共和黨在一九一二年陷入分裂。一九一二年和一九二四年的大選中出現了重要的第三黨總統候選人，從而證明了整個進步時代政治生活的易變性。大蕭條迎來了一種新的政治制度，其特徵是出現了一個聯盟——它包括了南方白人、非洲裔美國人和北方種族選民，在勞工和知識分子的意識形態影響下運作。以前的進步派向民主黨靠攏，使共和黨的中間派轉向右翼，結果產生了一個更加一致的共和黨，而民主黨於地區間和意識形態上的分歧在第二次世界大戰後變得更加尖銳。實際上，經濟的再度繁榮減弱了人們對聯邦政府在國內事務中發揮積極作用的支持，而且日益強調民權問題也使南方民主黨人與該黨的其他成員相分離，因此法蘭克林·羅斯福的聯盟變得脆弱了。在杜魯門於一九四八年的勝利中，民主黨的脆弱性已顯而易見；在六〇年代國內和國際的騷亂事件之後，民主黨的聯盟無法維持下去了。一九六八年的選舉激發了一個重新組合同時又是解體的過程。共和黨在南方和西部的勢力擴大，使「陽光地帶」成為保守主義的基地，但是水門事件制約了共和黨的崛起。然而，關心改革的民主黨聯盟內部關係緊張，卡特無力對付七〇年代的經濟危機，這些因素造成了又一次向右翼的傾斜，雷根在一九八〇年的勝利及其上任初期的政策就是證明。但是兩黨輪流控制國會的情況——更不用說裴洛在一九九二年大選中可觀的得票數，證明了選民對兩黨不耐煩的情緒。

自進步時代以來，除了美國政治生活和政治語言的性質變化，政府在美國社會中的作用也發生了變化，也是進步時代確立了以後政治發展的格局。狄奧多·羅斯福的成就也許比不上他的辭令，但是他通過行政管理、在國際舞臺上的單邊行動以及利用白宮作為第一論壇，擴大了總統的權力，因此留下了一筆經久不衰的遺產。威爾遜依靠羅斯福的成就，提供了總統如何作為黨的領袖來實施立法議程的榜樣，並且提供了總統領導的另一種方式，即利用其演說的力量在他認為重要的問題上教育美國公衆和政治階級。但是其他管理部門也並非唯唯諾諾。最高法院在經濟問題上發揮了重大的作用。國會失去了在鍍金時代曾享有的政治主導地位，但是它也找到了繼續作為重要力量的新途徑。實際上，在整個進步時代，三個部門之間的競爭是很激烈的。

法蘭克林·羅斯福的任期以及新政的推行，似乎確立了行政部門的首要地位。總統在任職初期的歲月裡顯然確定了議程，而他所主張的立法，尤其是一九三五～一九三六年間第二次新政期間的立法，設置了行政官僚機構，使國會幾乎不可能收回以前曾經享有的那種權力。另外，法蘭克林·羅斯福成功地利用了技術的發展，尤其是無線電廣播，來傳播他的觀點，這表明總統能夠繞過國家傳媒和國會來建立自己的優勢地位。實際上，甚至羅斯福所遭受的最嚴重的挫折，即一九三七年圍繞最高法院法官提名的鬥爭，也在一定程度上證明了總統的實力，因爲正是總統提出的建議引起了最高法院的意識形態變化，保證了一些關鍵的新政法規得以延續。此後，核武的出現、冷戰的爆發以及對國會三〇年代試圖制定中立法規的對抗性反應，使總統在對外事務方面日益專斷。在技術方面，電視的發展爲羅斯福的後繼者，尤其是甘迺迪和雷根，提供了一個機會：他們作爲高超的觀點傳播者，確立了總統在國家政治生活中的中心地位。在政治方面，競選活動的性質變化，政黨組織的權力下降，政治分化的進程，以及總統候選人提名程序的變化，使總統能夠建立一個獨立的政治基礎。這種情況在進步時代是不可能出現的。

然而，甚至在所謂的「超級總統職權」期間，各部門之間繼續進行著健康的競爭。以提名最高法院法官的鬥爭爲開端，保守派聯盟建立起來，使國會至少能夠成爲阻礙立法的力量，如果說不是立法創議者。另外，在戰後的歲月裡，雄心勃勃的國會議員找到了在正式立法程序之外施加影響的方法。在五〇年代，麥卡錫找到了一個途徑：他利用國會傳統的監督權，不是主張就政府裡的共產黨問題進行立法，而是策劃全國性的辯論。在六〇年代後期和七〇年代初期，自由派參議員展示了他們的力量，首先是對詹森的越南政策發動攻擊，然後又在水門危機期間促進國會勢力的復興。立法機構也保持了它的傳統作用；甚至詹森也修訂了他的「大社會」計畫，以便適應國會支持的需要。冷戰結束以來，在反對喬治·布希和比爾·柯林頓統轄的相當軟弱的政府機構時，國會顯著地增強了政治勢力，雖然尚不明朗的是這是否反映了兩個部門之間力量均勢的長期變化。除了立法部門和行政部門之間的競爭，無論如何可以表明最高法院在第二次世界大戰後的許多時期裡控制了政治議程。一九三五～一九五五年間，最高法院放棄了它在經濟問題上發揮的傳統積極作用，而成為國家政府內維護個人權利的倡導者。首席法官沃倫時期的決定迫使人們考慮許多引起分裂的問題，例如有關取消學校的種族隔離、肯定行動、用校車接送學童、教會與政府的關係、選舉改革、隱私權、人工流產、公民自由權、被告的權利等問題。戰前的總統和立法機構領導人寧願迴避這些問題。最高法院的許多決定在七〇年代和八〇年代激起了對民權自由主義的對抗性反應，而另一些決定則證明難以執行或不可能執行。然而最高法院成為民權規劃的知識堡壘，界定了戰後時期許多政治辯論的範圍，因此在一九五四～一九七五年間對抗了行政部門或立法部門的勢力。

儘管最高法院在一定程度上隔離於選舉過程，它卻對國家的政治生活產生了深遠的影響。但是最高法院並不是聯邦政府中發揮深遠影響的唯一分支機構。聯邦行政機構也日益獨立地採取行動，有時幾乎成爲第四個政府部門。聯邦行政機構的發展反映了二十世紀美國政治制度中最引人注目的變化。進步時代啓動了這一進程。狄奧多·羅斯福和赫伯特·克羅利等人爲實行政府管制奠定了知識基礎；伍德羅·威爾遜採用其對手的方法，建立了聯邦貿易委員會，因此取得了政治成就。政府管制的概念遭遇了與第一次世界大戰相連的對抗性反應，但是它繼續得到改革派的有力支持，特別是他們對待公用事業的立場表明了這一點。新政復興了社會主流對加強官僚機構在經濟生活中的作用的支持。例如，全國勞工關係委員會證明了勞工在民主黨聯盟中日益增長的重要性，而且標誌著官僚機構的一個新職能：從政治進程中消除引起爭論的問題，把它們交給專家來決定。官僚機構的下一次重大擴展出現在冷戰初期階段，當時國家安全事態的發展克服了美國反國家統制的傳統，強化了國防部，建立了中央情報局和國家安全委員會等機構。然後在六〇年代和七〇年代初，民權活動家支持建立新的機構，例如平等就業機會委員會、環境保護局和聯邦交易委員會。雖然也有例外，但是官僚機構發展的結果總的說來是更加強調穩定，而不是強調有利於改革議程的政府干預。然而官僚機構同時也向改革派提供了某種保障：他們的議程不會因爲選舉造成的政權突然交替而被消除。

這一事實或許可以解釋保守派對官僚機構進行漫罵式攻擊的原因。那種攻擊曾是二〇年代保守派的主要武器，一九七〇年以後在右翼活動家中再度流行起來。實際上，如果說整個國家已經接受了政府機構的發展，那也是以一種相當特殊的方式接受的。許多進步派的思想體系中，尤其是中西部和西部基層活動家的思想意識中，充滿了反對國家統制的觀點。在新政時期，反國家統制的觀點幾乎沒有消失。雖然法蘭克林·羅斯福的國內規劃大幅地擴展了聯邦政府的規模，但是總統還是把他的計畫精心地設計爲臨時措施或權利法案。最後，只是由於第二次世界大戰及冷戰中的對外政策事務在很大程度上造成了共和黨右翼的態度變化，減弱了共和黨傳統上堅持削弱官僚機構的要求，才阻止了向二〇年代反政府氣候的回歸。「大社會」和「向貧困開戰」計畫象徵了「一致」的出現，有利於政府在經濟生活中發揮強有力的作用。尼克森的著名評論反映了那種一致：「我們現在都是凱因斯主義者。」但是具有諷刺意味的是，就在尼克森做出那一評論的時候，越戰在自由派中的影響、「新右派」的出現和水門事件激發的公衆對政府的嘲諷態度等各種力量結合在一起，激勵了左右兩翼反對強大政府的運動。到一九九五年，正像比爾·柯林頓的講話所表明的，民主黨似乎也承認在圍繞這一問題的知識鬥爭中遭受了挫折。因此，在本世紀即將結束之際，政府在美國政治和文化中的作用仍然未定。但是，比較貼切的看法是最近關於這一問題的爭論又回到了進步時代初期階段特有的知識交流。對於美國夢的追求或許最終仍然未變。

譯名對照表

上西里西亞	Oberschlesien
巴比特，布魯斯	Bruce Babbitt
巴林傑，理查	Richard Ballinger
巴蒂斯塔	Fulgencio Batista
巴魯克，伯納德	Bernard Baruch
戈巴契夫	Michail Gorbatschow
戈爾，艾伯特	Albert Gore
丘奇，法蘭克	Frank Church
加爾布雷思，約翰	John Kenneth Galbraith
卡明斯，艾伯特	Albert Cummins
卡特，吉米	Jimmy Carter
卡斯韋爾，哈羅德	Harrold Carswell
卡斯楚	Fidel Castro
卡森，瑞秋	Rachel Carson
卡爾，巴里	Barry Karl
卡爾邁克爾	Stokely Carmichael
古德曼，安德魯	Andrew Goodman
史丹尼斯，約翰	John Stennis
史汀生，亨利	Henry Stimson

史密斯，艾爾	Al Smith
史密斯，霍華德	Howard Smith
史蒂文森	D. G. Stephenson
史蒂文森，艾德萊	Adlai Stevenson
史達林，約瑟夫	Jossif W. Stalin
尼克森，理查	Richard Nixon
尼采，保羅	Paul Nitze
布坎南，派特	Pat Buchanan
布希，喬治	George Bush
布里斯托夫，約瑟夫	Joseph Bristow
布拉狄，亨利	Henry Brady
布林克利，艾倫	Alan Brinkley
布倫南，威廉	William Brennan
布朗，派特	Pat Brown
布萊克，雨果	Hugo Black
布萊恩，威廉	William J. Bryan
布隆納，卡羅	Carol Browner
布雷恩，詹姆斯	James Blaine
布維爾，賈桂琳	Jacqueline Bouvier
布魯克，愛德華	Edward Brooke
布蘭代斯，路易斯	Louis Brandeis
平肖，吉福德	Gifford Pinchot

弗雷澤，唐納德	Donald Fraser
弗蘭克福特，費利克斯	Felix Frankfurter
瓦特，詹姆士	James Watt
瓦達曼，詹姆斯	James Vardaman
甘地	Mahatma Gandhi
甘廼迪，安東尼	Anthony Kennedy
甘廼迪，約翰	John Kennedy
甘廼迪，愛德華	Edward Kennedy
甘廼迪，賈桂琳	Jacqueline Kennedy
甘廼迪，羅伯	Robert Kennedy
皮克，喬治	George Peek
伊克斯，哈羅德	Harold Ickes
伊斯特蘭，詹姆斯	James Eastland
伍德沃德，鮑勃	Bob Woodward
休士頓，查爾斯	Charles Houston
休斯，查爾斯	Charles Evans Hughes
多利弗，強納森	Johnathan Dolliver
多諾萬，雷蒙	Raymond Donovan
安德伍德，奧斯卡	Oscar Underwood
安德森，約翰	John Anderson
米尼，喬治	George Meany
米斯，埃德溫	Edwin Meese

米達爾，岡納	Gunnar Myrdal
米蘭達	Miranda
考克斯，阿奇博德	Archibald Cox
考克斯，詹姆斯	James Cox
艾奇遜，狄恩	Dean Acheson
艾森豪	Dwight Eisenhower
西沃德，威廉	William Seward
何梅尼	Ajatollah Khomeini
伯利森，艾伯特	Albert Burleson
伯奇，約翰	John Birch
伯迪克，昆廷	Quentin Burdick
伯恩，倫道夫	Randolph Bourne
伯恩斯坦，卡爾	Carl Bernstein
伯福德，安妮	Anne Burford
克里爾，喬治	George Creel
克拉克，錢普	Champ Clark
克恩，約翰	John Worth Kern
克羅利，赫伯特	Herbert Croly
吳廷琰	Ngo Dinh Diem
吳廷儒	Ngo Dinh Nhu
坎農，約瑟夫	Joseph Cannon
希斯，阿爾傑	Alger Hiss

希爾曼，西德尼	Sidney Hillman
李承晚	Syngman Rhee
李梅，寇蒂斯	Curtis LeMay
李普曼，華爾特	Walter Lippmann
杜波伊斯，威廉	W. E. B. Du Bois
杜威，約翰	John Dewey
杜威，湯瑪斯	Thomas Dewey
杜勒斯，約翰	John Foster Dulles
杜凱吉斯，麥可	Michael Dukakis
杜爾，羅伯	Robert Dole
杜魯門	Harry Truman
汪精衛	Wang Chingwei
沃爾澤，麥可	Michael Walzer
沃福德，哈里斯	Harris Wofford
狄恩，約翰	John Dean
狄龍，道格拉斯	Douglas Dillon
貝克，吉姆	Jim Bakker
貝克，詹姆斯	James Baker
貝爾，丹尼爾	Daniel Bell
辛克萊，厄普頓	Upton Sinclair
邦迪，麥克喬治	McGeorge Bundy
里奇伯格，唐納德	Donald Richberg

阮文紹 Nguyen Van Thieu
亞當斯，簡 Jane Addams
奈，傑拉德 Gerald Nye
奈特 E. C. Knight
季辛吉，亨利 Henry Kissinger
帕克，奧爾頓 Alton Parker
帕克，羅莎 Rosa Park
帕爾莫，米契爾 A. Mitchell Palmer
彼得森，埃斯特 Esther Peterson
拉塞爾，理查 Richard Russell
拉福萊特，羅伯 Robert La Follette
拉德洛，路易斯 Louis Ludlow
林白，查爾斯 Charles Lindbergh
林肯，亞伯拉罕 Abraham Lincoln
波德霍雷茨，諾曼 Norman Podhoretz
法韋爾，傑瑞 Jerry Falwell
邱吉爾，溫斯頓 Winston Churchill
金恩博士 Martin Luther King jr.
金茨堡 Allen Ginsberg
金瑞契 Newt Gingrich
阿格紐，斯皮羅 Spiro Agnew
保羅，艾麗斯 Alice Paul

哈里曼，埃夫里爾	Averell Harriman
哈定	Warren Harding
哈林頓	Michael Harrington
哈倫，約翰	John Marshall Harlan
哈特，菲爾	Phil Hart
哈特，蓋里	Gary Hart
哈特菲爾德	Mark Hatfield
哈默，範尼	Fannie Lou Hamer
威斯特摩蘭，威廉	William Westmoreland
威爾基，溫德爾	Wendell Willkie
威爾遜，伍德羅	Woodrow Wilson
威爾遜，查爾斯	Charles Wilson
施沃納，麥可	Michael Schwerner
施萊辛格，亞瑟	Arthur Schlesinger jr.
施羅德，帕特里夏	Patricia Schroeder
柯立芝	Calvin Coolidge
柯克帕克里特，吉恩	Jeane Kirkpatrick
柯林頓，比爾	Bill Clinton
柏格，華倫	Warren Burger
柏爾，阿道夫	Adolf Berle
洛克斐勒	Nelson Rockefeller
洛奇，亨利	Henry Cabot Lodge

洛維特，羅伯特	Robert Lovett
科科倫，湯米	Tommy Corcoran
科恩	Ben Cohen
約翰遜，安德魯	Andrew Johnson
約翰遜，海勒姆	Hiram Johnson
胡佛，埃德加	Edgar Hoover
胡佛，赫伯特	Herbert Hoover
范登堡，亞瑟	Arthur Vandenberg
韋弗，詹姆斯	James Weaver
韋弗，羅伯特	Robert Weaver
韋爾，華爾特	Walter Weyl
倫奎斯特，威廉	William Rehnquist
倫道夫，菲利普	Phillip Randolph
埃克爾斯，馬里納	Marriner Eccles
埃爾利希曼，約翰	John Erlichman
庫布利克，史坦利	Stanley Kubrick
庫格林，查爾斯	Charles Coughlin
恩格爾，克萊爾	Clair Engle
朗恩，休伊	Huey Long
格列高里，湯瑪斯	Thomas Gregory
格里寧，恩斯特	Ernest Gruening
格林，威廉	William Green

格林，馬丁	Martin Glynn
泰丁斯，米勒德	Millard Tydings
泰勒，弗里德利克	Frederick Taylor
泰勒，馬克斯韋爾	Maxwell Taylor
海厄姆，約翰	John Higham
海耶克，弗里德里希	Frederick Hayek
海勒，華爾特	Walter Heller
海德，亨利	Henry Hyde
特格韋爾，雷克斯福	Rexford Tugwell
索倫森，狄奧多	Theodore Sorenson
納爾遜，蓋洛德	Gaylord Nelson
馬丁，約瑟夫	Joseph Martin
馬弗里克，莫里	Maury Maverick
馬斯基，埃德蒙	Edmund Muskie
馬歇爾，喬治	George Marshall
馬歇爾，瑟古德	Thurgood Marshall
馬羅金，阿塞	José Marroquín
高華德，巴里	Barry Goldwater
基欽，克勞德	Claude Kitchin
康納	Bull Connor
梅雷迪斯，詹姆斯	James Meredith
莫利，雷蒙	Raymond Moley

莫依尼漢，丹尼爾	Daniel Patrick Moynihan
莫斯，法蘭克	Frank Moss
莫斯利－布朗，卡羅爾	Carol Mosely－Braun
莫爾斯，韋恩	Wayne Morse
麥卡杜，威廉	William Gibbs McAdoo
麥卡倫，派特	Pat McCarran
麥卡錫，尤金	Eugene McCarthy
麥卡錫，約瑟夫	Joseph McCarthy
麥克阿瑟，道格拉斯	Douglas MacArthur
麥克洛，約翰	John McCloy
麥克納馬拉，羅伯	Robert McNamara
麥金利，威廉	William McKinley
麥高文，喬治	George McGovern
麥爾坎，X	Malcolm X
傅布萊特	J. William Fulbright
傅瑞丹	Betty Friedan
傑佛遜，湯瑪斯	Thomas Jefferson
傑克森，亨利	Henry Jackson
凱弗維爾，埃斯蒂斯	Estes Kefauver
凱因斯	John Maynard Keynes
凱南，喬治	George Kennan
凱魯亞克，傑克	Jack Kerouac

勞，約瑟夫	Joseph Rauh
博克，羅伯特	Robert Bork
博拉，威廉	William Borah
喬治，華爾特	Walter George
喬格西，里昂	Leon Czolgosz
惠勒，伯頓	Burton Wheeler
斯卡利亞，安東尼	Antonin Scalia
斯托克斯，卡爾	Carl Stokes
斯科普斯，約翰	John Scopes
森格爾	Margaret Sanger
湯森，法蘭西斯	Francis Townsend
湯森，查爾斯	Charles Townsend
湯瑪斯，克拉倫斯	Clarence Thomas
華倫，厄爾	Earl Warren
華格納	Robert Wagner
華盛頓，布克	Booker T. Washington
華盛頓，喬治	George Washington
華萊士，亨利	Henry Wallace
華萊士，喬治	George Wallace
萊姆基，威廉	Williams Lemke
菲力普，凱文	Kevin Phillips
費拉蘿，吉拉汀	Geraldine Ferraro

塞維里德，埃里克	Eric Severaid
塔虎脫，威廉	William Howard Taft
塔虎脫，羅伯特	Robert Taft
奧斯華	Lee Harvey Oswald
楊文明	Duong Van Minh
瑟蒙德，斯特羅姆	Strom Thurmond
葛拉罕	Hugh Davis Graham
詹森，萊恩頓	Lyndon Johnson
賈瓦斯基，里昂	Leon Jaworski
賈維茨，雅各布	Jacob Javits
路易斯，約翰	John Lewis
道格拉斯，保羅	Paul Douglas
道格拉斯，威廉	William Douglas
達萊克，羅伯特	Robert Dallek
達羅，克拉倫斯	Clarence Darrow
雷伯恩，薩姆	Sam Rayburn
雷根，隆納德	Ronald Reagan
漢斯渥，克萊門特	Clement Haynsworth
福布斯，奧華爾	Orval Faubus
福特，亨利	Henry Ford
福特，傑拉德	Gerald Ford
維克夏姆，喬治	George Wickersham

維拉德，奧斯華	Oswald Garrison Villard
蒙代爾，華爾特	Walter Mondale
裴洛	H. Ross Perot
豪斯，愛德華	Edward House
赫辛，約翰	John Hessin
赫爾，科德爾	Cordell Hull
赫魯雪夫，尼吉塔	Nikita Chruschtschow
德布茲，尤金	Eugene Debs
德克森，埃弗雷特	Everett Dirksen
摩西，羅伯特	Robert Moses
摩根索，亨利	Henry Morgenthau
歐文，薩姆	Sam Ervin
歐尼爾，湯瑪斯	Thomas O'Neill
魯特，伊萊休	Elihu Root
魯溫斯坦，阿拉德	Allard Lowenstein
魯瑟，華爾特	Walter Reuther
魯賓遜，喬	Joe Robinson
諾克斯，法蘭克	Frank Knox
諾里斯，喬治	George Norris
諾瑞加	Manuel Noriega
錢尼，詹姆斯	James Chaney
霍夫斯塔特，理查	Richard Hofstadter

霍姆斯，奧利佛	Oliver Wendell Holmes
霍普金斯	Harry Hopkins
霍頓，威利	Willie Horton
霍爾塔，維多利亞諾	Victoriano Huerta
霍爾德曼	H. R. Haldeman
鮑德溫，羅傑	Roger Baldwin
默羅，愛德華	Edward R. Murrow
戴利，理查	Richard Daley
戴斯，馬丁	Martin Dies
戴維斯，約翰	John Davis
繆爾，約翰	John Muir
謝夫利，菲利斯	Phyllis Schafly
韓福瑞，休伯特	Hubert Humphrey
韓福瑞，威廉	William Humphrey
韓福瑞，喬治	George Humphrey
韓德森	Leon Henderson
懷特，威廉	William Allen White
羅伯茨	Owen Roberts
羅伯遜，派特	Pat Robertson
羅茲，約翰	John Rhodes
羅斯托夫，尤金	Eugene Rostow
羅斯托夫，瓦爾特	Walt Rostow

羅斯福，狄奧多	Theodore Roosevelt
羅斯福，法蘭克林	Franklin Delano Roosevelt
羅維爾，理查	Richard Rovere
臘斯克，狄恩	Dean Rusk
蘭辛，羅伯特	Robert Lansing
蘭金，詹尼特	Jeanette Rankin
蘭敦，阿爾夫	Alf Landon

國家圖書館出版品預行編目資料

美國夢：一九六一年一月二十日，華盛頓
Robert D. Johnson 著；趙伯英譯－－
初版.－－臺北市：麥田出版：城邦文化發行
2000〔民 89〕
面；　公分.－－（二十世紀的二十天；10）
譯自：Washington, 20. Januar 1961: Der amerikanische Traum
ISBN 957-469-091-1（平裝）

1.美國－外交關係　2.美國－政治與政府

578.52　　89009856

廣　告　回　郵
北區郵政管理局登記證
北台字第 10158 號
免　貼　郵　票

城邦文化事業(股)公司

100 台北市信義路二段 213 號 11 樓

請沿虛線摺下裝訂，謝謝！

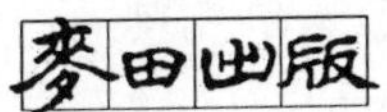

文學 · 歷史 · 人文 · 軍事 · 生活

編號：RH9010　　書名：美國夢

讀者回函卡

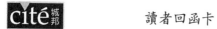

謝謝您購買我們出版的書。請將讀者回函卡填好寄回，我們將不定期寄上城邦集團最新的出版資訊。

姓名：________________ 電子信箱：________________

聯絡地址：□□□ ____________________________

____

電話：(公) ________________ (宅) ________________

身分證字號：________________ (此即您的讀者編號)

生日：__年__月__日 性別：□ 男 □ 女

職業：□ 軍警 □公教 □ 學生 □ 傳播業

□ 製造業 □ 金融業 □ 資訊業 □ 銷售業

□ 其他 ________

教育程度：□ 碩士及以上 □大學 □專科 □ 高中

□ 國中及以下

購買方式：□ 書店 □ 郵購 □ 其他 ________

喜歡閱讀的種類：□ 文學 □ 商業 □ 軍事 □ 歷史

□ 旅遊 □ 藝術 □ 科學 □ 推理 □ 傳記

□ 生活、勵志 □ 教育、心理

□ 其他 ________

您從何處得知本書的消息？（可複選）

□ 書店 □ 報章雜誌 □ 廣播 □ 電視

□ 書訊 □ 親友 □ 其他 ________

本書優點：□ 內容符合期待 □ 文筆流暢 □ 具實用性

（可複選）□ 版面、圖片、字體安排適當 □ 其他 ________

本書缺點：□ 內容不符合期待 □ 文筆欠佳 □ 內容平平

(可複選) □ 觀念保守 □ 版面、圖片、字體安排不易閱讀

□ 價格偏高 □ 其他 ________

您對我們的建議：

____